სამშვინველი, სული და სხეული: ნაწილი 1

ჩვენი "საკუთარი მეს" იდუმალი დევნის ამბავი

სამშვინველი, სული და სხეული: ნაწილი 1

დოქტორი ჯაეროკ ლი

URIM BOOKS

სამშვინველი, სული და სხეული: ნაწილი 1 დოქტორი ჯაეროკ ლისგან
გამოქვეყნებულია ურიმ ბუქსის მიერ
(წარმომადგენელი: სეონგკეონ ვინი)
235-3, Guro-dong3, Guro-gu, სეული, კორეა
www.urimbooks.com

ყველა უფლება დაცულია. ეს წიგნი ან მისი ნაწილები არ შეიძლება იქნას გამრავლებული, შენახული საძიებო სისტემაში, ან გადაცემული ნებისმიერი ფორმით, ელექტრონული, მექანიკური თუ ფოტო კოპირებით. მხოლოდ წინასწარი წერილობითი ნებართვით რედაქტორისაგან.

ყველა ციტატა ამოღებულია ბიბლიის თარგმნის ინსტიტუტის რუსეთი/CIS ქართული ბიბლიიდან (2002). გამოყენებულია ნებართვით. გამოყენებულია ნებართვით.

საავტორო უფლება © 2012 დოქტორი ჯაეროკ ლისაგან
ISBN: 979-11-263-1302-0 03230
თარგმნის საავტორო უფლება © 2012 დოქტორი ესთერ კ. ჩუნგისგან. გამოყენებულია ნებართვით.

მანამდე გამოქვეყნებულია კორეულად 2009 წელს ურიმ ბუქსისგან.

პირველი გამოცემა 2012 წლის ივლისი

რედაქტირებულია დოქტორი გეუმსუნ ვინის მიერ
ილუსტრირებულია ურიმ ბუქსის სარედაქციო ბიუროს მიერ
დაბეჭდილია იევონის ბეჭდვის კომპანიის მიერ
დამატებითი ინფორმაციისათვის დაგვიკავშირდით:
urimbook@hotmail.com

წინასიტყვაობა

ხშირ შემთხვევაში ხალხს სურს წარმატებულნი იყვნენ და იცხოვრონ ბედნიერად კომფორტული ცხოვრებით. მაგრამ მიუხედავად იმისა, რომ მათ აქვთ ფული, ძალაუფლება, და სახელი, მაინც არავის შეუძლია სიკვდილს გადაურჩეს. შირ ჰუანგ-დი, ძველი ჩინეთის პირველი იმპერატორი, ეძებდა სიცოცხლის ელექსირის მცენარეს, მაგრამ ისიც ვერ გადაურჩა თავის სიკვდილს. თუმცა, ბიბლიით, ღმერთა გვასწავლა გზა, თუ როგორ უნდა მოვიპოვოთ საუკუნო სიცოცხლე. ეს სიცოცხლე გადმოედინა იესო ქრისტესგან.

მას შემდეგ რაც იესო ქრისტე მივიღე და დავიწყე ბიბლიის კითხვა, ღრმად ვლოცულობდი იმისათვის, რომ გამეგო ღმერთის გული. ღმერთმა მიპასუხა შვიდი წლის, და უთვალავი ლოცვების და მარხვების შემდეგ. მას შემდეგ რაც ეკლესია გავხსენი, ღმერთმა ამიხსნა ბიბლიის მრავალი ძნელად გასაგები სტროფები სული წმინდის შთაგონებით; ერთ-ერთი მათგანი ეხებოდა „სამშვინველს, სულს და სხეულს." ეს არის იდუმალი ამბავი, რომელიც

გვაძლევს საშუალებას გავიგოთ ადამიანის წყარო და ასევე რომ გავუგოთ ჩვენს თავებს. ეს არის ის რაც სხვაგან არსად მომისმენია, და ჩემი სიხარული, რომლის აღწერაც შეუძლებელია.

როდესაც ვიქადაგე სამშვინველის, სულის და სხეულის შესახებ, უამრავი მტკიცებები და კასუხები გამოვლინდა კორეაში და საზღვარგარეთაც. ბევრი იძახის რომ გააცნობიერეს საკუთარი თავები, გაგეს თუ როგორი არსებები იყვნენ და მიიღეს კასუხები ბიბლიის უამრავ რთულ სტროფზე. ზოგიერთი მათგანი ამბობს, რომ ახლა მათ აქვთ მიზანი გახდნენ სულის ადამიანები და მიიღონ მონაწილეობა ღმერთის ღვთაებრივ ბუნებაში და ცდილობენ ამას მიაღწიონ, როგორც 2 კეტრე 1:4-ში ვკითხულობთ, „რომელთაგანაც გვებოძა დიადი და ფასდაუდებელი აღთქმანი, რათა ამ ქვეყნად გულისთქმის ხრწნილებისაგან განრიდებულნი საღმრთო ბუნების თანაზიარნი გახდეთ."

სუნ ძუს ომის ხელოვნება გვეუბნება, რომ თუ იცნობ შენს თავს და შენს მტერს, არასოდეს წააგებ არც ერთ ბრძოლას. ახსნა-განმარტებებმა „სამშვინველზე, სულზე და სხეულზე"

ნათელი მოჰფინა ჩვენი „საკუთარი მეს" ღრმა ნაწილებს და ესენი გვასწავლიან ადამიანთა წარმოშობას. როდესაც ამ ახსნა–განმარტებებს საფუძვლიანად შევისწავლით და გავაცნობიერებთ, ჩვენ შეგვეძლება ნებისმიერი ტიპის ადამიანს გავუგოთ. ასევე ჩვენ შევისწავლით გზებს, თუ როგორ უნდა დავამარცხოთ სიბნელის ძალები, რომლებიც ჩვენზე გავლენას ახდენენ, რათა წარვუძღვეთ გამარჯვებულ ქრისტიანულ ცხოვრებას.

მე მადლობას ვუხდი გეუმსუნ ვინს, საგამომცემლო ბიუროს დირექტორს და მის პერსონალს, რომლებმაც მიუძღვნეს თავიანთი თავები ამ წიგნის გამოქვეყნებას. მე იმედი მაქვს, რომ შენ წარმატებას მიაღწევ და იქნები ჯანმრთელი როდესაც შენი სამშვინველი აყვავდება, და გარდა ამისა მონაწილეობას მიიღებ ღმერთის ღვთაებრივ ბუნებაში.

იანვარი 2009,

ჯაეროკ ლი

მოგზაურობის დაწყება სამშვინველზე, სულზე და სხეულზე

"თვით მშვიდობის ღმერთმა წვიდა-გყოთ მთელი სისრულით, რათა თქვენი სული, თქვენი სამშვინველი და თქვენი სხეული უმწიკვლოდ იქნეს დაცული ჩვენი უფლის იესო ქრისტეს მოსვლისთვის."
(1 თესალონიკელთა 5:23).

ღვთისმეტყველები ბევრს საუბრობდნენ ადამიანთა ელემენტების შესახებ, დიქოტომიის და ტრიქოტომიის თეორიებს შორის. დიქოტომიის თეორია ამბობს, რომ ადამიანები შედგებიან ორი ნაწილისაგან: სული და სხეული, და ტრიქოტომიის თეორია კი ამბობს, რომ არსებობს სამი ნაწილი: სამშვინველი, სული და სხეული. ეს წიგნი დაფუძნებულია ტრიქოტომიის თეორიაზე.

ჩვეულებრივ, ცოდნა შეიძლება დაიყოს კატეგორიებად: ცოდნა ღმერთის შესახებ და ცოდნა ადამიანთა შესახებ. ჩვენთვის მეტად მნიშვნელოვანია მივიღოთ ცოდნა ღმერთის შესახებ. ჩვენ შეგვიძლია ვიცხოვროთ წარმატებული ცხოვრებით და მივიღოთ საუკუნო სიცოცხლე, როდესაც გავიგებთ ღმერთის გულს და შევასრულებთ მის ნებას.

ადამიანები შეიქმნენ ღმერთის წარმოსახვით, და ღმერთის გარეშე მათ არ შეუძლიათ ცხოვრება. ღმერთის გარეშე ადამიანებს საკუთარი წარმოშობის გარკვევით გაგებაც კი არ შეუძლიათ. ჩვენ შეგვიძლია მივიღოთ პასუხები კითხვებზე ადამიანთა წარმოშობის შესახებ მაშინ, როდესაც ვიცით თუ ვინ არის ღმერთი.

სამშვინველი, სული და სხეული ეკუთვნის სივრცეს, რომლის

გაგებაც ჩვენ არ შეგვიძლია მხოლოდ ადამიანთა ცოდნით, სიბრძნით და ძალით. ეს არის სივრცე, რომლის გაგებასაც შევძლებთ მხოლოდ ღმერთის მეშვეობით, რომელმაც იცის ადამიანთა წარმოშობა. ეს იგივეა, როგორც მხოლოდ იმ ადამიანს აქვს კომპიუტერის სტრუქტურის და პრინციპის პროფესიონალური ცოდნა, რომელმაც იგი შექმნა, ანუ ამის შემოქმედია ის ადამიანი, რომელსაც შეუძლია ნებისმიერი გაუმართაობის მოგვარება კომპიუტერის ფუნქციონირებასთან დაკავშირებით. ეს წიგნი არის მეოთხე სივრცის სულიერი ცოდნით სავსე, რომელიც გვაძლევს აშკარა პასუხებს კითხვებზე სამშვინველის, სულის და სხეულის შესახებ.

მკითხველი ამ წიგნიდან შეისწავლის შემდეგს:

1. სამშვინველის, სულის და სხეულის სულიერი გაგებით, რომლებიც ადამიანთა შემადგენელი ნაწილებია, მკითხველს შეუძლია "საკუთარ მეს" ჩახედოს და მიიღოს შორსმჭვრეტელობა თვით სიცოცხლეზე.

2. მათ შეუძლიათ მოახდინონ საკუთარი თავების სრული რეალიზება, თუ ვინ არიან და ა.შ. ეს წიგნი მკითხველებს ანახებს გზას საკუთარი თავების რეალიზაციის მოსახდენად, როგორც პავლე მოციქულმა თქვა 1 კორინთელთა 14:31-ში "მე ყოველდღე ვკვდები" და რომ მიაღწიონ სიწმინდეს და გახდნენ სულის ადამიანები, რომლებიც ღმერთს სურს.

3. ჩვენ შეგვიძლია თავი დავაღწიოთ ეშმაკს და სატანას, და მხოლოდ მაშინ მივიღებთ ძალას სიბნელის დამარცხებისა, როდესაც გავიგებთ ჩვენი თავების შესახებ. როგორც იესომ თქვა, "ხოლო თუ ღმერთები უწოდა მათ, ვის მიმართაც იყო ღმრთის სიტყვა (წერილი კი ურღვევია)," (იოანე 10:35), ეს წიგნი გვაჩვენებს უმოკლეს გზას მკითხველთათვის მიიღონ მონაწილეობა ღმერთის ღვთაებრივ ბუნებაში და ასევე მიიღონ ღმერთისგან აღთქმული ყოველი კურთხევა.

 სამშვინველი, სული და სხეული: ნაწილი 1
Inhoudsopgawe

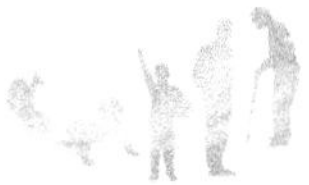

წინასიტყვაობა
მოგზაურობის დაწყება სამშვინველზე, სულზე და სხეულზე

ნაწილი 1 ხორცის წარმოქმნა

თავი 1 ხორცის ცნება

თავი 2 შექმნა
1. სივრცეების იდუმალი დაშორება
2. ფიზიკური სივრცე და სულიერი სივრცე
3. ადამიანი სამშვინველით, სულით და სხეულით

თავი 3 ადამიანები ფიზიკურ სივრცეში
1. სიცოცხლის თესლი
2. როგორ იწყება ადამიანის არსებობა
3. სინდისი
4. ხორცის სამუშაოები
5. კულტივაცია

ნაწილი 2 სამშვინველის წარმოქმნა
სამშვინველის მოქმედება ფიზიკურ სივრცეში

თავი 1 სამშვინველის წარმოქმნა
1. სამშვინველის განმარტება
2. (სამშვინველის სხვადასხვა ქმედებები ფიზიკურ სივრცეში)
3. სიბნელე

თავი 2 საკუთარი მე

თავი 3 ხორცეული საქმენი

თავი 4 ცოცხალი სულის დონის მიღმა

ნაწილი 3 სულის აღდგენა

თავი 1 სული და მთლიანი სული

თავი 2 ღმერთის თავდაპირველი გეგმა

თავი 3 ჭეშმარიტი ადამიანი

თავი 4 სულიერი სამყარო

სამშვინველი, სული და სხეული: ნაწილი 1

ნაწილი 1

ხორცის წარმოქმნა

რა არის ადამიანის წარმოშობის წყარო?

საიდან მოვედით და სად მივდივართ?

რადგან შენ გამართე თირკმელნი ჩემნი,
გამომძერწე დედაჩემის საშოში.
გადიდებ,
რადგან საოცრებით ვარ შენივთული;
საკვირველია საქმენი შენნი
და ჩემმა სამშვინველმა იცის ეს სავსებით.
არ დაფარულა ჩემი ძვლები შენგან,
როცა ჩავისახე იდუმალებაში,
შევნივთდი ქვესკნელში.
ჩემი ჩანასახი იხილა შენმა თვალებმა
და შენს წიგნში ჩაწერილია
დღენი მომავალი ჩასახვისა,
როცა ჯერ არ არის არც ერთი მათგანი.
ფსალმუნნი 138:13-16

თავი 1
ხორცის ცნება

ადამიანის სხეული, რომელიც უკან ბრუნდება ერთ პეშვ მტვრად; ყოველი საკვები, რასაც ადამიანები ჭამენ; რაც მათ ესმით, ხედავენ, და რითითაც სიამოვნებას იღებენ; და ყველაფერი, რასაც ისინი აკეთებენ — ეს ყველაფერი არის "ხორცის" მაგალითები.

რა არის ხორცი?

ადამიანები არიან ულირსები, თუკი ხორცში დარჩებიან

სამყაროს ყველაფერს აქვს სხვადასხვა განზომილებები

უფრო მაღალი განზომილებები იპყრობენ და აკონტროლებენ უფრო დაბალ განზომილებებს

ადამიანის ისტორიის მანძილზე, ხალხი ცდილობდა პასუხი მოეძებნა კითხვაზე „რა არის ადამიანი?" ამ კითხვაზე პასუხი მოგვცემს სხვა უამრავ კითხვაზე პასუხს, მაგალითად როგორიცაა, „რა მიზნით ვცხოვრობთ ჩვენ?" ან „როგორ უნდა ვიცხოვროთ?" შესწავლები, გამოკვლევები და ანალიზები ადამიანის არსებობაზე აქტიურად ხორციელდება ფილოსოფიის და რელიგიის სფეროებში, მაგრამ არ არის ადვილი ნათელი და მოკლე პასუხის პოვნა.

მიუხედავად ამისა, ხალხი განუწყვეტლივ ცდილობს პასუხის პოვნას ისეთი კითხვების დასმით, როგორებიცაა „რა სახის არსებაა ადამიანი?" და „ვინ ვარ?" ასეთი კითხვები იმიტომ ისმევა, რომ ამ კითხვებზე პასუხები შეიძლება გახდეს ადამიანთა არსებობის ძირითადი პრობლემების მოგვარების გასაღები. ამ მსოფლიოო კვლევებს არ შეუძლიათ ნათელი პასუხის გაცემა ასეთ კითხვებზე, მაგრამ ღმერთს ეს შეუძლია. მან შექმნა სამყარო და ყველაფერი მასში და შექმნა ადამიანი. ღმერთის პასუხი არის სწორი პასუხი. ჩვენ შეგვიძლია ასეთ კითხვებზე გასაღების პოვნა ბიბლიაში, რომელიც ღმერთის სიტყვაა.

თეორეტიკოსები ხშირად ორ კატეგორიად ყოფენ

ადამიანთა შემადგენელ ნაწილებს: მისი „სული" და „სხეული". ნაწილი, რომელიც შეადგენს გონებრივ ასპექტებს არის „სული" და ნაწილი, რომელიც შეადგენს დასანახ, ფიზიკურ ასპექტებს არის „სხეული". თუმცა, ბიბლიას ადამიანის შემადგენლობას ყოფს სამ ნაწილად: სული, სამშვინველი და სხეული.

1 თესალონიკელთა 5:23-ში წერია, „თვით მშვიდობის ღმერთმა წვიდა-გყოთ მთელი სისრულით, რათა თქვენი სული, თქვენი სამშვინველი და თქვენი სხეული უმწიკვლოდ იქნეს დაცული ჩვენი უფლის იესო ქრისტეს მოსვლისთვის."

სამშვინველი და სული არ არის ერთი და იგივე. არა მხოლოდ სახელებია განსხვავებული, არამედ ისინი დედაარსითაც განსხვავდებიან. იმისათვის, რომ გავიგოთ თუ რა არის „ადამიანი", ჩვენ უნდა შევისწავლოთ სხეული, სამშვინველი და სული.

რა არის ხორცი?

მოდით ჯერ განვიხილოთ სიტყვა „ხორცის" ლექსიკონის განმარტება. The Merriam-Webster Dictionary ამბობს, რომ ხორცი არის "ცხოველის და განსაკუთრებით ხერხემლიანი ცხოველის სხეულის რბილი ნაწილები; განსაკუთრებით: ნაწილები შედგება ძირითადად ძალიან გამხდარი კუნთით, როგორც განსხვავებული შიდა ორგანოებისგან, ძვლისგან და გარსისაგან." ასევე შეიძლება ეხებოდეს ცხოველის იმ ნაწილებს, რომლის ჭამაც შეიძლება. მაგრამ, იმისათვის, რომ გავიგოთ, თუ რას გულისმობს „ხორცი" ბიბლიურად, ჩვენ

უნდა გავიგოთ სულიერი მნიშვნელობა და არა ლექსიკონის ახსნა-განმარტება.

ბიბლია ხშირად იყენებს სიტყვებს „სხეულს" და „ხორცს". ხშირ შემთხვევაში მათ აქვთ სულიერი მნიშვნელობა. სულიერი გაგებით, ხორცი არის ისეთი რაღაცეების ზოგადი ტერმინი, რაც იხრწნება, იცვლება და საბოლოოდ ქრება. ხეებს, რომლებსაც აქვთ მწვანე ფოთლები ერთ დღეს დაჭკნებიან და მოკვდებიან და მათ ტოტებს და ღეროებს საბოლოოდ შეშად გამოიყენებენ. ხეები, მცენარეები და ყველაფერი ბუნებაში წარმავალია, ლკობადი და დროთა განმავლობაში ქრება. თუმცა, ყოველი მათგანი ხორცია.

რაც შეეხება ადამიანებს; დღეს მსოფლიოში დაახლოებით 7 მილიარდი ადამიანია. ამ მომენტშიც კი ბავშვები მუდმივად იბადებიან დედამიწაზე, და მრავალი ადამიანი კი კვდება. როდესაც ისინი კვდებიან, მათი სხეულები უკან გარდაიქმნება მტვრად და ესეც ხორცია. გარდა ამისა, ყველაფერი ხორცია: ნაჭამი საკვები, სალაპარაკო ენები, ანბანები, რომლებიც იწერენ აზრებს, და სამეცნიერო და ტექნოლოგიური ცივილიზაციები, რომლებიც ადამიანებს ჭირდებათ. ეს ყველაფერი წარმავალია, იცვლება და კვდება დროთა განმავლობაში. ამიტომ, ყველაფერი რაც დედამიწაზეა „ხორცია".

ადამიანები, რომლებიც ღმერთისგან წამოვიდნენ, ხორციელი არსებები არიან. რასაც ისინი აკეთებენ, ეგეც „ხორცია". რას ანვითარებენ და ეძებენ ხორციელი

ადამიანები? მათ სურთ მხოლოდ ხორცის ვნება, თვალის ვნება და სიცოცხლის მკვეხარა სიამაყე. ის ცივილიზაციებიც, რომლებიც ადამიანებმა განავითარეს, აკმაყოფილებენ ადამიანის ხუთ გრძნობას. მათ სურთ სიამოვნება და თავიანთი ხორციელი სურვილების და ვნებების დაკმაყოფილება. რაც დრო გავიდა, ადამიანებს უფრო მეტად სურთ ავხორციანი და გამაღიზიანებელი რაღაცეები. რაც უფრო ვითარდება ცივილიზაცია, მით უფრო გარყვნილი და ავხორციანი ხდება ხალხი.

როგორც დასანახი „ხორცი" არსებობს, ასევე არის უხილავი „ხორციც". ბიბლია ამბობს, რომ სიძულვილი, კამათი, შური, მკვლელობა, ღალატი და ყველაფერი, რაც ცოდვასთან არის დაკავშირებული, ხორცია. ზუსტად როგორც ყვავილების სურნელი, ჰაერი და ქარი უხილავია, ასევე არსებობს ადამიანების გულებში ცოდვილი ბუნება. ეს ყველაფერიც „ხორცია". მაშასადამე, ხორცი არის ზოგადი ტერმინი იმ ყველაფრისა, რაც სამყაროშია და წარმავალი და შეცვლადია, და ყოველი არაჭეშმარიტება, როგორიცაა ცოდვები, ბოროტება, უსამართლობა და უკანონობა.

რომაელთა 8:8-ში ვკითხულობთ „ამიტომ ხორციელად მცხოვრებნი ვერ აამებენ ღმერთს." თუ კი „ხორცი" ამ სტროფში უბრალოდ გულისხმობს ადამიანის ფიზიკურ სხეულს, ეს იმას ნიშნავს, რომ ვერავინ შეძლებს ღმერთის სიამოვნებას. მაგრამ არსებობს სხვა მნიშვნელობაც.

ასევე, იესომ თქვა იოანე 3:6-ში, „ხორცის მიერ შობილი ხორცია და სულის მიერ შობილი - სული," და იოანე 6:63-

ში, „სული ცხოველმყოფელია, ხორცი კი ყოვლად ურგები; სიტყვები, მე რომ გითხარით, სული არის და სიცოცხლე." „ხორცი" აქ გულისხმობს ყველაფერს, რაც წარმავალია, და ამიტომ თქვა იესომ, რომ არაფერი სარგებელი არ აქვს.

ადამიანები არიან უღირსები, თუკი ხორცში დარჩებიან

ცხოველებისგან განსხვავებით, ადამიანები ცდილობენ მიაღწიონ გარკვეულ ღირებულებებს მათ ემოციებსა და აზრებზე დაყრდნობით. მაგრამ ესენი არ არის საუკუნო, და ამგვარად ესენიც ხორცია. რასაც ადამიანები ძვირფასად თვლიან, მაგალითად როგორიცაა სიმდიდრე, დიდება, და ცოდნა, ეს ყველაფერი ფუჭი და წარმავალია. რა შეგვიძლია ვთქვათ „სიყვარულის" გრძნობაზე? როდესაც ორი ადამიანი ერთმანეთს ხვდება, მათ შეიძლება თქვან რომ ერთმანეთის გარეშე არ შეუძლიათ ცხოვრება. მაგრამ მრავალი ასეთი წყვილი აზრს იცვლის დაქორწინების შემდეგ. ისინი ადვილად ბრაზდებიან და იმედგაცრუებულნი არიან და ზოგჯერ ფიცხებიც ხდებიან ხოლმე, რადგან რაღაც არ მოსწონთ. ეს გრძნობათა ცვილებებიც ხორცია. თუ კი ადამიანები ხორცში დარჩებიან, ისინი არ იქნებიან ცხოველებისგან ან მცენარეებისგან განსხვავებული. ღმერთის თვალში ყველაფერი ხორცია, რაც წარმავალია და დროთა განმავლობაში ქრება.

1 პეტრე 1:24-ში წერია, „ვინაიდან ყოველი ხორცი ბალახსა ჰგავს და ყოველი დიდება კაცისა - მინდვრის

ყვავილს; გახმა ბალახი და დასცვივდა მისი ყვავილიც,“ და იაკობი 4:14-ში წერია, „მაგრამ ის კი არ იცით, რა გელით ხვალ. ნისლი, რომელიც წამით ჩანს და მსწრაფლ განქარდება.“

ადამიანების სხეული და აზრები ფუჭია, რადგან ისინი წამოვიდნენ ღმერთის სიტყვიდან, რომელიც სულია. სოლომონ მეფემ ისიამოვნა კატივისცემითა და სიმდიდრით, მაგრამ იგი მიხვდა ხორცის ფუჭი რამ იყო და თქვა, „ამაოება ამაოებათა, თქვა ეკლესიასტემ, ამაოება ამაოებათა, ყოველივე ამაოა. ადამიანს რას ჰმატებს შრომა, რომელსაც იგი მზის ქვეშ ეწევა?“ (ეკლესიასტე 1:2-3)

სამყაროს ყველაფერს აქვს სხვადასხვა განზომილებები

მათემატიკაში ან ფიზიკაში განზომილება განსაზღვრულია სამი კოორდინატორიდან ერთ-ერთით, რომელიც პოზიციას განსაზღვრავს სივრცეში. ხაზზე წერტილს აქვს ერთი კოორდინატორი, და არის ერთ განზომილებიანი. თვითმფრინავის წვეტს აქვს ორი კოორდინატორი და არის ორ განზომილებიანი. ანალოგიურად, სივრცეში წერტილს აქვს სამი კოორდინატორი და არის სამ განზომილებიანი.

სივრცე, რომელშიც ჩვენ ვცხოვრობთ სამ განზომილებიანი სამყაროა ფიზიკის ტერმინით. ფიზიკის უფრო ღრმა ნაწილებში, ხალხი დროს ოთხ განზომილებიანად მიიჩნევს. ეს არის განზომილებების გაგება მეცნიერებაში.

მაგრამ სამშვინველის, სულის და სხეულის თვალსაზრისით, შესაძლებელია განზომილების დაყოფა ფიზიკურ და სულიერ განზომილებად. ფიზიკური განზომილება კატეგორიებად არის დაყოფილი: „არა-განზომილებიანი" და „სამ განზომილებიანი". პირველი, ტერმინი არა-განზომილებიანი გულისხმობს ისეთ რაღაცეებს, რასაც არ აქვს სიცოცხლე. ქვები, ნიადაგი, წყალი და რკინა ეკუთვნის ამ კატეგორიას. ყველაფერი ცოცხალი ეკუთვნის პირველ, მეორე ან მესამე განზომილებიან კატეგორიას.

პირველ განზომილებიანი გულისხმობს ისეთ რაღაცეებს, რასაც აქვს სიცოცხლე და რაც სუნთქავს, მაგრამ არ შეუძლია მოძრაობა. ამ განზომილებაში შედის ყვავილები, ბალახი, ხეები და სხვა მცენარეები. მათ აქვთ სხეული, მაგრამ არ აქვთ სული და სამშვინველი.

მეორე განზომილებაში შედის ცოცხალი არსებები, რომლებიც სუნთქავენ, შეუძლიათ მოძრაობა და აქვთ სულიც და სხეულიც. ესენი არიან ცხოველები, როგორიცაა ლომები, ძროხები და ცხვრები; ასევე ჩიტები, თევზები და მწერებიც. ძაღლებს შეუძლიათ პატრონის ცნობა ან უცხოებისთვის ყეფა, რადგან მათ აქვთ სული.

მესამე განზომილებაში შედის ცოცხალი არსებები, რომლებსაც შეუძლიათ სუნთქვა, მოძრაობა და აქვთ სული და სამშვინველი, რომლებიც დასანახ სხეულშია. ეს გულისხმობს

ადამიანებს. ცხოველებისგან განსხვავებით, ადამიანებს აქვთ სამშვინველი. მათ შეუძლიათ ფიქრი და ღმერთის მოძებნა, და მათ შეუძლიათ სწამდეთ ღმერთის.

ასევე არსებობს მეოთხე განზომილება, რომელიც ჩვენი თვალებისთვის უხილავია. ეს არის სულიერი განზომილება. ღმერთი, რომელიც სულია, ზეციური ანგელოზები და ქერუბიმი, ეს ყველაფერი ეკუთვნის სულიერ განზომილებას.

უფრო მაღალი განზომილებები იპყრობენ და აკონტროლებენ უფრო დაბალ განზომილებებს

მეორე განზომილების არსებებს შეუძლიათ პირველი განზომილების ნივთებზე ბატონობა და კონტროლი. მესამე განზომილების არსებებს შეუძლიათ მეორის ან უფრო დაბალი განზომილების არსებებზე ბატონობა და კონტროლი. დაბალი განზომილების არსებებს არ შეუძლიათ მათზე მაღალი განზომილების არსებების გაგება. პირველი განზომილების სიცოცხლის ფორმებს არ შეუძლიათ მეორე განზომილების სიცოცხლის ფორმების გაგება და მეორე განზომილების სიცოცხლის ფორმების კი მესამე განზომილების სიცოცხლის ფორმების გაგება. მაგალითად, წარმოიდგინე კონკრეტული პირი თესავს თესლს მიწაში, რწყავს და უვლის. როდესაც თესლი ყლორტს გამოიღებს, იგი ხდება ხე და ისხამს ხილს. ამ თესლს არ შეუძლია გაიგოს, თუ რა უქნა მას ადამიანმა. მაშინაც კი როდესაც ადამიანები მატლებს და ჭიებს თელავენ და შემდეგ

კვდებიან, მათ არ იციან ეს რატომ ხდება. უფრო მაღალ განზომილებიანებს შეუძლიათ დამალი განზომილების არსებებზე კონტროლის დამყარება, მაგრამ ზოგადად უფრო დაბალ განზომილებიანებს არ აქვთ სხვა არჩევანი, გარდა დამორჩილებისა.

ანალოგიურად, ადამიანები, რომლებიც მესამე განზომილების არსებები არიან, არ შეუძლიათ გაიგონ სულიერი სამყარო, რომელიც ეკუთვნის მეოთხე განზომილების სამყაროს. ამიტომ, ხორციელ ადამიანებს მართლად არ შეუძლიათ რაიმეს გაკეთება დემონების კონტროლთან და დამორჩილებასთან დაკავშირებით. მაგრამ, თუ ჩვენ ხორცს განვდევნით და გავხდებით სულის ადამიანები, ჩვენ შეგვეძლება მეოთხე განზომილების სამყაროში შესვლა. და ჩვენ ასევე შევძლებთ ბოროტი სულების დამარცხებას და დამორჩილებას.

ღმერთს, რომელიც სულია, სურს მისმა შვილებმა გაიგონ მეოთხე განზომილების სამყარო. ამ გზით მათ შეუძლიათ გაიგონ ღმერთის ნება, დაემორჩილნონ მას და მიიღონ სიცოცხლე. წიგნი დაბადების პირველ თავში ადამმა შეჭამა აკრძალული ხის ნაყოფი. ერთ დროს ადამი იყო ცოცხალი სული და ეკუთვნოდა მეოთხე განზომილებას. მაგრამ მას შემდეგ რაც მან ცოდვა ჩაიდინა, მისი სული მოკვდა. არა მხოლოდ თვითონ ადამი, არამედ ყველა მისი შთამომავალი ახლა მესამე განზომილებას ეკუთვნის. მოდით ვნახოთ, თუ როგორ ჩამოვიდნენ ადამიანები მესამე განზომილებაში, რომლებიც ღმერთის მიერ არიან შექმნილნი.

თავი 2
შექმნა

შემოქმედმა ღმერთმა შექმნა საოცარი გეგმა ადამიანების განვითარებისათვის. მან დაყო ღმერთის სივრცე ფიზიკურ და სულიერ სივრცეებად და შექმნა ზეცები და დედამიწა და ყველაფერი რაც მათში არსებობს.

1. სივრცეების იდუმალი დაშორება

2. ფიზიკური სივრცე და სულიერი სივრცე

3. ადამიანი სამშვინველით, სულით და სხეულით

ხორცის წარმოქმნა

წლების წინათ ღმერთი სამყაროში მარტო არსებობდა. იგი არსებობდა როგორც სინათლე და ყველაფერს ბატონობდა სამყაროს დიდ სივრცეში. 1 იოანე 1:5-ში წერია, რომ ღმერთი არის სინათლე. ეს პირველ რიგში გულისხმობს სულიერ სინათლეს, მაგრამ ასევე ეხება ღმერთს, რომელიც თავდაპირველად არსებობდა როგორც სინათლე.

არავის შვილი არ ყოფილა ღმერთი. იგი არის სრულყოფილი არსება. ამგვარად, ჩვენ არ უნდა ვეცადოთ რომ მას გავუგოთ ჩვენი შეზღუდული ცოდნითა და ძალით. იოანე 1:1 შეიცავს „დასაბამის" საიდუმლოებას. იქ წერია, „დასაბამიდან იყო სიტყვა".

აქ „დასაბამი" გულისხმობს რაღაც წერტილში მარადისობამდე, წერტილი, რომლის წარმოდგენაც ადამიანებს არ შეუძლიათ. ასე არის „დაწყებამდე" დაბადება 1:1-ში, რომელიც შექმნის დასაწყისია. მაშასადამე, რა ხდებოდა სანამ სამყარო შეიქმნებოდა?

13

1. სივრცეების იდუმალი დაშორება

სულიერი სამყარო არ არის ძალიან შორს. არსებობს კარიბჭეები, რომლებიც დაკავშირებულია სულიერ სამყაროსთან დასანახი ცის სხვადასხვა ნაწილებთან.

დიდი ხნის დროის შემდეგ, ღმერთს სურდა ჰყოლოდა ვინმე, ვისაც იგი თავის სიყვარულს გაუზიარებდა. ღმერთს აქვს ღვთაებრიობაც და ადამიანურობაც და ამ მიზეზის გამო მას სურდა ყველაფერი რაც კი გააჩნდა, გაეზიარებინა ვინმესთან და მარტოს არ ესიამოვნა ამ ყველაფრით. ამაზე ფიქრისას, მან შექმნა ადამიანების გაშენების გეგმა. ეს არის გეგმა ადამიანების შექმნისა, მათი კურთხევა, რათა რაოდენობით გაიზარდნონ და გამრავლდნენ, მიიღოს მრავალი სული, რომლებიც დაემსგავსებიან მას და მოათავსოს ისინი ზეცის სამყაროში. ეს ზუსტად იგივეა, როდესაც ფერმერი თესავს მოსავალს, აგროვებს და შემდეგ საწყობში ათავსებს.

ღმერთმა იცოდა, რომ საჭირო იყო სულიერი სივრცე, სადაც იგი იცხოვრებდა, და ფიზიკური სივრცე, სადაც ადამიანთა გაშენება მოხდებოდა. მან დიდი სამყარო დაყო სულიერ და ფიზიკურ სამყაროებად. ამის შემდეგ ღმერთმა დაიწყო სამებად არსებობა: მამა ღმერთი, შვილი ღმერთი, და ღმერთი სული წმინდა. ეს იმიტომ, რომ მომავალში ადამიანთა გაშენების შემდეგ მაცხოვარი იესო და დამხმარე სული წმინდა საჭირო იქნებოდა.

აპოკალიფსი 22:13-ში წერია, „მე ვარ ანი და ჰაე, პირველი და უკანასკნელი, დასაბამი და დასასრული."

ეს დაწერილია ღმერთი სამების შესახებ. „ანი და ჰაე“ გულისხმობს მამა ღმერთს, რომელიც არის დასაბამი და დასასრული ყოველი ცოდნისა და ადამიანების ცივილიზაციისა. „პირველი და უკანასკნელი“ გულისხმობს შვილ ღმერთს, იესოს, რომელიც ადამიანთა ხსნის პირველი და უკანასკნელია. „დასაბამი და დასასრული“ გულისხმობს სული წმინდას, რომელიც ადამიანთა გაშენების დასაბამი და დასასრულია.

იესო ასრულებს მაცხოვრის მოვალეობას. სული წმინდა, როგორც დამხმარე ადასტურებს მაცხოვარს და ასრულებს ადამიანთა ხსნას. ბიბლია სული წმინდას სხვადასხვა გზით გამოხატავს, ადარებს მტრედს ან ცეცხლს, და ასევე მოხსენიებულია როგორც „ღმერთის ვაჟის სული“. გალათელთა 4:6-ში ვკითხულობთ, „ხოლო რაკი ძენი ხართ, ღმერთმა მოავლინა თქვენს გულებში თავისი ძის სული, რომელიც ღაღადებს: „აბბა, მამაო“! ასევე, იოანე 15:26-ში წერია, „ხოლო როდესაც მოვა ნუგეშისმცემელი, რომელსაც მოგივლენთ მამის მიერ, - ჭეშმარიტების სული, რომელიც გამოდის მამისაგან, ის იმოწმებს ჩემთვის.“

მამა ღმერთმა, ვაჟმა და სული წმინდამ მიიღეს შესაბამისი ფორმები ადამიანთა გაშენების განგების შესასრულებლად, და ერთად დაგეგმეს ყველაფერი. დაბადების წიგნის პირველ თავში აღწერილია შექმნა.

დაბადება 1:26 ამბობს, „თქვა ღმერთმა: გავაჩინოთ კაცი ჩვენს ხატად, ჩვენს მსგავსებად,“ ეს იმას არ ნიშნავს, რომ ადამიანები შექმნილნი არიან მამა ღმერთის, ვაჟის და სული წმინდის გარე გამოსახულებით. ეს ნიშნავს სულს, რომელიც

ადამიანების საფუძველია და რომელიც ღმერთის მიერ არის მოცემული, და ეს სული უნდა დაემსგავსოს წმინდა ღმერთს.

ფიზიკური სამყარო და სულიერი სამყარო

როდესაც ღმერთი მარტო არსებობდა, მას არ სჭირდებოდა ფიზიკური და სულიერი სამყაროს დაყოფა. მაგრამ, ადამიანთა გაშენებისათვის საჭირო იყო ფიზიკური სამყარო, სადაც ისინი იცხოვრებდნენ. ამ მიზეზის გამო მან გამოყო ფიზიკური სამყარო სულიერი სამყაროსგან.

მაგრამ მათი დაყოფა არ ნიშნავს იმას, რომ ისინი დაყოფილი იყვნენ ორ მთლიანად დაშორებულ სივრცეებად. მაგალითად, წარმოიდგინე ოთახში ორი სახის გაზია. ჩვენ ვამატებთ კონკრეტულ ქიმიკალს, რათა ერთ-ერთი გაზი გამოჩნდეს წითლად, რომელიც გამოიყოფა მეორე გაზისგან. მიუხედავად იმისა, რომ ოთახში ორი გაზი შეიძლება იყოს, ჩვენი თვალები მხოლოდ იმ გაზს ხედავენ, რომელიც წითელია. მეორე გაზი არ არის დასანახი, მაგრამ ის მართლაც ოთახშია.

ანალოგიურად, ღმერთმა დაყო დიდი სულიერი სივრცე დასანახ ფიზიკურ სამყაროდ და უხილავ სულიერ სამყაროდ. რა თქმა უნდა, ფიზიკური სამყარო და სულიერი სამყარო არ არსებობს, როგორც მაგალითად მოყვანილი ორი სახის გაზი. ისინი დაყოფილია, მაგრამ ფარავენ ერთმანეთს.

იმის დასამტკიცებლად, რომ ფიზიკური და სულიერი სამყაროები არსებობენ ცალცალკე და იდუმალი გზით, ღმერთმა სამყაროს სხვადასხვა ადგილებში შექმნა კარიბჭეები სულიერ სამყაროში შესასვლელად. ეს სულიერი

სამყარო არ არის ძალიან შორს. დასანახ ცაში სულიერი სამყაროს მრავალი კარიბჭე არსებობს. თუკი ღმერთი სულიერ თვალებს აგვიხელდა, გარკვეულ შემთხვევებში ჩვენ დავინახავდით სულიერ სამყაროს ამ კარიბჭეების მეშვეობით.

როდესაც სტეფანე სულით იყო სავსე და იესო დაინახა ღმერთის მარჯვენა მხარეს მდგომი, ეს იმიტომ მოხდა, რომ მას სულიერი თვალები აეხილა და სულიერი სამყაროს კარიბჭე გიაღო (საქმე 7:55-56).

ელია ზეცაში ცოცხალი ავიდა. აღმსდგარი უფალი იესო ზეცაში ავიდა. მოსე და ელია აღმოჩნდნენ ფერიცვალობის მთაზე. ჩვენ შეგვიძლია გავიგოთ, თუ როგორ არის ასეთი შემთხვევები აქტუალური მოვლენები, მხოლოდ მაშინ, თუ ვაღიარებთ იმ ფაქტს, რომ არსებობს სულიერი სამყაროს კარიბჭეები.

სამყარო არის განსაკუთრებით დიდი და შესაძლოა მოცულობით უსასრულო. დედამიწიდან დასანახი რეგიონი, (ადვილად შესამჩნევი სამყარო) არის სფერო, რომელსაც აქვს დაახლოებით 46 მილიარდი სინათლის წლის რადიუსი. თუ კი სულიერი სამყარო არსებობს ფიზიკური სამყაროს შემდეგ, ყველაზე სწრაფი კოსმოსური ხომალდითაც კი უსასრულო დრო იქნება საჭირო სულიერ სამყაროსთან მისაღწევად. ასევე, წარმოგიდგენიათ რამხელა მანძილის გავლა მოუწევდათ ანგელოზებს სულიერ და ფიზიკურ სამყაროებს შორის? თუმცა, ამ სულიერი სამყაროს კარიბჭეებს არსებობით, რომლებიც იხურება და იღება, ანგელოზებს უბრალოდ კარებში შესვლით შეუძლიათ სულიერ და ფიზიკურ სამყაროებში მოგზაურობა.

ღმერთმა შექმნა ოთხი ზეცა

მას შემდეგ რაც ღმერთმა სულიერი და ფიზიკური სამყაროები ერთმანეთისგან დაყო, მან ისინი დაყო ზეცებად საჭიროებების მიხედვით. ბიბლია აღნიშნავს, რომ არსებობს მრავალი ზეცა. ეს ფაქტობრივად გვეუბნება, რომ არსებობს სხვა ბევრი ზეცა, და არა მარტო ის, რომელსაც ფიზიკური თვალებით ვხედავთ.

2 რჯული 10:14-ში ვკითხულობთ, „აჰა, უფლის, შენი ღვთისაა ცანი და ცანი ცათანი, ქვეყანა და ყველაფერი, რაც მასშია," და ფსალმუნნი 67:34-ში წერია, „ამაღლებული მველთუმველეს ცათა ცაში - აგერ ის გამოსცემს თავისი ხმით ძლიერების ხმას." და სოლომონ მეფემ თქვა 3 მეფეთა 8:27-ში, „ნუთუ ნამდვილად იმკვიდრებს მიწაზე ღმერთი?" აჰა, ვერ იტევენ მას ცანი და ცანი ცათანი, როგორ დაიტევს ეს ჩემი აშენებული სახლი? „

ღმერთმა სიტყვა „ზეცა" გამოიყენა სულიერი სამყაროს გამოსახატვად, რათა ჩვენ უფრო ადვილად გავიგოთ ის სივრცეები, რომლებიც სულიერ სამყაროს ეკუთვნის. „ზეცები" ოთხ ზეცათა კატეგორიად იყო დაყოფილი. მთლიანი ფიზიკური სივრცე დედამიწის, მზის სისტემის, ჩვენი გალაქტიკის და მთელი სამყაროს ჩათვლით, გულისხმობს პირველ ზეცას.

მეორე ზეცის შემდეგ მოდის სულიერი სივრცეები. ედემის ბაღი და ბოროტი სულების სივრცე მდებარეობს მეორე ზეცაში. მას შემდეგ რაც ღმერთმა ადამიანები სექმნა, მან ასევე შექმნა ედემის ბაღი, რომელიც მეორე ზეცაში სინათლის ადგილია. ღმერთმა ადამიანი მოიყვანა ედემის

ბაღში და მისცა უფლება გაეკონტროლებინა და ებატონა ყველაფერზე რაც იქ იყო (დაბადება 2:15).

ღმერთის ტახტი მდებარეობს მესამე ზეცაში. ეს არის ზეცის სამეფო, სადაც ღმერთის ის შვილები იცხოვრებენ, რომლებმაც მიიღეს ხსნა.

მეოთხე ზეცა არის თავდაპირველი ზეცა, სადაც ღმერთი მარტო არსებობდა როგორც სინათლე. ეს არის იდუმალი სივრცე, სადაც ყველაფერი ისე კეთდება, როგორც ღმერთი მოისურვებს. ეს ასევე არის ის სივრცე, რომელიც ყოველგვარი დროის და სივრცის ყოველგვარ საზღვრებს გარეთ არის.

2. ფიზიკური სივრცე და სულიერი სივრცე

რა არის მიზეზი იმისა, რომ მრავალმა ბიბლიურმა სწავლებმა ცადეს ედემის ბაღის მოძებნა, მაგრამ ვერ იპოვნეს? ეს იმიტომ, რომ ედემის ბაღი მდებარეობს მეორე ზეცაში, რომელიც სულიერი სამყაროა.

ღმერთის მიერ დაშორებული სივრცეები შეიძლება დაიყოს ფიზიკურ და სულიერ სამყაროებად. თავისი შვილებისთვის, ღმერთმა მესამე ზეცაში შექმნა ზეცის სამეფო, და დედამიწა მოათავსა პირველ ზეცაში.

დაბადების წიგნის პირველ თავში მოკლედ წერია ღმერთის ექვს-დღიანი შექმნის პროცესი. თავდაპირველად ღმერთს არ შეუქმნია სრულყოფილი დედამიწა. მან ჯერ საძირკველი ჩაუყარა მიწას და შემდეგ ცას ქერქული მოძრაობებით და მრავალი მეტეოროლოგიური მოვლენით. ღმერთმა დახარჯა დიდი ძალისხმევა ხანგრძლივი დროის

განმავლობაში, ზოგჯერ დედამიწაზეც კი ჩამოდიოდა ადამიანად, რათა ენახა თუ როგორ მიდიოდა ყველაფერი, რადგან დედამიწა იყო ადგილი, საიდანაც იგი მიიღებდა საყვარელ და ჭეშმარიტ შვილებს.

ემბრიონი უსაფრთხოდ იზრდება საშვილოსნოს ამნიონურ წყალში. ანალოგიურად, დედამიწის შექმნის შემდეგ, მთელი დედამიწა დაფარული იყო წყლის მასიური რაოდენობით, და ეს წყალი იყო სიცოცხლის წყალი, რომელიც მესამე ზეციდან ჩამოედინებოდა. დადმიწა საბოლოოდ მზად იყო, როგორც ყველაფრის ცხოვრების საფუძველი. შემდეგ ღმერთმა დაიწყო შექმნა.

ფიზიკური სივრცე, ადამიანთა გაშენების საფუძველი

როდესაც ღმერთმა თქვა „იყოს ნათელი“ შექმნის პირველ დღეს, შეიქმა სულიერი სინათლე, რომელიც ღმერთის ტახტიდან მოდიოდა და მთელს დედამიწას ფარავდა. ამ სინათლით ღმერთის მარადიული ძალა და ღვთაებრიობა ჩაინერგა ყველაფერში, რაც ბუნების კანონის მიერ იყო გაკონტროლებული (რომაელთა 1:20).

ღმერთმა სინათლე სიბნელისგან გამოყო და სინათლეს დაარქვა „დღე“, და სიბნელეს კი „ღამე“. ღმერთმა შექმნა კანონი, რომ იქნებოდა დღე და ღამე და დროის დინება იქამდე, სანამ მზეს და მთვარეს შექმნიდა.

მეორე დღეს, ღმერთმა შექმნა სივრცე და ამით დაყო წყლები, რომლებიც ფარავდნენ დედამიწას. ღმერთმა ამ სივრცეს დაარქვა ზეცა, რომელიც ჩვენი თვალებისთვის

დასანახი ცაა. ძირითადი გარემო შეიქმნა ყველაფერი ცოცხალისთვის. ჰაერი შეიქმნა იმსათვის, რომ მათ ესუნთქათ; ღრუბლები და ცა შეიქმა იქ, სადაც მეტეოროლოგიური მოვლენა მოხდებოდა.

ზედაპირის ქვეშ ის წყლებია, რომლებიც დედამიწის ზედაპირზე რჩება. ეს არის წყლების წყაროები, რომ შეიქმას ოკეანეები, ზღვები, ტბები და მდინარეები (დაბადება 1:9-10).

ზედაპირის ზემოთ წყლები მომარაგებული იყო ედემისთვის მეორე ზეცაში. მესამე დღეს, ღმერთმა გამოიწვია წყლების შეგროვება ზედაპირის ქვეშ, რათა ხმელეთი გამოეყო ზღვისგან. მან ასევე შექმნა ბალახები და ბოსტნეული.

მეოთხე დღეს ღმერთმა შექმნა მზე, მთვარე და ვარსკვლავები, და მისცა მათ საშუალება ემართათ დღე და ღამე. მეხუთე დღეს მან შექმნა თევზები და ჩიტები. საბოლოოდ, მეექვსე დღეს კი მან შექმნა ცხოველები და ადამიანები.

უხილავი სულიერი სივრცე

ედემის ბაღი მდებარეობს მეორე ზეცის სულიერ სამყაროში, მაგრამ განსხვავებულია მესამე ზეცის სულიერი სამყაროსაგან. ეს არ არის სრულყოფილი სულიერი სამყარო, რადგან მას ფიზიკურ განზომილებასთან შეუძლია თანაარსებობა. ეს არის ხორცსა და სულს შორის შუალედური ეტაპივით. მას შემდეგ რაც ღმერთმა ადამიანი ცოცხალ სულად შექმნა, მან ბაღი მოათავსა აღმოსავლეთისკენ,

ედემში, და შეიყვანა ადამიანი ამ ბაღში (დაბადება 2:8).

აქ „აღმოსავლეთი" არ მიუთითებს ფიზიკურ აღმოსავლეთს. მას აქვს „სინათლით გარშემორტყმული ადგილის" განსაკუთრებული მნიშვნელობა. დღემდე, მრავალი ბიბლიური მკვლევარი ფიქრობდა, რომ ედემის ბაღი იყო სადღაც დაახლოებით ევფრატის და ტრიგრის მდინარეებთან, და ვრცელი და მრავალი არქეოლოგიური კვლევების მიუხედავად, მათ ვერ იპოვნეს ბაღის რაიმე ნაკვალევი. მიზეზი არის ის, რომ ბაღი, სადაც „ცოცხალი სული" ადამი ერთ დროს ცხოვრობდა, არის მეორე ზეცაში, რომელიც სულიერი სამყაროა.

ედემის ბაღი არის დიდი სივრცე ჩვენი წარმოსახვის მიღმა. ადამის შვილები, რომლებიც ადამმა ცოდვის ჩადენამდე გააჩინა ისევ იქ ცხოვრობენ და მრავლდებიან. ედემის ბაღს არ აქვს შეზღუდვები სივრცეში და ამგვარად არასოდეს იქნება გავსებული.

მაგრამ დაბადება 3:24-ში ჩვენ ვკითხულობთ, რომ ღმერთმა მოათავსა ქერუბიმი და მოგიზგიზე მახვილი, რომელმაც ყოველი მიმართულება ედემის ბაღის აღმოსავლეთით მიაბრუნა.

ეს იმიტომ, რომ ბაღის აღმოსავლეთი ახლოა სიბნელის ადგილთან. ბოროტ სულებს ყოველთვის სურდათ სხვადასხვა მიზეზებისდა გამო ბაღში შესვლა. პირველი, მათ უნდოდათ ადამის შეცდენა და მეორე, სიცოცხლის ხის ნაყოფის მოვიპება სურდათ. მათ უნდოდათ რომ ქონოდათ საუკუნო სიცოცხლე ნაყოფის ჭამით და რომ სამუდამოდ ღმერთის წინააღმდეგ ყოფილიყვნენ. ადამს ქონდა მოვალეობა დაეცვა

ედემის ბაღი სიბნელის ძალებისგან. მაგრამ რადგან ადამი მოტყუებულ იქნა ეშმაკისაგან იგი გამოიდევნა დედამიწაზე, და ქერუბიმმა და მცხუნვარე მახვილმა გააგრძელეს მისი მოვალეობის შესრულება.

ჩვენ შეგვიძლია დავასკვნათ, რომ სინათლის ადგილი, სადაც ედემის ბაღი მდებარეობს და სიბნელის ადგილი ბოროტი სულებისათვის მეორე ზეცაში თანაარსებობენ. გარდა ამისა, მეორე ზეცაში სინათლის სივრცეში არის ერთი ადგილი, სადაც მორწმუნეებს ექნებათ შვიდ წლიანი საქორწინო ზეიმი უფალთან ერთად მისი მეორედ მოსვლის შემდეგ. ეს ადგილი უფრო მეტად ლამაზია ვიდრე ედემის ბაღი. სამყაროს შექმნის შემდეგ ყველანი ვინც კი გადარჩნენ მონაწილეობას მიიღებენ.

სულიერ სამყაროში ასევე არსებობს მესამე და მეოთხე ზეცები, და მათ შესახებ დეტალური ინფორმაცია იქნება სამშვინველი, სული და სხეულის მეორე ტომში. ფიზიკური და სულიერი სივრცეების დაყოფა მოხდა ადამიანთა გაშენების განგებაში ჭეშმარიტი შვილების მოსაპოვებლად. რით შედგება ადამიანი?

3. ადამიანი სამშვინველით, სულით და სხეულით

ბიბლიაში ჩაწერილი კაცობრიობის ისტორია დაიწყო მაშინ, როდესაც ადამი გამოიძევა ედემის ბაღიდან ცოდვის ჩადენის გამო. ამ ისტორიაში არ შედის ის დრო, როდესაც ადამი ედემის ბაღში ცხოვრობდა.

1) ადამი, ცოცხალი სამშვინველი

ადამის, პირველი ადამიანის გასაგებად, ჩვენ ჯერ ადამიანის საფუძვლები უნდა გავიგოთ. ღმერთმა შექმნა ადამი ცოცხალ სულად ადამიანთა გაშენებისათვის. დაბადება 2:7 განმარტავს ადამის შექმნას: „გამოსახა უფალმა ღმერთმა ადამი (კაცი) მიწის მტვერისაგან და შთაბერა მის ნესტოებს სიცოცხლის სუნთქვა და იქცა ადამი ცოცხალ არსებად."

მასალა, რითაც ღმერთმა ადამი შექმნა იყო მიწის მტვერი. ეს იმიტომ, რომ ადამიანები ამ დედამიწაზე იცხოვრებდნენ ადამიანთა გაშენების მეშვეობით (დაბადება 3:23).

ასევე იმიტომ, რომ ნიადაგი, რომელიც მიწის მტვერია, შეიცვლება იმის და მიხედვით, თუ რა ელემენტებს მიამატებენ.

ღმერთმა არა მარტო ადამიანის ფორმა შექმნა მიწის მტვრისაგან, არამედ მისი შიდა ორგანოები, ძვლები, ვენები და ნერვები. საუკეთესო მეთუნუქეს შეუძლია ფაიფურის ძვირფასი ჭურჭლის შექმნა ერთი მუჭა თიხით. რადგან ღმერთმა შექმნა ადამიანი საკუთარი წარმოსახვით, რა ლამაზი იქნებოდა ადამიანი!

ადამი შეიქმნა წმინდა, რძისავით თეთრი კანით. მას ჰქონდა ღონიერი აღნაგობა და მისი სხეული თავიდან ფეხებამდე სრულყოფილი იყო, ისევე როგორც მისი ორგანოები და სხეულის ყოველი უჯრედი. იგი იყო ლამაზი. როდესაც ღმერთმა სიცოცხლის სუნთქვა ჩაჰბერა ადამში, იგი გახდა ცოცხალი არსება, რომელიც არის ცოცხალი სული. ადამის გულმა დაიწყო ცემა, სისხლმა ბრუნვა, და ყველა ორგანომ და უჯრედმაც დაიწყო ფუნქციონირება მხოლოდ იმის შემდეგ, რაც მან ღმერთის სიცოცხლის სუნთქვა მიიღო.

მისმა ტვინმა დაიწყო ფუნქციონირება, თვალებმა დანახვა, ყურებმა გაგონება, და სხეულმა მოძრაობა როგორც მას სურდა.

სიცოცხლის სუნთქვა არის ღმერთის ძალის კრისტალი. ამას ასევე შეგვიძლია ვუწოდოთ ღმერთის ენერგია. ეს ძირითადად სიცოცხლის გასაგრძელებელი წყაროა. ამის შემდეგ ადამს გააჩნდა სულის ფორმა, რომელიც ზუსტად ისე გამოიყურებოდა როგორც მისი სხეული. როგორც ადამს ფიზიკური სხეულის ფორმა ჰქონდა, ასევე მის სულსაც გაუჩნდა ფორმა, რომელიც ზუსტად მის სხეულს ჰგავდა. უფრო დაწვრილებითი დეტალები სულის ფორმის შესახებ აღწერილია ამ წიგნის მეორე ტომში.

ადამის სხეული, რომელიც უკვე ცოცხალი სული იყო, შედგებოდა ხორცის და ძვლების სამარადისო სხეულით. სხეულს ეჭირა სული, რომელსაც კავშირი ჰქონდა ღმერთთან და სამშვინველთან, რომელიც იქნებოდა სულთან ერთად. სამშვინველი და სხეული ემორჩილებოდნენ სულს, და ამ გზით იგი ცხოვრობდა ღმერთის სიტყვის თანახმად და კავშირი ჰქონდა ღმერთთან, რომელიც არის სული.

მაგრამ როდესაც ადამი პირველად შეიქმნა, მას ჰქონდა ზრდასრულის სხეული, მაგრამ მას არანაირი ცოდნა არ გააჩნდა. ზუსტად როგორც ახალშობილს შეუძლია ჰქონდეს სათანადო მახასიათებლები და საზოგადოების პროდუქტიული წევრი იყოს მხოლოდ ცოდნით, მასაც სჭირდებოდა სათანადო ცოდნის ქონა. მას შემდეგ რაც ღმერთმა იგი ედემის ბაღში მოათავსა, მან ასწავლა ადამს ჭეშმარიტების და სულის ცოდნა. ღმერთმა მას ასწავლა

მთელი სამყაროს ჰარმონია, სულიერი სამყაროს კანონები, ჭეშმარიტების სიტყვა და ღმერთის უსაზღვრო ცოდნა. ამიტომ შეეძლო ადამს დედამიწაზე ყველაფრის გაკონტროლება და მართვა.

ცხოვრება ურიცხვი დროით

ადამი, ცოცხალი სული, მართავდა ედემის ბაღს და დედამიწას, როგორც ყოველი არსების უფალი, და ჰქონდა სულის ცოდნა და სიბრძნე. ღმერთმა იფიქრა, რომ არ იყო კარგი მისთვის მარტო ყოფილიყო და შექმნა ქალი, ევა, ადამის ერთ-ერთი ნეკნით. ღმერთმა იგი შექმნა ადამის დამხმარედ და გახადა ისინი ერთი სხეული. ახლა კითხვა ის არის, თუ რა დროის განმავლობაში ცხოვრობდნენ ისინი ედემის ბაღში?

ბიბლია არ იძლევა კონკრეტულ რაოდენობას, მაგრამ ისინი იქ წარმოუდგენელი დროის განმავლობაში ცხოვრობდნენ. მაგრამ ჩვენ ვკითხულობთ დაბადება 3:16-ში, „დედაკაცს უთხრა: სატანჯველს გაგიმრავლებ და გაგიძნელებ ორსულობას, ტანჯვით შობ შვილებს. ქმრისკენ გექნება ლტოლვა, ის კი იბატონებს შენზე."

ევას ჩადენილი ცოდვის შედეგად, იგი დაიწყევლა და მასში გაიზარდა მშობიარობის ტკივილი. სხვა სიტყვებით რომ ვთქვათ, სანამ იგი დაიწყევლებოდა, მან გააჩინა შვილები ედემის ბაღში, მაგრამ მინიმალური ტკივილი ჰქონდა მშობიარობისას. ადამი და ევა იყვნენ ცოცხალი სულები, რომლებიც არ ბერდებოდნენ. ამიტომ ისინი ცხოვრობდნენ დიდი ხნის განმავლობაში და მრავლდებოდნენ.

უამრავი ადამიანი ფიქრობს, რომ ადამმა აკრძალული ხის ნაყოფი მალევე შეჭამა მისი შექმნიდან. ზოგი შემდეგი ტიპის კითხვებსაც კი სვამს: „რადგან ბიბლიაში დაწერილი კაცობრიობის ისტორია მხოლოდ 6000 წლისაა, მაშინ რატომ ვპოულობთ ასობით ათასი წლების განამარხებულ ნივთებს?"

ბიბლიაში ჩაწერილი კაცობრიობის ისტორია დაიწყო მაშინ, როდესაც ადამი გამოიძევა ედემის ბაღიდან ცოდვის ჩადენის გამო. ამ ისტორიაში არ შედის ის დრო, როდესაც ადამი ედემის ბაღში ცხოვრობდა. როდესაც ადამი ედემის ბაღში ცხოვრობდა, დედამიწას მრავალი რამ შეემთხვა, მაგალითად ქერქული გადაადგილებები და დაკავშირებული გეოგრაფიული ცვლილებები. ამ მიზეზის გამო, ჩვენ შეგვიძლია ვიპოვნოთ განამარხებული ნივთები, რომლებიც ითვლება მილიონობით წლების წინანდელად.

2) ადამმა ჩაიდინა ცოდვა

როდესაც ღმერთა ადამი ედემის ბაღში შეიყვანა, მან მხოლოდ ერთი რამ აუკრძალა მას. მან უთხრა ადამს, რომ არ ეჭამა სიკეთისა და ბოროტების შემეცნების ხის ნაყოფი. მაგრამ დიდი ხნის შემდეგ, ადამმა და ევამ მაინც შეჭამეს ამ ხიდან. ისინი განიდევნენ ედემის ბაღიდან დედამიწაზე და ამის შემდეგ დაიწყო ადამიანთა გაშენება.

როგორ ჩაიდინა ადამმა ცოდვა? არსებობდა ერთი არსება, რომელსაც სურდა ღმერთისგან მიცემული ადამის ძალაუფლება. ეს იყო ლუციფერი, მეთაური ყველა ბოროტი სულისა. ლუციფერი ფიქრობდა, რომ ადამის ძალაუფლება უნდა მოეპოვებინა ღმერთის წინააღმდეგ წასვლისა და

ბრძოლის მოგებისათვის. მან გულმოდგინედ შეიმუშავა გეგმა და გამოიყენა გველი, რომელიც ძალიან ცბიერი იყო.

როგორც დაბადება 3:1-ში წერია, „გველი ყველაზე ცბიერი იყო ველურ ცხოველთა შორის, რომლებიც უფალმა გააჩინა."

შესაძლებლობა დიდი იყო, რომ გველი უფრო მიიღებდა ცბიერობის ბოროტებას, ვიდრე სხვა ცხოველი. მისი თვისებები წაქეზებულ იქნა ბოროტი სულების მიერ და გველი გახდა მათი ინსტრუმენტი ადამიანის შეცდენისა.

ბოროტი სულები ყოველთვის ცდილობენ ადამიანების შეცდენას

ადამს იმ დრო იმხელა ძალაუფლება ჰქონდა, რომ იგი მართავდა ედემის ბაღსაც და დედამიწასაც, ამიტომ გველისთვის ადვილი არ იყო კირდაკირ ადამის შეცდენა. ამიტომ მან ევას შეცდენა გადაწყვიტა. გველმა ცბიერად ჰკითხა მას, "მართლა გითხრათ ღმერთმა, 'ბაღის არცერთი ხის ნაყოფი არ შეჭამოთო?" (სტროფი 1) ღმერთს არაფერი უბრძანებია ევასთვის. ბრძანება გაცემული იყო ადამისთვის. მაგრამ, გველი ეკითხებოდა თითქოს ღმერთმა მისცა ბრძანება კირდაკირ ევას. ევამ უპასუხა მას, „რაც კი ბაღშია, ყველა ხის ნაყოფი გვეჭმევა, ოღონდ შუაგულ ბაღში რომ ხე დგას, იმის ნაყოფს ნუ შეჭამთ, გვითხრა ღმერთმა; არ გაეკაროთ, თორემ მოკვდებითო" (დაბადება 3:2-3).

ღმერთმა თქვა, „...რადგან როგორც კი შეჭამ, მოკვდებით" (დაბადება 2:17). მაგრამ ევამ თქვა „თორემ მოკვდებითო." შენ შეიძლება იფიქრო რომ მხოლოდ მცირედი განსხვავებაა, მაგრამ ეს ამტკიცებს, რომ იგი სწორად არ დაემორჩილა

ღმერთის სიტყვას თავის გონებაში. ეს ასევე იმის გამომხატავია, რომ მას სრულიად არ სწამდა ღმერთის სიტყვის. როგორც კი გველმა დაინახა რომ ევამ ღმერთის სიტყვა შეცვალა, მან უფრო აგრესიულად დაიწყო მისი შეცდენა.

დაბადება 3:4-5-ში წერია, „უთხრა გველმა დედაკაცს: არ მოკვდებით. მაგრამ იცის ღმერთმა, რომ როგორც კი შეჭამთ, თვალი აგეხილებათ და შეიქნებით ღმერთივით კეთილისა და ბოროტის შემცნობელნი."

როგორც კი სატანამ გველი წააქეზა ევას გონებაში დიდი სურვილის ჩანერგვით, ევასთვის აკრძალული ხე გახდა განსხვავებული, როგორც წერია „კარგი იყო საჭმელად ის ხე, რომ თვალწარმტაცი და საამური სანახავი იყო" (სტროფი 6).

ევას არასოდეს ჰქონდა განზრახვა ღმერთის სიტყვის წინააღმდეგ წასულიყო, მაგრამ როგორც კი დიდი სურვილი ჩაისახა, მან ხიდან ნაყოფი შეჭამა. მან თავის ქმარს, ადამსაც მისცა და მანაც შეჭამა.

ადამის და ევას ბოდიშები

დაბადება 3:11-ში ღმერთმა ჰკითხა ადამს, „იმ ხის ნაყოფი ხომ არ გიჭამია, მე რომ აგიკრძალე?"

ღმერთმა იცოდა ყველაფერი, მაგრამ მას სურდა რომ ადამს აეღიარებინა და მოენანიებინა. მაგრამ ადამმა უკასუხა, „შენ რომ დედაკაცი მომიყვანე, მან მომცა იმ ხის ნაყოფი და მეც შევჭამე." (სტროფი 12) ადამი გულისხმობს, რომ თუ ღმერთი მას ქალს არ მისცემდა, ასეთ რამეს არასოდეს ჩაიდენდა. იმის მაგივრად რომ აეღიარებინა შეცდომა, იგი უბრალოდ ცდილობდა თავი აერიდებინა სიტუაციის შედეგებს.

რასაკვირველია ევა იყო ის ადამიანი, რომელმაც ნაყოფი ადამს მისწა საჭმელად. მაგრამ, ადამი იყო ქალის ბატონი, ამიტომ მას თავის თავზე უნდა აეღო პასუხისმგებლობა.

ღმერთმა კითხა ქალს დაბადება 3:13-ში, „ეს რა ჩაიდინე?" მაშინაც კი თუ ადამი პასუხისმგებლობას თავის თავზე აიღებდა, ევა მაინც ვერ განთავისუფლდებოდა ჩადენილი ცოდვისაგან. მაგრამ მანაც გველს დააბრალა, თქვა „გველმა შემაცდინა და მეც შევჭამე." და რა მოუვიდათ ადამს და ევას, რომლებმაც ეს ცოდვები ჩაიდინეს?

ადამის სული მოკვდა

დაბადება 2:17-ში წერია, „მხოლოდ კეთილის და ბოროტის შეცნობის ხის ნაყოფი არ შეჭამო, რადგან როგორც კი შეჭამ, მოკვდებით."

აქ, „სიკვდილი", რომელსაც ღმერთი ახსენებს არა ფიზიკური სიკვდილი, არამედ სულიერი სიკვდილია. ადამიანის სულის სიკვდილი არ ნიშნავს იმას, რომ სული როგორღაც სრულიად ქრება. ეს იმას ნიშნავს, რომ კავშირი წყდება ღმერთთან და აღარ შეუძლია მას ფუნქციონირება. სული ჯერ კიდევ არსებობს, მაგრამ ვეღარ იქნება ღმერთისგან სულიერი საზრდოთი მომარაგებული. ეს სიტუაცია არაფრით განსხვავდებოდა სიკვდილისაგან.

რადგან ადამის და ევას სულები მოკვდნენ, ღმერთს არ შეეძლო ისინი გაეჩერებინა ედმის ბაღში, რომელიც მდებარეობდა სულიერ სამყაროში. დაბადება 3:22-23-ში წერია, „თქვა უფალმა ღმერთმა: აჰა, გახდა ადამი როგორც ერთი ჩვენთაგანი, შემცნობელი კეთილისა და ბოროტისა.

არ გაიწოდოს ახლა ხელი და არ მოწყვიტოს სიცოცხლის ხის ნაყოფიც, არ შეჭამოს და მარადიულად არ იცოცხლოს. გაუშვა იგი უფალმა ღმერთმა ედემის ბაღიდან, რომ დაემუშავებინა მიწა, საიდანაც იყო აღებული."

ღმერთმა თქვა „ადამიანი გახდა ერთ-ერთი ჩვენთაგანი" და ეს იმას არ ნიშნავს, რომ ადამი გახდა ღმერთისავით. ეს ნიშნავს იმას, რომ ადამმა მხოლოდ ჭეშმარიტების შესახებ იცოდა, მაგრამ როგორც ღმერთმა იცის ჭეშმარიტების და ბოროტების შესახებაც, ადამმაც შეიტყო ბოროტების შესახებ. შედეგად ადამი, რომელიც ერთ დროს ცოცხალი სული იყო, დაუბრუნდა ხორცს. იგი უნდა მომკვდარიყო. იგი უნდა დაბრუნებულიყო დედამიწაზე, რომელზეც ღმერთმა შექმნა. ხორცის ადამიანს არ შეუძლია სულიერ სივრცეში ცხოვრება. გარდა ამისა, თუ ადამი სიცოცხლის ხიდან შეჭამდა სამუდამოდ იცხოვრებდა. ამიტომ ღმერთს აღარ შეეძლო მისი გაჩერება ედემის ბაღში.

3) ფიზიკურ სივრცეში დაბრუნება

მას შემდეგ რაც ადამი არ დაემორჩილა ღმერთს და აკრძალული ხის ნაყოფი შეჭამა, ყველაფერი შეიცვალა. იგი გამოიდევნა დედამიწაზე, ფიზიკურ სივრცეში, და მოსავლის მიღება მხოლოდ მტკივნეული შრომისგან შეეძლო. ასევე ყველაფერი დაწყევლილი იყო, და იმ დროს კარგი გარემო აღარ არსებობდა.

დაბადება 3:17-ში წერია, „ადამს უთხრა: რაკი შენს დედაკაცს დაუჯერე და შეჭამე ხის ნაყოფი, რომლის ჭამა აკრძალული მქონდა შენთვის, მიწა დაიწყევლოს შენს გამო: ტანჯვით მიიღებდე მისგან საზრდოს მთელი სიცოცხლე."

ამ სტროფიდან ჩვენ ვხედავთ, რომ ადამის ცოდვის გამო, არა მხოლოდ თვითონ ადამი, მაგრამ ყველაფერი დედამიწაზე და მთელი კირველი ზეცა დაიწყევლა. დედამიწაზე ყველაფერი ლამაზ ჰარმონიაში იყო, მაგრამ ფიზიკური კანონის სხვა წესი დამყარდა. წყევლის გამო, გაჩნდა ვირუსები და მიკრობები, და მცენარეებმაც და ცხოველებმაც დაიწყეს შეცვლა.

დაბადება 3:18-ში ღმერთმა უთხრა ადამს, „ძეძვი და ეკალი აღმოგიცენოს." მოსავალი აღარ იზრდებოდა ეკლების გამო, ამიტომ ადამს მოსავლის ჭამა მხოლოდ მტკივნეული შრომით შეეძლო. რადგან მიწა დაწყევლილი იყო, უსარგებლო ხეები და მცენარეები გაჩნდნენ. ასევე გაჩნდნენ მავნე მწერებიც. მას ახლა უნდა მოეშორებინა მავნე მცენარეები, რათა გაეშენებინა კარგი მიწა.

გულის გაშენების საჭიროება

როგორც ადამს უნდა გაეშენებინა მიწა, მსგავსი სიტუაცია არსებობდა ადამიანისთვის, რომელსაც უნდა გაეარა ადამიანთა გაშენება დედამიწაზე. სანამ ადამიანი ცოდვას ჩაიდენდა, მას მხოლოდ წმინდა და უმწიკლო გული ჰქონდა, რომელსაც მხოლოდ სულის ცოდნა ჰქონდა. დაბადება 3:23-ში ვკითხულობთ, „გაუშვა იგი უფალმა ღმერთმა ედემის ბაღიდან, რომ დაემუშავებინა მიწა, საიდანაც იყო აღებული." ეს სტროფი ეხება ადამს, რომელიც შეიქმენა მიწის მტვრისაგან. ეს იმას ნიშნავს, რომ ახლა მას თავისი გული უნდა განევითარებინა.

მისი ცოდვის ჩადენამდე, მას არ სჭირდებოდა თავისი გულის განვითარება, რადგან გულში არავითარი ბოროტება

არ ჰქონია.

მაგრამ დაუმორჩილებლობის შემდეგ, ეშმაკმა და სატანამ დაიწყეს მისი გაკონტროლება. მათ მზარდი რაოდენობით ჩაუნერგეს მას გულში ხორციელი რაღაცეები. მათ ჩაუნერგეს სიძულვილი, რისხვა, ქედმაღლობა, ღალატი და ა.შ. ამ ყველაფერმა დაიწყო მის გულში ეკლებით ზრდა. კაცობრიობა გახდა სულ უფრო დაბინძურებული ხორცით.

იმ მიწის გაშენება რომლიდანაც ჩვენ გავჩნდით, ნიშნავს იმას, რომ ჩვენ უნდა მივიღოთ იესო ქრისტე; უნდა გამოვიყენოთ ღმერთის სიტყვა ხორცის განსადევნად, რომელიც ჩვენს გულებშია ჩარგული; და უნდა დავიბრუნოთ სულიერი მდგომარეობა. სხვა შემთხვევაში, ეს იმას ნიშნავს, რომ ჩვენ ვფლობთ „მკვდარ სულს" და ვერ შევძლებთ საუკუნო სიცოცხლით ტკბობას მკვდარი სულით. მიზეზი იმისა, თუ რატომ გაშენდა კაცობრიობა ამ დედამიწაზე არის ჩვენი ხორციელი გულების აღდგენა წმინდა, სულიერ გულებად. ეს გული არის იგივე გული, რომელიც ადამს დაცემამდე ჰქონდა.

ადამისთვის დრამატიული ცვლილება იყო ედემის ბაღიდან დედამიწაზე გადმოსვლა. ეს უფრო მეტად მტკივნეულია, ვიდრე ის რითითაც დიდი ერის პრინცი იტანჯება თუ კი უცბად გლეხი გახდება. ასევე ევაც დაიტანჯებოდა უფრო დიდი ტკივილით მშობიარობისას.

როდესაც ისინი ედემის ბაღში ცხოვრობდნენ, იქ არ არსებობდა სიკვდილი. მაგრამ ახლა ისინი სიკვდილის წინაშე იყვნენ, რომელიც ფიზიკურ სამყაროში არსებობდა, რომელიც წარმავალია. დაბადება 3:19-ში წერია,

„კიროფლიანი ჭამდე პურს, ვიდრე მიწად მიიქცეოდე, რადგან მისგანა ხარ აღებული, რადგან მტვერი ხარ და მტვრადვე მიიქცევი." როგორც წერია, ისინი უნდა მომკვდარიყვნენ.

რა თქმა უნდა ადამის სული მოვიდა ღმერთისგან, და ის მთლიანად არასოდეს გაქრება. დაბადება 2:7-ში წერია, „გამოსახა უფალმა ღმერთმა ადამი (კაცი) მიწის მტვერისაგან და შთაბერა მის ნესტოებს სიცოცხლის სუნთქვა და იქცა ადამი ცოცხალ არსებად. „ სიცოცხლის სუნთქვას აქვს ღმერთის მარადიული ხასიათი.

მაგრამ ადამის სული აღარ იყო აქტიური. ამიტომ, სამშვინველმა დაიწყო ფუნქციონირება და სხეულზე კონტროლი როგორც ადამიანის მეკატრონემ. ამის შემდეგ, ადამი ბერდებოდა და საბოლოოდ სიკვდილის წინაშეც იქნებოდა ფიზიკური სამყაროს ბრძანების თანახმად. იგი უნდა დაბრუნებულიყო მიწაში.

იმ დროს, მიუხედავად იმისა, რომ დედამიწა დაწყევლილი იყო, ცოდვები და ბოროტება არ იყო ისე ფართოდ გავრცელებული როგორც დღესაა, და ამიტომ ადამი ცხოვრობდა 930 წლამდე (დაბადება 5:5).

მაგრამ როგორც დრო გავიდა, ადამიანები გახდნენ უფრო და უფრო ბოროტები. შედეგად, მათი სიცოცხლის ხანგრძლივობა შემცირდა. მას შემდეგ რაც დედამიწაზე ჩამოვიდნენ ედემის ბაღიდან, ადამი და ევა უნდა შეგუებულიყვნენ ახალ გარემოს. უკირველეს ყოვლისა, მათ უნდა ეცხოვრათ როგორც ხორცის ადამიანები და არა ცოცხალი სულები. მუშაობის შემდეგ იღლებოდნენ და ამიტომ უნდა დაესვენათ ხოლმე. მათ შეეყარათ დაავადებები.

მათი საჭმლის მონელების სისტემა შეიცვალა. მათ კუჭის მოქმედება უნდა ჰქონოდათ ჭამის შემდეგ. ყველაფერი შეიცვალა. ადამის დაუმორჩილებლობა არ იყო რაიმე პატარა. ეს იმას ნიშნავს, რომ ცოდვა მოვიდა მთელს კაცობრიობაზე. ადამმა და ევამ და მათმა ყველა შთამომავალმა დედამიწაზე დაიწყეს ფიზიკური ცხოვრება მკვდარი სულებით.

თავი 3
ადამიანები ფიზიკურ სივრცეში

ხორცი არის ბუნება, რომელიც გაერთიანებულია ცოდვასთან, და ამგვარად ადამიანებს მიდრეკილება აქვთ ჩაიდინონ ცოდვები ფიზიკურ სივრცეში.
თუმცა, ადამიანების შიგნეულობაში მოთავსებულია ღმერთის მოცემული სიცოცხლის თესლი,
და ამ სიცოცხლის თესლით შეიძლება ადამიანის კულტივაციის განხორციელება.

1. სიცოცხლის თესლი

2. როგორ იწყება ადამიანის არსებობა

3. სინდისი

4. ხორცის სამუშაოები

5. კულტივაცია

დედამიწაზე ადამს და ევას უამრავი შვილი გაუჩნდათ. მიუხედავად იმისა რომ მათი სულები მკვდარი იყო, ღმერთმა ისინი არ მიატოვა. მან მათ ასწავლა ყველაფერი რაც საჭირო იყო დედამიწაზე საცხოვრებლად. ადამმა ეს ჭეშმარიტება თავის შვილებს ასწავლა, ამიტომ კაენმაც და აბელმაც კარგად იცოდნენ, თუ როგორ უნდა შეეთავაზებინათ შესაწირი ღმერთისათვის.

ერთხელ კაენმა ღმერთს შესაწირად მიწის ნაყოფი შესთავაზა, მაგრამ აბელმა ღმერთს სისხლის შესაწირი მისცა, რომელიც ღმერთის სურვილი იყო. როდესაც ღმერთმა მხოლოდ აბელის შესაწირი მიიღო, კაენმა თავისი შეცდომის მონანიების მაგივრად ეჭვიანობის ნიადაგზე აბელი მოკლა.

როგორც დრო გავიდა, ცოდვა გავრცელდა სანამ, ნოას დროს, დედამიწა არ აივსო ხალხის ძალადობით და საბოლოოდ ღმერთმა მთელი სამყარო წყლით დასაჯა. მაგრამ ღმერთმა ნოას და მის სამ ვაჟს უფლება მისცა სრულიად ახალი რასა ჩამოეყალიბებინათ. რა მოუვიდა იმ ადამიანთა რასას, რომლებიც დედამიწაზე საცხოვრებლად მოვიდნენ?

1. სიცოცხლის თესლი

მას შემდეგ რაც ადამმა ცოდვა ჩაიდინა, მისი ურთიერთობა

ღმერთთან გაწყდა. იგი სულიერი ენერგიისგან დაიცალა და აივსო ხორციელი ენერგიით და ამან მისი სიცოცხლის თესლი დაფარა.

ღმერთმა ადამი მიწის მტვრისაგან შექმნა. ებრაულად „ადამა" ნიშნავს მიწას. ღმერთმა ადამიანის ფორმა შექმნა თიხით და ჩაჰბერა მას ნესტოებში სიცოცხლის სუნთქვა. ესაიას წიგნშიც წერია, რომ ადამიანი შეიქმნა „თიხით".

ესაია 64:7-შ წერია, „ახლა კი, უფალო, ჩვენი მამა ხარ, ჩვენ თიხა ვართ და შენ ჩვენი გამომსახველი. შენი ხელის ქმნილება ვართ ყველანი."

არც ისე დიდი ხნის შემდეგ რაც ეს ეკლესია ჩამოვაყალიბე, ღმერთმა მაჩვენა თუ როგორ ძერწავდა ადამს თიხით. მასალა რაც ღმერთმა გამოიყენა იყო მიწაში შერეული წყალი, რომელიც თიხაა. აქ წყალი გულისხმობს ღმერთის სიტყვას (იოანე 4:14). როგორც კი წყალი და მიწა შეერია ერთმანეთში და სიცოცხლის სუნთქვა შევიდა მასში, სისხლმა, რომელიც სიცოცხლეა, დაიწყო მიმოქცევა და გახდა ცოცხალი არსება (ლევიანთა 17:14).

სიცოცხლის სუნთქვას აქვს ღმერთის ძალა. რადგან ეს ღმერთისგან მოდის, ამიტომ არასოდეს გადაშენდება. ბიბლია არ იმახის, რომ ადამი გახდა ადამიანი. იქ წერია, რომ იგი გახდა ცოცხალი არსება. ეს იმას ნიშნავს რომ იგი იყო ცოცხალი სული. მას შეეძლო სამუდამოდ ცხოვრება სიცოცხლის სუნთქვით, მიუხედავად იმისა, რომ მიწის მტვრისაგან იყო შექმნილი. ამით ჩვენ ვიგებთ იოანე 10:34-35 სტროფების მნიშვნელობას, რომელიც ამბობს, „მიუგო მათ იესომ: განა თქვენს რჯულში არ გიწერიათ: მე ვთქვი,

რომ ღმერთები ხართ? ხოლო თუ ღმერთები უწოდა მათ, ვის მიმართაც იყო ღმრთის სიტყვა (წერილი კი ურღვევია)..."

დასაწყისში ადამიანს შეეძლო სამუდამოდ ცხოვრება ფიზიკური სიკვდილის ნახვის გარეშე. მიუხედავად იმისა, რომ ადამის სული მკვდარი იყო მისი დაუმორჩილებლობის გამო, მის ცენტრალურ ნაწილში არის ღმერთის მიერ მიცემული სიცოცხლის თესლი. იგი სამარადისოა და მისით ნებისმიერ ადამიანს შეუძლია კიდევ ერთხელ დაიბადოს, როგორც ღმერთის შვილი.

ყველასათვის მიცემული სიცოცხლის თესლი

როდესაც ღმერთმა ადამი შექმნა, მან მასში უშრეტი სიცოცხლის თესლი ჩანერგა. სიცოცხლის თესლი არის ის თავდაპირველი თესლი, რომელიც ღმერთმა ადამის სულში დათესა. ეს არის სულის წყარო, ძალის წყარო, რომ დაველოდოთ ღმერთს და შევასრულოთ ადამიანის მოვალეობა.

ფეხმძიმობის მეექვსე თვეში ღმერთი ჩანასახს სიცოცხლის თესლს აძლევს. ამ სიცოცხლის თესლში არის ღმერთის გული და ძალა, რათა ადამიანებმა შეძლონ მასთან ურთიერთობა. ხალხის უმრავლესობას, რომლებიც არ ცნობენ ღმერთის არსებობას, მაინც აქვთ სიკვდილის შემდეგ სიცოცხლის შიში ან გულის სიღრმეში არ შეუძლიათ ღმერთის რეალურად უარყოფა, რადგან მათ გულის სიღრმეში აქვთ სიცოცხლის თესლი.

პირამიდები და სხვა რელიქვიები მოიცავენ ხალხის წარმოდგენას სამუდამო სიცოცხლეზე და მათ იმედებს

საუკუნო დასასვენებელი ადგილის შესახებ. ყველაზე მამაც ადამიანებსაც კი ეშინიათ სიკვდილის, რადგან მათში მყოფი სიცოცხლის თესლი ცნობს მომავალ სიცოცხლეს.

ყველას აქვს ღმერთის მიერ ნაბოძები სიცოცხლის თესლი, და ყოველი ადამიანი ეძებს ღმერთს თავის საკუთარ ბუნებაში (ეკლესიასტე 3:11). სიცოცხლის თესლი მოქმედებს როგორც ადამიანის გული, და ამგვარად იგი პირდაპირ დაკავშირებულია სულიერ სიცოცხლესთან. სისხლის მიმოქცევა სხეულს ჟანგბადს აწვდის. ანალოგიურად თუ კი სიცოცხლის თესლი გააქტიურებულია ადამიანში, მის სულსაც მიეცემა ენერგია და ამის შემდეგ მას შეეძლება ღმერთთან ურთიერთობა. მაგრამ ამის საპირისპიროდ, თუ კი სული მკვდარია, სიცოცხლის თესლი არ არის მოქმედი და ადამიანს არ შეუძლია ღმერთთან პირდაპირ ურთიერთობა.

სიცოცხლის თესლი არის სამშვინველის შიგნეულობა

ადამი იყო ჭეშმარიტების ცოდნით სავსე, რომელიც მას ღმერთმა ასწავლა. სიცოცხლის თესლი მასში მთლიანად მოქმედი იყო. იგი სულიერი ენერგიით იყო სავსე. ისეთი ბრძენი იყო, რომ მას შეეძლო დაესახელებინა ყოველი ცოცხალი არსება და ეცხოვრა როგორც მათი უფალი. მაგრამ მას შემდეგ რაც მან ცოდვა ჩაიდინა, მისი კავშირი ღმერთთან შეწყდა. მისმა სულიერმა ენერგიამ დაიწყო გამოჟონვა. მისი სულიერი ენერგია შეიცვალა ხორციელ ენერგიად მის გულში და ხორციელმა ენერგიამ დაფარა სიცოცხლის თესლი. ამის შემდეგ სიცოცხლის თესლმა თანდათანობით დაკარგა

სინათლე და საბოლოოდ სრულიად უმოქმედო გახდა.

ზუსტად როგორც ადამიანის სიცოცხლე მთავრდება, როდესაც მისი გული აღარ სცემს, ადამის სულიც მოკვდა სიცოცხლის თესლის უმოქმედობის შემდეგ. მისი სულის სიკვდილი იმას ნიშნავს, რომ სიცოცხლის თესლმა სრულიად შეწყვიტა ფუნქციონირება, და ამიტომ თესლი მკვდარი იყო. მაშასადამე, ამ ფიზიკურ სივრცეში ყოველი ადამიანი იბადება სულიერი თესლით, რომელიც სრულიად უმოქმედოა.

ადამიანები თავიდან ვერ იცილებენ სიკვდილს ადამის დაცემის შემდეგ. საუკუნო სიცოცხლის დასაბრუნებლად, მათ ცოდვის პრობლემა უნდა მოეგვარებინათ ღმერთის დახმარებით, რომელიც სინათლეა. სახელდობრ, მათ უნდა მიიღონ იესო ქრისტე და მოინანიონ ცოდვები. ჩვენი სულების აღსადგენად, იესო ჯვარზე მოკვდა მთელი კაცობრიობის ცოდვების თავის თავზე აღებით. იგი გახდა გზა, ჭეშმარიტება და სიცოცხლე, რომლითაც ადამიანებს შეუძლიათ საუკუნო სიცოცხლის მიღება. როდესაც ჩვენ იესოს პირად მხსნელად ვიღებთ, ჩვენ შეგვიძლია ცოდვები მოგვეტევოს და გავხდეთ ღმერთის შვილები სული წმინდის მიღებით.

სული წმინდა ააქტიურებს სიცოცხლის თესლს ჩვენში. ეს არის ჩვენში მკვდარი სულის აღდგენა. ამ მომენტიდან სიცოცხლის თესლი, რომელსაც სინათლე ჰქონდა დაკარგული, ბრწყინდება. რა თქმა უნდა მთლიანად არ ნათდება როგორც ადამში, მაგრამ სინათლის ინტენსივობა ხდება უფრო ძლიერი, როდესაც ადამიანი რწმენის ზომა იზრდება და მისი სული მწიმფდება.

რაც უფრო მეტად ივსება სიცოცხლის თესლი სული

წმინდით, მით უფრო ძლიერ სინათლეს ასხივებს. იმის გათვალისწინებით, რომ ადამიანი ივსება ჭეშმარიტების ცოდნით, მას შეუძლია ღმერთის დაკარგული გამოსახულების აღდგენა და მისი ჭეშმარიტ შვილად გახდომა.

ფიზიკური სიცოცხლის თესლი

გარდა სულიერი სიცოცხლის თესლისა, რომელიც სულის შიგნეულობივითაა, ასევე არსებობს ფიზიკური სიცოცხლის თესლი. ეს გულისხმობს სპერმას და სასქესო უჯრედს. ღმერთმა შექმნა ადამიანთა გაშენების გეგმა, რათა მიეღო ჭეშმარიტი შვილები, რომლებსაც თავის სიყვარულს გაუზიარებდა. და ამ გეგმის შესასრულებლად, მან ადამიანებს მისცა სიცოცხლის თესლი, რათა გამრავლებულიყვნენ და დედამიწა აევსოთ. სულიერი სივრცე, სადაც ღმერთი ცხოვრობს უსასრულოა, და ეს მეტად სევდიანი და უდაბური ადგილი იქნებოდა ადამიანის გარეშე. ამიტომ ღმერთმა შექმნა ადამი როგორც ცოცხალი სული და უფლება მისცა მას გამრავლებულიყო, რათა ღმერთს ჭეშმარიტი შვილები მიეღო.

შვილი, რომელიც ღმერთს სურს, არის ადამიანი, რომლის მკვდარი სული აღმდგარია, რომელსაც შეუძლია ღმერთთან კონტაქტი, და რომელსაც ზეციურ სამეფოში შეეძლება სიყვარულის საუკუნოდ გაზიარება ღმერთთან. ასეთი ჭეშმარიტი შვილების მისაღებად, ღმერთმა ყველას ეს სიცოცხლის თესლი მისცა და ადამის დროიდან იგი ხელმძღვანელობს ადამიანთა გაშენებას. დავითმა გააცნობიერა ღმერთის ეს გეგმა და სიყვარული და

სთქვა, „გადიდებ, რადგან საოცრებით ვარ შენივთული; საკვირველია საქმენი შენნი და ჩემმა სულმა იცის ეს სავსებით" (ფსალმუნნი 138:14).

2. როგორ იწყება ადამიანის არსებობა

ადამიანის კლონის გაკეთება შეუძლებელია. მიუხედავად იმისა, თუ კი ისინი შეეცდებიან ადამიანის გარე შესახედაობის დუბლირებას, ის მაინც არ იქნება ადამიანი, რადგან მას არ ექნება სული. და ეს კლონი არაფრით იქნებოდა ცხოველისგან განსხვავებული.

ახალი სიცოცხლე ისახება, როდესაც მამაკაცის თესლი და ქალის საკვერცხე ერთდება. ადამიანის ფორმის მთლიანად განვითარებისათვის ჩანასახი მუცელსი 9 თვე ჩერდება. ჩვენ ვგრძნობ ღმერთის იდუმალ ძალას, როდესაც განვიხილავთ ჩანასახის ზრდას 9 თვის განმავლობაში.

პირველ თვეში ნერვული სისტემა იწყებს განვითარებას. ძირითადი სამუშაო დამთავრებულია და შესაძლებელია სისხლის, ძვლების, კუნთები, ვენების და შიდა ორგანოების ჩამოყალიბება. მეორე თვეში გული იწყებს ცემას და იწყება ადამიანის გარეგნობის წარმოშობა. ამ დროს უკვე შესაძლებელია თავის და კიდურების დანახვა. მესამე თვეში სახე წარმოიშობა. მას უკვე შეუძლია თავის, სხეულის და კიდურების თავისით გამოძრავება, და სასქესო ორგანეობიც ყალიბდება.

მეოთხე თვიდან პლაცენტა დასრულებულია, ამიტომ

საკვების მომარაგება იზრდება და ჩანასახის სიგრძე და სიგანე სწრაფად იწყებს ზრდას. ყოველი ორგანო, რომლებისგანაც სხეული და სიცოცხლე შედგება ნორმალურად ფუნქციონირებს. კუნთების ჩამოყალიბება მეხუთე თვიდან იწყება და ასევე ვითარდება სმენის უნარი და მას შეუძლია ხმების გაგება. მეექვსე თვეში საჭმლის მომნელებელი ორგანოები ყალიბდება და ამიტომ ზრდა კიდევ უფრო სწრაფი ხდება. მეშვიდე თვეში იწყება თავზე თმის ზრდა, და ფილტვების განვითარებით იგი იწყებს სუნთქვას.

სასქესო ორგანოების და სმენის უნარის ჩამოყალიბება სრულდება მერვე თვეში. მეცხრე თვეში თმა ხდება უფრო ხშირი, სხეულიდან წვრილი თმები ქრება და კიდურები სუქდება. მთლიანი ცხრა თვის შემდეგ, დაახლოებით 50 სანტიმეტრის სიგრძის და 3,2 კილოგრამის წონის ჩვილი იბადება.

ემბრიონი არის სიცოცხლე, რომელიც ეკუთვნის ღმერთს

დღევანდელი სამეცნიერო განვითარებებით, ხალხს სურს ცოცხალი არსების კლონის შექმნა. მაგრამ, ადრე განვაცხადე, არ აქვს მნიშვნელობა რამდენად განვითარებული გახდება მეცნიერება, ადამიანის კლონის შექმნა შეუძლებელია. მაშინაც კი თუ შეძლებენ ადამიანის გარეგნობის კლონის შექმნას, მას არასოდეს ექნება სული. სულის გარეშე იგი ცხოველისგან არ იქნება განსხვავებული.

ადამიანის ზრდის კროცესში, ყველა სხვა ცხოველებისგან

განსხვავებით, არსებობს მომენტი, როდესაც ადამიანს ეძლევა სული. ფეხმძიმობის მეექვსე თვეში ჩანასახს აქვს სხვადასხვა ორგანოები, სახე და კიდურები. იგი ხდება ჭურჭელი, რომელიც ვარგისია სულის დაჭერისათვის. ამ დროს ღმერთი ადამიანს სულთან ერთად აძლევს სიცოცხლის თესლს. ბიბლიაში არის ჩანაწერი, რომლითაც ჩვენ შეგვიძლია ამ ფაქტის დასკვნის გაკეთება. ეს არის მეექვსე თვეში ჩანასახის გამოხმაურება მუცელში.

ლუკა 1:41-44-ში წერია, „როგორც კი გაიგონა ელისაბედმა მარიამის მოკითხვა, ყრმა შეიძრა მის მუცელში, და აღივსო სულით წმიდით ელისაბედი. ხმამაღლა შეღაღადა და თქვა: კურთხეული ხარ დედათა შორის და კურთხეულია შენი მუცლის ნაყოფი! ვინ გამხადა იმის ღირსი, რომ ჩემთან მოვიდა ჩემი უფლის დედა? ვინაიდან, როგორც კი ჩემს ყურს მოსწვდა შენი მოკითხვის ხმა, სიხარულით შეიძრა ყრმა ჩემს მუცელში."

ეს მოხდა მაშინ, როდესაც იესო ახალი ჩასახული იყო წმინდა მარიამის მუცელში და იგი ელიზაბეტის მოსანახულებლად მივიდა, რომელსაც ჩაესახა იოანე ნათლისმცემელი ექვსი თვით ადრე. დედის მუცელში, იოანე ნათლისმცემელი გამოძრავდა სიხარულისგან, როდესაც წმინდა მარიამი მივიდა. მან იცნო იესო მარიამის მუცელში და აღივსო სულით. ჩანასახი არა მხოლოდ სიცოცხლე, არამედ სულიერი არსებაცაა, რომელიც ივსება სულით ექვსი თვის ფეხმძიმობის შემდეგ. ადამიანი არის სიცოცხლე, რომელიც ჩასახვიდანვე ღმერთს ეკუთვნის. ღმერთს სიცოცხლეზე აქვს ძალაუფლება. ამიტომ ჩვენ არავითარ შემთხვევაში არ უნდა

გავიკეთოთ აბორტი, მაშინაც კი თუ ჩანასახს ჯერ არ აქვს სული.

ცხრა თვიანი პერიოდი, რომლის განმავლობაშიც ჩანასახი იზრდება მუცელში მეტად მნიშვნელოვანია. დედისგან მას ყველაფერი მიეწოდება, რაც გასაზრდელად ჭირდება, ამიტომ დედას უნდა ჰქონდეს დაბალანსებული დიეტა. გრძნობები და ფიქრები, რომლებიც დედას აქვს, ასევე მოქმედებს ჩანასახის ხასიათების, პირადი თვისებების და გონებრივი უნარის ჩამოყალიბებაზე. იგივეა სულშიც. იმ დედების ჩვილები, რომლებიც ღმერთის სამეფოს ემსახურებიან და ბეჯითად ლოცულობენ, იბადებიან მშვიდი ხასიათებით და იზრდებიან სიბრძნითა და ჯანმრთელობით.

ძალაუფლება სიცოცხლეზე მხოლოდ ღმერთს ეკუთვნის, მაგრამ იგი არ ერევა ადამიანის ჩასახვის კურსში, დაბადებაში და გაზრდაში. თანდაყოლილი ბუნება განსაზღვრულია სიცოცხლის ენერგიის მეშვეობით, რომელიც მშობლების თესლსა და საშვილოსნოშია. სხვა ხასიათის თვისებები ვითარდება გარემოსა და სხვა ზემოქმედებების თანახმად.

ღმერთის განსაკუთრებული ინტერვენცია

არსებობს ისეთი შემთხვევები, როდესაც ღმერთი ერევა ადამიანის ჩასახვასა და დაბადებაში. პირველი, ეს ხდება, როდესაც მშობლები ღმერთს რწმენითა და ლოცვებით სთხოვენ. ჰანა, ქალი, რომელიც ცხოვრობდა წიგნი რჯულის დროს; იგი ცხოვრობდა ტკივილსა და ტანჯვაში, რადგან არ ჰყავდა შვილი და წარსდგა ღმერთის წინაშე და

დარწმუნებით ილოცა. მან აღთქმა დადო, რომ თუ კი ღმერთი მას ვაჟს მისცემდა ამ ვაჟს იგი ღმერთს მიუძღვნიდა.

ღმერთმა შეისმინა მისი ლოცვა და მისცა ვაჟი. როგორც იგი ღმერთს დაპირდა თავისი შვილი სამუელი მიიყვანა მღვდელთან და მისცა მას იგი ღმერთის მსახურად. სამუელს ბავშვობიდანვე ჰქონდა ღმერთთან კავშირი და მოგვიანებით გახდა ისრაელის დიდი წინასწარმეტყველი. ჰანამ არ დაარღვია მიცემული აღთქმა, ღმერთმა იგი დალოცა და კიდევ სამი ვაჟი და ორი ქალიშვილი აჩუქა (1 სამუელი 2:21).

მეორე, ღმერთი ერევა მათ ცხოვრებაში, რომლებიც დაშორებულნი არიან ღმერთის მიერ მისი განგებისათვის. ამის გასაგებად ჩვენ უნდა გავაცნობიეროთ განსხვავება „არჩეულსა“ და „დაშორებულს“ შორის. ღმერთის ნებაა, როდესაც იგი ადგენს გარკვეულ ჩარჩოებს და განურჩევლად ირჩევს იმ ყველა ადამიანს, რომელიც ამ ჩარჩოების ფარგლებში ჯდება. მაგალითად, ღმერთმა დააწესა ხსნის ჩარჩო და არჩენს იმ ადამიანებს, რომლებიც ამ ჩარჩოში ექცევიან. ამიტომ, ისინი, ვინც მიიღებენ ხსნას იესო ქრისტეს აღიარებით და ღმერთის სიტყვის თანახმად ცხოვრებით, არიან „არჩეულნი“.

ზოგი ადამიანი არასწორად იგებს, რომ ღმერთმა უკვე გადაწყვიტა თუ ვინ გადარჩება და ვინ არა. ამბობენ, თუ კი ღმერთს ერთხელ შეხვდები, იგი ისე იმოქმედებდა რომ შენ როგორღაც გადარჩებოდი, მიუხედავად იმისა იცხოვრებდი თუ არა მისი სიტყვის თანახმად. მაგრამ ასეთი აზროვნება

მცდარია.

ყველა, ვინც ნებაყოფლობით იღებს რწმენას გადარჩენის ჩარჩოს შიგნით, მიიღებს ხსნას. ამას ქვია, რომ ისინი „არჩეულნი" არიან ღმერთის მიმართ. მაგრამ ისინი, რომლებიც დარჩებიან ამ ჩარჩოს მიღმა, ან ისინი, რომლებიც ერთ დროს ამ ჩარჩოებში ექცეოდნენ, მაგრამ ბოლოს სამყარო დაიმეგობრეს და შეგნებულად და განზრახულად ჩაიდინეს ცოდვები, ვერ გადარჩებიან თუ არ შემობრუნდებიან თავიანთი გზებიდან.

მაშინ რა არის „გადადებულად ყოფნა"? ეს არის, როდესაც ღმერთი, რომელმაც იცის ყველაფერი და რომელიც გეგმავს ყველაფერს დაწყებიდანვე, ირჩევს გარკვეულ ადამიანს და აკონტროლებს მის მთელ ცხოვრებას. მაგალითად, აბრაამი; იაკობი, მთელი ისრაელიანების მამა; და მოსე, გამოსვლის წინამძღოლი, ყოველი მათგანი გადადებულები იყვნენ ღმერთის მიერ, რათა შეესრულებინათ ღმერთის მიცემული განსაკუთრებული მოვალეობები.

ღმერთმა იცის ყველაფერი. ადამიანთა გაშენების განგებაში მან იცის თუ რა ტიპის ადამიანები უნდა დაიბადნონ და რა დროს ადამიანთა ისტორიაში. მისი გეგმების შესასრულებლად, იგი ირჩევს გარკვეულ ადამიანებს და საშუალებას აძლევს მათ შეასრულონ დიდი მოვალეობები. მათთვის, რომლებიც ამ გზით არიან გადადებულნი, ღმერთი ერევა მათი ცხოვრების ყველა მომენტში.

რომაელთა 1:1 ამბობს, „პავლე, იესო ქრისტეს მონა, მოციქულად ხმობილი და ღვთის სახარებისათვის რჩეული."

როგორც ნათქვამია, პავლე მოციქული გადადებული იყო როგორც წარმართების მოციქული, რათა გაევრცელებინა სახარება. რადგან მას ჰქონდა მამაცი და შეუცვლელი გული, იგი გადადებული იყო, რათა გაეარა წარმოუდგენლად საზარელი ტკივილი. მას ასევე გადაეცა ახალი აღთქმის თითქმის ყველა წიგნის დაწერის მოვალეობა და პასუხისმგებლობა. იმისათვის, რომ ასეთი მოვალეობა შეესრულებინა, ღმერთმა მას საფუძვლიანად ასწავლა ღმერთის სიტყვა ადრეული ასაკიდანვე.

ასევე იოანე ნათლისმცემელიც გადადებული იყო ღმერთის მიერ. ღმერთი ჩაერია მის კონცეფციაში, და ღმერთმა მას საშუალება მისცა სხვა ცხოვრებით ეცხოვრა. იგი მარტო ცხოვრობდა უდაბნოში, არ ჰქონდა არანაირი კონტაქტი სამყაროსთან. მას ჰქონდა აქლემის თმის ტანისამოსი და წელზე ტყავის ქამარი; და მისი საკვები კი იყო კალიები და გარეული თაფლი. ასე მან მოამზადა იესოს გზა.

იგივე იყო მოსეზეც. ღმერთი მოსეს ცხოვრებაში მისი გაჩენიდანვე ჩაერია. იგი მდინარეში ჩააგდეს მაგრამ პრინცესამ იპოვნა, და გახდა პრინცი. მაგრამ მაინც, იგი გაიზარდა თავის დედის მიერ, რათა ესწავლა ღმერთის და მისი ხალხის შესახებ. როგორც ეგვიპტელმა პრინცმა, მან მიიღო მთელი სამყაროს ცოდნა. როგორც ავღწერე, გადადებულად ყოფნა არის, როდესაც ღმერთი თავისი უმაღლესობით აკონტროლებს გარკვეული ადამიანის ცხოვრებას, იცის თუ როგორი ადამიანი დაიბადება და რა დროს ადამიანის ისტორიაში.

3. სინდისი

ადამიანი რომ შეხვდეს შემოქმედ ღმერთს, აღიდგინოს ღმერთის დაკარგული გამოსახულება, და გახდეს ღირსეული არსება, ეს იმაზეა დამოკიდებული, თუ როგორი სინდისი აქვს ამ ადამიანს.

მშობლების სპერმა და საკვერცხე მოიცავს მათ სიცოცხლის ენერგიას, რომელიც მემკვიდრეობით გადაეცემა შვილებს. იგივეა სინდისთანაც. სინდისი არის საზომი, რომლითაც ანსხვავებ კეთილს და ბოროტს. თუ კი მშობლები ცხოვრობდნენ კეთილი სიცოცხლით, უფრო სავარაუდოა, რომ შვილები დაიბადებიან კეთილი სინდისით. მაშასადამე, ადამიანის სინდისის ძირითადი გადამწყვეტი ფაქტორი არის მისი მშობლებისგან მემკვიდრეობით მიღებული სიცოცხლის ენერგია.

მაგრამ მიუხედავად იმისა, რომ ისინი დაიბადნენ მშობლების კარგი სიცოცხლის ენერგიით, თუ ისინი გაიზრდებიან არახელსაყრელ გარემოში, იგებენ და უყურებენ უამრავ ბოროტ საქმიანობებს და ამ ყველაფერს გულში ითესავენ, უფრო სავარაუდოა, რომ მათი სინდისი ბოროტებით იქნება დაბინძურებული. და პირიქით, ისინი, რომლებიც იზრდებიან ხელსაყრელ გარემოში, იგებენ და ხედავენ კეთილ საქმიანობებს, უფრო სავარაუდოა, რომ შედარებით უფრო კეთილი სინდისი ექნებათ.

სინდისის წარმოქმნა

განსხვავებული სინდისები ყალიბდება მათი მშობლების

მიხედვით, როგორ გარემოში გაიზარდა, რას ხედავდა, ისმენდა და სწავლობდა და რამდენად ცდილობს რომ კარგი აკეთოს. ამიტომ, ისინი რომლებიც დაიბადნენ კარგ ოჯახში და გაიზარდნენ კარგ გარემოში, და რომლებიც თავიანთ თავებს აკონტროლებენ, ჩვეულებრივ სიკეთეს ეძებენ ხოლმე თავიანთი სინდისის თანახმად. მათთვის ადვილია სახარების მიღება და ჭეშმარიტებით შეცვლა.

ჩვეულებრივ, ადამიანებმა შეიძლება იფიქრონ, რომ სინდისი ჩვენი გულის კეთილი ნაწილია, მაგრამ ღმერთის თვალში ეს ასე არ არის. ზოგ ადამიანს აქვს კეთილი სინდისი და ამგვარად უფრო ძლიერი მიდრეკილება სიკეთისაკენ, როდესაც ზოგს აქვს ბოროტი სინდისი და მიჰყვებიან თავიანთ საკუთარ სარგებლობებს და არა ჭეშმარიტებას.

ზოგს აქვს სინდისის ქენჯნა თუ კი სხვის სულ პატარა ნივთსაც კი აიღებენ, როდესაც ზოგი კი ფიქრობს რომ ეს არ არის ქურდობა და მაშასადამე არც ცოდვა. ხალხს განსხვავებული სამართლიანობის სტანდარტები აქვთ კეთილსა და ბოროტს შორის იმის და მიხედვით, თუ რა გარემოში არიან გაზრდილები და თუ რა ასწავლეს მათ.

ხალხი კეთილსა და ბოროტს თითოეული ადამიანის სინდისით აფასებს. მაგრამ ყოველი ადამიანის სინდისი განსხვავებულია. არსებობს დიდი განსხვავება განსხვავებული კულტურისა და ადგილების მიხედვით, და ისინი ვერასოდეს გახდებიან სრული სტანდარტები კეთილსა და ბოროტს შორის შეფასებაში. სრული სტანდარტის პოვნა შეიძლება მხოლოდ უფლის სიტყვაში, რომელიც თვით ჭეშმარიტებაა.

განსხვავება გულსა და სინდისში

რომაელთა 7:21-24 ამბობს, „და ვპოულობ ამ რჯულს კეთილის ქმნა მსურს, მაგრამ ბოროტი კი მიდევს გვერდით. ვინაიდან, როგორც შინაგანი კაცი, ღვთის რჯულით ვტკბები. მაგრამ ჩემს ასოებში სხვა რჯულსა ვხედავ, რომელიც ეურჩება ჩემი გონების რჯულს, და ცოდვის იმ რჯულის ტყვედ მაქცევს, რომელიც არის ჩემს ასოებში." ვაიმე, ბედრკულს! ვაიმე, ბედრკულს! ვინ დამიხსნის სიკვდილის ამ სხეულისაგან?"

ამ სტროფიდან ჩვენ ვიგებთ, თუ როგორი თავშეკავებულია ადამიანის გული. „შინაგანი კაცი" ამ სტროფში არის სიმართლის გული, რომელსაც შეიძლება დავუძახოთ „თეთრი გული", რომელიც ცდილობს გაჰყვეს სული წმინდის წინამძღოლობას. ამ ადამიანის შიგნით არის სიცოცხლის თესლი. ასევე, არსებობს „ცოდვის კანონი", რომელიც „შავი გულია" და შედგება სიცრუისაგან. ასევე არის „გონების რჯული". ეს არის სინდისი. სინდისი არის ღირებულების შეფასების სტანდარტი, რომელიც ადამიანმა თვითონ ჩამოაყალიბა. ეს არის „თეთრი გულის" და „შავი გულის" ნარევი. იმისათვის რომ გავიგოთ თუ რა არის სინდისი, ჯერ უნდა ვიცოდეთ გულის შესახებ.

ლექსიკონებში „გულის" მრავალი განმარტება არსებობს. არის „ემოციური ან მორალური როგორც დამახასიათებელი ინტელექტუალური ბუნებიდან," ან „ადამიანის უღრმესი ხასიათი, გრძნობები ან მიდრეკილებები." მაგრამ გულის სულიერი მნიშვნელობა განსხვავებულია.

როდესაც ღმერთმა პირველი ადამიანი შექმნა, მან მას

სულთან ერთად სიცოცხლის თესლი მისცა. ადამი იყო ცარიელი ჭურჭელისავით, და ღმერთმა მასში სულის ცოდნა, სიყვარული, სიკეთე და ჭეშმარიტება მოათავსა. რადგან ადამს მხოლოდ ჭეშმარიტება ჰქონდა ნასწავლი, მისი სიცოცხლის თესლი შედგებოდა მისი სულით, რომელიც შეიცავდა ცოდნას. რადგან იგი მხოლოდ ჭეშმარიტებით იყო სავსე, არ იყო საჭირო სულის და გულის გარჩევა. რადგან იქ არ არსებობდა სიცრუე, არ იყო საჭირო ისეთი სიტყვა, როგორიც სინდისია.

მაგრამ მას შემდეგ რაც ადამმა ცოდვა ჩაიდინა, მისი სული აღარ იყო იგივე, როგორც მისი გული. როდესაც მისი ურთიერთობა ღმერთთან შეწყდა, ჭეშმარიტებამ, სულის ცოდნამ, რომლითაც მისი გული იყო სავსე, დაიწყო გამოჟონვა და სამაგიეროდ არაჭეშმარიტებამ, როგორიცაა სიძულვილი, შური და ქედმაღლობა, დაიწყო მისი გულის ავსება და დაფარა სიცოცხლის თესლი. სანამ სიცრუე მოვიდოდა ადამთან, არ იყო საჭირო სიტყვა „გულის" გამოყენება. თვით მისი გული იყო სული. მაგრამ როდესაც ცოდვების გამო სიცრუე მოვიდა, მისი სული მოკვდა, და მას შემდეგ ჩვენ დავიწყეთ სიტყვა „გულის" გამოყენება.

ადამის დაცემის შემდეგ ადამიანთა გული ისეთ მდგომარეობამდე მივიდა, სადაც „არა-ჭეშმარიტებამ, ჭეშმარიტების მაგივრად, დაფარა სიცოცხლის თესლი, რაც ნიშნავს იმას, რომ „სამშვინველმა, სულის მაგივრად, დაფარა სიცოცხლის თესლი." მარტივად რომ ვთქვათ, ჭეშმარიტების გული არის თეთრი გული და არა-ჭეშმარიტების გული არის შავი გული. ადამის ყველა შთამომავალისთვის, რომლებიც დაიბადნენ მისი დაცემის შემდეგ, მათი გულები შედგება

ჭეშმარიტების გულისგან, არა-ჭეშმარიტების გულისგან, და სინდისისგან, რომელიც მათ შექმნეს ჭეშმარიტების და არა-ჭეშმარიტების შერევით.

ბუნება არის სინდისის საფუძველი

ადამიანის გულის თავდაკირველი ხასიათი მოხსენიებულია, როგორც „ბუნება". ადამიანის ბუნება არ არის სრული მხოლოდ მემკვიდრეობით. ის იცვლება იმის და მიხედვით, თუ რას იღებს ადამიანი ზრდის განმავლობაში. ზუსტად როგორც ნიადაგის დამახასიათებელი თვისება იცვლება იმის და მიხედვით თუ რას დავამატებთ, ადამიანის ბუნებაც იმის და მიხედვით იცვლება თუ რას ხედავს, ესმის და გრძნობს.

ადამის დედამიწაზე დაბადებულმა ყოველმა შთამომავალმა მემკვიდრეობით მიიღო მშობლების სიცოცხლის ენერგია, ბუნება რომელიც ჭეშმარიტებისა და არა-ჭეშმარიტების ნარევია. ერთის მხრივ, მიუხედავად იმისა რომ ისინი კეთილი ბუნებით იბადებიან, ბოროტი გახდება თუ კი ბოროტებას მიიღებენ არახელსახრელ გარემოში. მეორეს მხრივ, თუ მათ სიკეთეს ასწავლიან კარგ გარემოში, შედარებით უფრო ნაკლები ბოროტება ჩაინერგება მათში. ყოველი ადამიანის ბუნების შეცვლა შესაძლებელია შეძენილი არა-ჭეშმარიტების და ჭეშმარიტების დამატებით.

ადვილი იქნება გავიგოთ სინდისის შესახებ თუ თავდაკირველად გავიგებთ ადამიანის ბუნებას, რადგან სინდისი არის საღი აზრის სტანდარტი, რომელიც იზომება ბუნების საფუძველზე. შენ იღებ შეძენილ ჭეშმარიტებას და არაჭეშმარიტებას შენს თანდაყოლილ ბუნებაში, და

აყალიბებ საღი აზრის სტანდარტს. ეს არის სინდისი. მაშასადამე, ადამიანის სინდისში არის ჭეშმარიტების გული, ადამიანის ბუნების სიბოროტე და თვით-სამართლიანობა.

დროთა განმავლობაში, სამყარო უფრო მეტად ივსება ცოდვებითა და ბოროტებით, და ხალხის სინდისიც უფრო ბოროტი ხდება. მათ მემკვიდრეობით უფრო მეტი ბოროტი ბუნება რჩებათ მშობლებისაგან, და გარდა ამისა, ისინი უფრო მეტ ბოროტებას იღებენ თავიანთ ცხოვრებაში. ეს პროცესი გრძელდება და გრძელდება თაობიდან თაობამდე. როდესაც მათი სინდისი ბინძურდება ბოროტებისაგან, მათთვის უფრო რთული ხდება სახარების მიღება და უფრო ადვილი ხდება ეშმაკის სამუშაოების მიღება და ცოდვების ჩადენა.

4. ხორცის სამუშაოები

როდესაც ადამიანი ცოდვას ჩადის, უდავოდ იქნება დამსახურებული სასჯელი სულიერი სამყაროს კანონის მიხედვით. ღმერთი მას შანსს აძლევს მოინანიოს და ცოდვებს ზურგი აქციოს, მაგრამ თუ იგი საზღვარს გადაცილდება, იქნება გამოცდები ან სხვადასხვა უბედურებები.

ყოველი ადამიანი დაბადებულია ცოდვილი ბუნებით, რადგან ცოდვილი ბუნება ადამისგან მემკიდრეობით გადმოდის შვილებზე მშობლების სიცოცხლის ენერგიის მეშვეობით. ჩვენ ზოგჯერ ვხედავთ რომ ჩვილებიც კი გამოხატავენ თავიანთ გაბრაზებასა და გაღიზიანებას, მაგალითად როდესაც განუწყვეტლივ ტირიან. ზოგჯერ

თუ არ მივცემთ მომტირალე და მშიერ ბავშვს საკვებს, ისე იწყებენ ხოლმე ტირილს, რომ გეგონება ვეღარ ისუნთქებსო. მოგვიანებით კი იგი უარს ამბობს საკვებზე, რადგან გაღიზიანებულია. ახალ დაბადებული ბავშვებიც კი ავლენენ ასეთ რეაქციებს, რადგან მათ მემკვიდრეობით გამოჰყვათ ცუდი ხასიათი, სიძულვილი ან შური მათი მშობლებისგან. ეს იმიტომ რომ ყოველ ადამიანს აქვს ცოდვილი ბუნება მათ გულებში, და ეს არის თავდაკირველი ცოდვა.

ასევე, ადამიანები ცოდვებს იდენენ მათი გაზრდის პროცესში. ზუსტად როგორც მაგნიტი წევს ლითონს, ისინი რომლებიც ცხოვრობენ ფიზიკურ სივრცეში, გააგრძელებენ არა-ჭეშმარიტების მიღებას და ცოდვების ჩადენას. ამ თვით-ჩადენილი ცოდვების კატეგორიებად დაყოფა შეიძლება: ცოდვები გულში და ცოდვები საქციელში. სხვადასხვა ცოდვას აქვს სხვადასხვა მნიშვნელობა, და საქციელში ჩადენილი ცოდვები აუცილებლად იქნება განსჯილი (1 კორინთელთა 5:10). საქციელში ჩადენილ ცოდვებს ეწოდება „ხორცის ქმედებები."

ხორცი და ხორცის ქმედებები

დაბადება 6:3-ში წერია, „თქვა უფალმა ღმერთმა: არ დარჩება ჩემი სული ადამიანში საუკუნოდ, რადგან ხორცია იგი. იყოს მისი ხანი ასოცი წელი." აქ „ხორცი" არ მიუთითებს ფიზიკურ სხეულს. ეს იმას ნიშნავს, რომ ადამიანი გახდა ხორციელი არსება, რომელიც დაბინძურებულია ცოდვებითა და ბოროტებით. ასეთ ხორციელ ადამიანს არ შეუძლია სამუდამოდ ღმერთთან ცხოვრება, და მაშასადამე

მათი ხსნა შეუძლებელია. არც ისე დიდი ხნის შემდეგ რაც ადამი გამოძევდა ედემის ბაღიდან და დედამიწაზე დაიწყო ცხოვრება, მისმა შთამომავლებმა სწრაფად დაიწყეს ხორცის ცოდვების ჩადენა.

ღმერთს ჰყავდა ნოა, რომელიც იყო სამართლიანი ადამიანი, მოამზადა კიდობანი და გააფრთხილა ხალხი ზურგი შეექციათ ცოდვებისათვის. მაგრამ ნოას ოჯახის გარდა არავის უნდოდა კიდობანში შესვლა. სულიერი კანონის მიხედვით, რომელიც ამბობს რომ „ცოდვის ბოლო სიკვდილია (რომაელთა 6:23), ყოველი ადამიანი განადგურდა ნოას დროს დიდი წყალდიდობის გამო.

მაშინ რა არის „ხორცის" სულიერი მნიშვნელობა? ეს გულისხმობს „არა-ჭეშმარიტების ბუნებას ადამიანის გულში, რომელიც მჟღავნდება განსაკუთრებულ საქციელებში. სხვა სიტყვებით რომ ვთქვათ, შური, ცუდი ხასიათი, სიძულვილი, სიხარბე, მოღალატე აზროვნება, ამპარტავნობა და სხვა შინაგანი ბოროტებები ადამიანებში მჟღავნდება ძალადობაში, ბინძურ სიტყვებში, ღალატში ან მკვლელობაში. ამ ყველა საქციელს ეწოდება „ხორცი" და ეს ყოველი საქციელი არის ხორცის ქმედებები.

მაგრამ ცოდვებს, რომლებიც საქციელებით არ მჟღავნდება, მაგრამ მხოლოდ გონებაში და აზრებში ხდება, ეწოდება „ხორცის აზრები". ხორცის აზრები ერთ დღეს შეიძლება გადავიდეს ხორციელ ქმედებებში, თუ გულიდან არ განიდევნება. უფრო დაწვრილებითი დეტალები ამის შესახებ განხილული იქნება მეორე ნაწილში, „სულის ჩამოყალიბებაში".

როდესაც ხორცის აზრები გამოვლინდება როგორც ხორციელი ქმედებები, ეს არასამართლიანობა და უკანონობაა. თუ კი ჩვენ ცოდვილი ბუნება გვაქვს გულში, ეს არ ითვლება არასამართლიანობად, მაგრამ როდესაც ეს საქციელში გადადის მაშინ ხდება არასამართლიანი. თუ ჩვენ ასეთ ხორციელ რაღაცეებს არ განვდევნით და გავაგრძელებთ ცოდვების ჩადენას, ეს ჩვენსა და ღმერთს შორის აღმართავს უზარმაზარ კედელს. შემდეგ ეშმაკი ცილს დაგვწამებს, რათა გამოგვცადოს და გამოცდები გადაგვატანინოს. ჩვენ შეიძლება უბედური შემთხვევები გადაგვხვდეს, რადგან ღმერთს არ შეუძლია ჩვენი დაცვა. არ ვიცით რა მოხდება ხვალ, თუ ჩვენ უფალი არ გვიცავს. ამავე მიზეზით, ვერც პასუხებს მივიღებთ ჩვენს ლოცვებზე.

ხორცის აშკარა ქმედებები

დედამიწაზე გაბატონებულ სიბოროტეთა შორის ყველაზე ცხადი ცოდვებია სექსუალური უზნეობა და გრძნობითობა. სოდომი და გომორი სავსე იყო გრძნობითობით და საბოლოოდ განადგურდა გოგირდით და ცეცხლით. პომპეის ნაქალაქარის შემხედვარე ვხედავთ, თუ რაოდენ ღალატითა და დეკადენტურობით იყო სავსე საზოგადოება.

გალათელთა 5:19-21 აღწერს ხორცის აშკარა საქმეებს:

ხორცის საქმენი აშკარაა: სიძვა, უწმინდურება, აღვირახსნილობა, კერპთმსახურება, ჯადოქრობა, მტრობა, შუღლი, შური, რისხვა, აშლილობა, მწვალებლობა, სიძულვილი, მკვლელობა, მემთვრალეობა, ღორმუცელობა და სხვა მასთანანი. წინასწარ გეტყვით, რომ ამის მოქმედნი

ვერ დაიმკვიდრებენ ღვთის სასუფეველს.

დღესაც კი ხორცის ქმედებები ყოვლისმომცველია. ნება მიბოძეთ წარმოგიდგინოთ რამდენიმე ამგვარი ხორციელი ქმედება.

პირველი არის სექსუალური უზნეობა. სექსუალური უზნეობა შესაძლოა იყოს ფიზიკური და სულიერი. ფიზიკური თვალსაზრისით ეს შეიძლება იყოს გრძნობითობა ან მრუშობა. არც დანიშნული წყვილი არის გამონაკლისი. დღეისათვის, ნოველები, ფილმები, ან საპნის ოპერები განასახიერებენ მრუშობას როგორც ლამაზ სიყვარულს და ამით ხალხის ცნობიერებას ბუნდოვანს ხდიან ცოდვების წინაშე. არსებობს უამრავი უხამსი მასალა, რაც აქეზებს მრუშობას.

მაგრამ მორწმუნეთათვის ასევე არსებობს სულიერი უზნეობა. როდესაც ისინი მკითხავთან მიდიან, აქვთ თილისმა ან ჯადოქრობას ჩადიან, ეს არის სულიერი ღალატი (1 კორინთელთა 10:21). თუ ქრისტიანები არ მიენდობიან უფალს, რომელიც აკონტროლებს სიცოცხლეს, სიკვდილს, კურთხევას და წყევლას, არამედ ეთაყვანებიან კერპებს და დემონებს, ეს არის სულიერი სიმრუშე, და იგივეა რაც უფლის ღალატი.

მეორე რიგში, სიბინძურე არის ჟინზე აყოლა და უამრავი არასწორი საქციელის ჩადენა და როდესაც ადამიანის სიცოცხლე სავსეა მრუში სიტყვებითა და ქმედებებით. ეს არის რაღაც რაც სექსუალური ზნედაცემულობის ჩვეულებრივ დონესაც კი აღემატება, მაგალითად

ცხოველებთან ურთიერთობის დამყარება, ჯგუფური სექსი და ჰომოსექსუალიზმი (ლევიანნი 18:22-30). რაც უფრო მეტად ვრცელდება ცოდვა, მით უფრო უგრძნობნი ხდებიან ადამიანები მრუშობის მიმართ.

ეს არის ღმერთის წინააღმდეგ წასვლა და დაუმორჩილებლობა (რომაელთა 1:26-27). ეს არის ცოდვები, რომლებიც ხსნას წაგართმევენ (1 კორინთელთა 6:9-10), რომლებიც საძულველია ღმერთისთვის (რჯული 13:18). სქესის ჩეცვლის ოპერაციის გაკეთება ან მამაკაცებმა, რომ ქალების ტანსაცმელი ჩაიცვან, ან ქალებმა, რომ ჩაიცვან მამაკაცების ტანსაცმელი, ეს ყველაფერი საზიზღრობაა ღმერთის წინაშე (რჯული 22:5).

მესამე, კერპთაყვანისმცემლობაც საშინელებაა ღმერთის წინაშე. არსებობს ფიზიკური და სულიერი კერპთაყვანისმცემლობა.

ფიზიკური კერპთაყვანისმცემლობა არის ხის, ქვის ან ლითონის გამოსახულებების თაყვანისცემა (გამოსვლა 20:4-5). სასტიკი კერპთაყვანისმცემლობა გამოიწვევს დაწყევლას სამ ან ოთხ თაობაზე. თუ კი შეხედავ ოჯახებს, რომლებიც თაყვანს სცემენ კერპებს, ეშმაკი და სატანა გამუდმებით გაუგზავნიან მათ გამოცდებს, რათა არ შეწყდეს პრობლემები ამ ოჯახებში. განსაკუთრებით არსებობს უამრავი ოჯახის წევრი, რომელიც დემონით არის შეპყრობილი, რომელსაც აქვს ფსიქიკური აშლილობა ან ალკოჰოლიზმი. ისინი, რომლებიც ასეთ ოჯახებში იბადებიან, მაშინაც კი თუ უფალს მიიღებენ, ეშმაკი და სატანა შეაწუხებთ მათ, და მათთვის რთული იქნება რწმენით იცხოვრონ.

სულიერი კერპთაყვანისმცემლობა არის, როდესაც მორწმუნეს ღმერთზე მეტად სხვა რამ უყვარს. თუ ისინი დაარღვევენ უფლის დღეს, რათა კინოთი, სერიალებით, სპორტული გადაცემებით ან სხვა ჰობით ისიამოვნონ, ან თუ კი ისინი უგულვებელყოფენ თავიანთ მოვალეობებს რწმენაში შეყვარებულის გამო, ეს არის სულიერი კერპთაყვანისმცემლობა. გარდა ამისა, თუ გიყვარს რამე – ოჯახი, შვილები, ამქვეყნიური გასართობები, ძვირადღირებული ნივთები, ძალაუფლება, სახელი, სიხარბე ან ცოდნა – ღმერთზე მეტად, ეს მაშინ არის კერპი.

მეოთხე, ჯადოქრობა არის ძალა რომელიც ბნელი ძალების დახმარებით ან კონტროლით ხორციელდება, განსაკუთრებით კი ეს შეეხება წინასწარმეტყველებას.

არასწორია სტუმრობა მკითხავებთან, როდესაც იმახი რომ ღმერთის გჯერა. ურწმუნოებსაც კი მოაქვთ დიდი უბედურებები მისნობით, რადგან მისნობას მოყავს ბოროტი სულები.

მაგალითად, თუ რაიმე ჯადოსნობას ჩაიდენ პრობლემების გასაქრობად, ეს პრობლემები მხოლოდ უარესდება. ჯადოსნობის შემდეგ, ბოროტი სულები თითქოს ჩუმად არიან გარკვეული დროის განმავლობაში, მაგრამ მალევე ისინი დიდ პრობლემებს ქმნიან, რათა უფრო მეტი თაყვანისცემა მიიღონ. ზოგჯერ, ისინი თითქოს მომავალს წინასწარმეტყველებენ, მაგრამ ბოროტმა სულებმა არ იციან მომავალი. ეს მხოლოდ ის არის, რომ ისინი არიან სულიერი არსებები და მათ იციან ხორციელი ადამიანის გული, ამიტომ ისინი ატყუებენ ხალხს რათა დაიჯერონ, რომ მათ ეუბნებიან მომავალს და შემდეგ ხალხი მათ უფრო მეტად სცემენ თაყვანს. ჯადოქრები

გეგმავენ ხალხის ცდუნებას და ამიტომ ჩვენ ფრთხილად უნდა ვიყოთ. თუ ვინმეს მოტყუებით ორმოში ჩააგდებ, ეს არის აშკარა ხორცის ქმედება, და შენივე განადგურების გზა.

მეხუთე, მტრობა არის დადებითი, აქტიური და ტიპიურად ორმხრივი სიძულვილი ან ბოროტი ნება-სურვილი. ეს არის სხვა ადამიანების განადგურების ნდომა. მას ვისაც აქვს მტრობა, სძულს სხვები ბოროტი გრძნობებით მხოლოდ იმიტომ, რომ არ მოსწონთ ის ადამიანი. თუ ეს სიძულვილის მნიშვნელობა დიდია, ისინი შეიძლება განრისხდნენ, ან დაიწყონ ხალხის ცილის წამება და მოტყუება.

მეექვსე, კამათი მღარეა, ზოგჯერ ძალადობრივი კონფლიქტი ან უთანხმოება. ეს ეკლესიაში ქმნის სხვადასხვა დაჯგუფებებს, რადგან სხვებს აქვთ განსხვავებული აზრები. ისინი ცუდს ლაპარაკობენ სხვებზე. შემდეგ ეკლესია იყოფა უამრავ ჯგუფებად.

მეშვიდე, უთანხმოება ასევე ყოფს ხალხს ჯგუფებად მათ აზრთა შესაბამისად. ოჯახებიც კი ინგრევა, და ეკლესიაშიც შეიძლება იყოს სხვადასხვა უთანხმოებები. დავითის ვაჟმა, აბესალომმა უღალატა და გამოყო თავისი თავი მამისგან, რაგან იგი თავის საკუთარ სურვილებს მიჰყვებოდა. იგი აუჯანყდა მამამისს, რათა მეფე გამხდარიყო. ღმერთი ტოვებს ასეთ ადამიანებს. საბოლოოდ აბესალომი აღმოჩნდა უბედური სიკვდილის წინაშე.

მერვე არის უთანხმოებები. უთანხმოებების გამოვლინება შეიძლება გადაიზარდოს მწვალებლობაში. 2 პეტრე 2:1-ში

წერია, „იყვნენ ცრუ წინასწარმეტყველნიც ხალხში, ისევე, როგორც თქვენში იქნებიან ცრუმოძღვარნი, რომელნიც შემოიღებენ წარმწყმედ მწვალებლობას, უარყოფენ მათ გამომსყიდველ უფალს და მალე თვითონვე წარიწყმედენ თავს." მწვალებლობა არის იესო ქრისტეს უარყოფა (1 იოანე 2:22-23; 4:2-3). ზოგი ამბობს რომ ღმერთის სწამს, მაგრამ უარყოფს ღმერთ სამებას, ან იესო ქრისტეს, რომელმაც გამოგვისყიდა თავისი სისხლით, და ამით ისინი სწრაფად ნადგურდებიან. ბიბლია ნათლად გვეუბნება, რომ მწვალებლები არიანი ისინი, რომლებიც უარყოფენ იესო ქრისტეს, და ამგვარად ჩვენ დაუდევრად არ უნდა განვსაჯოთ ის ადამიანები, რომლებსაც სწამთ იესო ქრისტესი.

მეცხრე, შურიანობა არის როდესაც ეჭვიანობა გადადის სერიოზულ ქმედებაში. შური არის არაკომფორტულად გრძნობა და სხვების სიძულვილი, როდესაც ისინი შენზე უკეთესები არიან. თუ ეს შურიანობა განვითარდება, შეიძლება მოხდეს უამრავი საქციელი, რომელიც სხვებს ტკივილს მიაყენებს. საული ეჭვიანობდა თავისივე კაცზე, დავითზე, რადგან დავითი უფრო მეტად უყვარდა ხალხს. მან თავისი ჯარიც კი გამოიყენა დავითის მოსაკლავად, და გაანადგურა მღვდლები და ის ადამიანები, რომლებიც მალავდნენ დავითს.

მეათე არის ლოთობა. ნოამ შეცდომა დაუშვა წყალდიდობის შემდეგ ღვინის დალევით, და ამან საზარელი შედეგი მოუტანა. მან თავისი მეორე ვაჟი, ქამი დაწყევლა, რომელმაც გამოააშკარავა მისი შეცდომა.

ეფესელთა 5:18-ში წერია, „ნუ დათვრებით ღვინით,

საიდანაც წარმოსდგება აღვირახსნილობა, არამედ აღივსეთ სულით." ზოგი ამბობს, რომ ერთი ჭიქა არაფერია. მაგრამ ეს მაინც ცოდვაა, რადგან მხოლოდ ერთი ჭიქაა თუ ორი, შენ ალკოჰოლს იმისთვის სვამ, რომ დათვრე. გარდა ამისა, მთვრალი ადამიანები ჩადიან უამრავ ცოდვას, რადგან არ შეუძლიათ თავის გაკონტროლება.

ბიბლია ახსენებს ღვინის დალევას, რადგან ისრაელში, წყალი არის მწირი, და ამიტომ წყლის მაგივრად ღმერთმა მათ ღვინო მისცა, რომელიც ვაზის წმინდა წვენია, ან მლიერი სასმელი, რომელიც დამზადებულია ხილისგან (რჯული 14:26). მაგრამ სინამდვილეში, ღმერთს არ მიუცია ხალხისთვის ალკოჰოლის დალევის უფლება (ლევიანთა 10:9; რიცხვნი 6:3; იგავნი 23:31; იერემია 35:6; დანიელი 1:8; ლუკა 1:15; რომაელთა 14:21). ღმერთმა ღვინის მხოლოდ შეზღუდული გამოყენების უფლება მისცა და მხოლოდ განსაკუთრებულ შემთხვევაში. მაგრამ მიუხედავად იმისა, რომ ეს მხოლოდ ხილის წვენია, ხალხი მაინც თვრებოდა თუ კი ბევრს დალევდნენ. ამ მიზეზის გამო ისრაელის ხალხი წყლის მაგივრად ღვინოს სვამდა, და ისინი სიამოვნებისათვის და დასათრობად არ სვამდნენ.

ბოლოო, ნადიმობა არის ალკოჰოლით, ქალებით, აზარტული თამაშებით და სხვა ავხორციანი გასართობებით სიამოვნების მიღება თვითკონტროლის გარეშე. ასეთ ხალხს არ შეუძლია თავიანთი მოვალეობების შესრულება, როგორც ადამიანები. თუ თვითკონტროლი არ გაგაჩნია, ესეც ნადიმობაა. მეტისმეტად უხამსი და თავაშვებული ცხოვრებით ცხოვრებაც ნადიმობაა. თუ კი ასეთი ცხოვრებით იცხოვრებ

უფლის მიღების შემდეგაც კი, შენ ვერ შეძლებ ღმერთს შენი გული მისცე ან ცოდვები განდევნო, და ამგვარად ვერც ღმერთის სამეფოს მიიღებ მემკვიდრეობით.

მნიშვნელობა იმისა, როდესაც არ შეგიძლია ღმერთის სამეფოს მემკვდირეობით მიღება

ჯერჯერობით ჩვენ განვიხილეთ აშკარა ხორცის ქმედებები. მაშინ რა არის საფუძველი იმისა, რომ ხალხი ასეთ ქმედებებს ჩადის? ეს იმიტომ ხდება ასე, რომ მათ არ სურთ შემოქმედი ღმერთის თავიანთ გულებში მოთავსება. როგორც რომაელთა 1:28-32-შია აღწერილი: „და რაკი არ ეცადნენ გონებით შეენარჩუნებინათ ღმერთი, ამიტომაც უჯერო საქმეთათვის მისცა ღმერთმა ისინი გაუკუღმართებულ გონებას. ასე რომ, აღვსილნი არიან ყოველგვარი უსამართლობით, ბოროტებით, ანგარებით, სიავით, სავსენი შურით, მკვლელობით, შუღლით, ვერაგობით, უზნეობით, მაბეზღარობით. ავსიტყვანი, ცილისმწამებელნი, ღვთისმოძულენი, ქედმაღალნი, ცუდმედიდნი, ბოროტმზრახველნი, დედ-მამის ურჩნი, უგულისხმონი, უნდონი, უყვარულნი, ულმობელნი და უწყალონი, რომელთაც იციან ღვთის სამართალი, რომ ამნაირ საქმეთა ჩამდენნი სიკვდილის ღირსნი არიან, მაგრამ არამცთუ თვითონ სჩადიან, არამედ ჩამდენთაც თანაუგრძნობენ."

ეს ძირითადად ამბობს, რომ შენ მემკვიდრეობით არ გადმოგეცემა ღმერთის სამეფო, თუ ჩაიდენ ხორციელ აშკარა ქმედებებს. რა თქმა უნდა, ეს იმას არ ნიშნავს რომ ვერ გადარჩები, რადგან რამდენჯერმე ცოდვა ჩაიდინე სუსტი რწმენის გამო.

არ არის სიმართლე, რომ ახალმა მორწმუნეებმა კარგად არ იციან ჭეშმარიტება ან ისინი, რომელთაც სუსტი რწმენა აქვთ, არ იღებენ ხსნას, რადგან ჯერ არ განუდევნიათ ხორცის ქმედებები. ყველა ადამიანს აქვს ბოროტება სანამ მათი რწმენა მომწიფდება, და მათ შეიძლება მიეტევოთ ცოდვები, თუ კი უფლის სისხლს მიენდობიან. მაგრამ თუ ისინი გააგრძელებენ ცოდვების ჩადენას, ვერ მიიღებენ ხსნას.

ცოდვები, რომლებსაც სიკვდილამდე მიჰყავხარ

1 იოანე 5:15-16-ში ვკითხულობთ, „და რაკი ვიცით, რომ რაც უნდა ვთხოვოთ, შეისმენს ჩვენსას, ისიც ვიცით, რომ გვექნება ყველაფერი, რაც ვთხოვეთ. თუ ვინმე ხედავს, რომ მისი ძმა სცოდავს, მაგრამ ეს არ არის ცოდვა, რომელსაც სიკვდილი მოსდევს, ილოცოს და ღმერთი მისცემს სიცოცხლეს არამომაკვდინებელი ცოდვით შემცოდეს; არის მომაკვდინებელი ცოდვაც; მასზე როდი ვამბობ, ილოცოს-მეთქი. როგორც წერია, ჩვენ ვხედავთ, რომ არსებობს ცოდვები, რომლებსაც სიკვდილამდე მიჰყავხარ და ასევე ცოდვები, რომლებსაც არ მიჰყავხარ.

რა არის ცოდვები, რომლებსაც სიკვდილამდე მიჰყავხარ, რა გვართმევს ღმერთის სამეფოს მემკვიდრეობით მიღების უფლებას?

ებრაელთა 10:26-27-ში წერია, „რადგან თუ მას შემდეგ, რაც შევიცნეთ ჭეშმარიტება, კვლავ ჩვენი ნებით ვცოდავთ, უკვე აღარა რჩება მსხვერპლი ცოდვათათვის. არამედ რაღაც საზარელი მოლოდინი მსჯავრისა და მტერთა

შთასანთქმელად მოგიზგიზე შურის ცეცხლი." თუ ჩვენ ცოდვების ჩადენას გავაგრძელებთ, როდესაც ვიცით რომ ეს ცოდვებია, ეს ნიშნავს ღმერთის წინააღმდეგ წასვლას. ღმერთი ასეთ ხალხს არ აძლევს მონანიების სულს.

ასევე, ებრაელთა 6:4-6-ც ამბობს, „რადგანაც შეუძლებელია, რომ ერთხელ უკვე განათლებულნი, რომელთაც იგემეს ციური ნიჭი და ეზიარნენ სულიწმიდას, შეიტკბეს ღვთის კეთილი სიტყვა და მომავალი საუკუნის ძალნი, მაგრამ მაინც დაეცნენ, - დიახ, შეუძლებელია, რომ ისინი კვლავ განახლდნენ სინანულისთვის, ვინაიდან კვლავინდებურად ჯვარს აცვამენ ძეს ღვთისას და ჰგმობენ." თუ ღმერთის წინაშე წახვალ ჭეშმარიტების მოსმენის და სული წმინდის სამუშაოების გამოცდის შემდეგ, მონანიების სული არ მოგეცემა, და ამგვარად ვერც ხსნას მიიღებ.

თუ სული წმინდის სამუშაოებს ეშმაკის ან მწვალებლობის ქმედებებად ჩათვლი, შენ ვერ მიიღებ ხსნას, რადგან ეს არის ღვთის გმობა და სული წმინდის წინააღმდეგ ყოფნა (მათე 12:31-32).

ჩვენ უნდა გავაცნობიეროთ, რომ არსებობს ცოდვები, რომლის პატიებაც შეუძლებელია და ამიტომ ასეთი ცოდვები არასოდეს არ უნდა ჩავიდინოთ. ასევე, შეიძლება ყოველდღიური ცოდვები განვითარდეს სასიკვდილო ცოდვებად. ამიტომ, ყოველთვის ჭეშმარიტებაში უნდა ვიყოთ.

5. კულტივაცია

ადამიანთა კულტივაცია გულისხმობს ღმერთის დედამიწაზე ადამიანთა შექმნაში ყველა პროცესს და ადამიანთა ისოტრიის მართვას განკითხვის დღემდე, რათა მიიღოს ჭეშმარიტი შვილები.

გაშენება არის ფერმერის მიერ დათესვის და მოსავლის აღების პროცესი. ღმერთმაც დათესა პირველი თესლი დედამიწაზე სახელად ადამი და ევა, რათა მიეღო ჭეშმარიტი შვილების მოსავალი მათი დედამიწაზე გაზრდის მძიმე შრომით. დღემდე იგი ადამიანთა კულტივაციას ხელმძღვანელობს. ღმერთმა წინასწარ იცოდა, რომ ადამიანები გარიყვნებოდნენ დაუმორჩილებლობით და რომ დაღონებული დარჩებოდა. მაგრამ იგი ანვითარებს ადამიანებს დასასრულამდე, რადგან მან იცის რომ იქნებიან ჭეშმარიტი შვილები, რომლებიც განდევნიან ბოროტებას მათი ღმერთისადმი სიყვარულით და ადამიანები რომლებსაც აქვთ ღმერთის გული.

ადამიანები შეიქმნენ მიწის მტვრით, ამიტომ მათ აქვთ მიწის მახასიათებლები. როდესაც თესლს დათესავ, იგი აყვავდება, გაიზრდება და ნაყოფს მოისხამს. ჩვენ ვხედავთ, რომ მიწას აქვს ახალი სიცოცხლის წარმოქმნის ძალა. ასევე, მიწის მახასიათებლები იცვლება იმის და მიხედვით, თუ რას დაუმატებ. იგივეა ადამიანებშიც. ადამიანები, რომლებიც ხშირად ბრაზდებიან, ხასიათში უფრო მეტი სიბრაზე ექნებათ. მას, ვინც ხშირად ცრუობს, ხასიათში უფრო მეტი მატყუარობა ექნება. მას შემდეგ რაც ადამმა ცოდვა ჩაიდინა, იგი და მისი შთამომავლები გახდნენ ხორციელი ადამიანები

და სწრაფად დაბინძურდნენ არაჭეშმარიტებით.

ამ მიზეზის გამო ადამიანებმა უნდა განავითარონ თავიანთი გულები და დაიბრუნონ სულის გული „ადამიანთა გაშენებით". მიზეზი, თუ რატომ გაშენდნენ ადამიანები დედამიწაზე არის ის, რომ მათ უნდა განავითარონ თავიანთი გულები და დაიბრუნონ წმინდა გული, რომელიც ადამს მის დაცემამდე ჰქონდა. ღმერთმა ბიბლიაში მოგვცა იგავები, რომლებიც დაკავშირებულია გაშენებასთან, რათა გავიგოთ მისი ადამიანთა გაშენების განგება (მათე 13; მარკოზი 4; ლუკა 8).

მათე 13-ში იესო ადამიანის გულს ამსგავსებს გზისპირს, კლდიან ველს, ეკლიან ველს და კარგ მიწას. ჩვენ უნდა შევამოწმოთ, თუ რა სახის მიწა გვაქვს და მოვხნათ ისეთ კარგ მიწაში, როგორსაც ღმერთი ისურვებს.

ოთხი ტიპის გულის-ველი

პირველი, გზისპირა არის გამაგრებული მიწა, რომელზეც დიდი ხნის განმავლობაში ადამიანები დადიოდნენ. სინამდვილეში ეს ველიც კი არ არის, და მასზე არაფერი არ აყვავდება. იქ არ არსებობს ცხოვრების მოქმედება.

გზისპირა სულიერი გაგებით გულისხმობს იმ ადამიანების გულებს, რომლებმაც საერთოდ არ მიიღეს სახარება. მათი გულები ისეთი გამაგრებულია სიამაყით, რომ სახარების თესლი არ დაინერგება. იესოს დროს ებრაელი წინამძღოლები ისეთი ჯიუტები იყვნენ თავიანთი აზრების და ტრადიციების შესახებ, რომ მათ იესო და სახარება უარყვეს. დღეს, მათ ვისაც გზისპირა გულები აქვთ, ისეთი

ჯიუტები არიან, რომ არ ხსნიან თავიანთ გონებას და უარყოფენ სახარებას, მაშინაც კი, თუ ღმერთის ძალა აქვთ ნანახი.

გზისპირი არის მეტად მაგარი და მიწაში თესლის ჩანერგვა შეუძლებელია. ამიტომ ჩიტები მოდიან და ჭამენ თესლებს. აქ ჩიტები გულისხმობს სატანას. სატანას მიაქვს ღმერთის სიტყვა, რათა ხალხმა არ მიიღოს რწმენა. ისინი მოდიან ეკლესიაში ადამიანთა ძლიერი იძულების მეშვეობით, მაგრამ მათ არ უნდათ ნაქადაგევი ღმერთის სიტყვის რწმენა. მათ ურჩევნიათ ჭორი გაავრცელონ მღვდელზე ან გაკიცხონ. ისინი, ვისაც გამაგრებული გული აქვს და არ ხსნიან თავიანთ გონებას, საბოლოოდ ვერ მიიღებენ ხსნას, რადგან სიტყვის თესლი ვერ ისხამს ნაყოფს.

მეორე, კლდიანი ველი გზისპირაზე ცოტათი უკეთესია. გზისპირა ადამიანს არანაირი განზრახვა არ აქვს ღმერთის სიტყვის მიღებისა, მაგრამ კლდიანი ველის ადამიანი იგებს ღმერთის სიტყვას. კლდიან ველზე თესლს რომ დანერგავ, თესლები აყვავდება აქა იქ, მაგრამ კარგად არ გაიზრდებიან. მარკოზი 4:5-6 ამბობს, „ზოგიც ქვიან ადგილას დავარდა, სადაც ბლომად არ იყო მიწა და მალე აღმოცენდა, ვინაიდან ნიადაგი არ იყო ღრმა. მაგრამ ამოვიდა თუ არა მზე, დაჭკნა, და რადგან ფესვი არ ჰქონდა, გახმა."

ისინი, ვისაც კლდიანი ველის გულები აქვთ, ესმით უფლის სიტყვას, მაგრამ არ შეუძლიათ მისი რწმენით მიღება. მარკოზი 4:17 ამბობს, „მაგრამ ფესვი არა აქვს მათში, და როდესაც მოაწევს ჭირის დღე ან დევნა სიტყვის გამო, მყისვე ცდებიან." აქ, „სიტყვა" გულისხმობს უფლის სიტყვას, რომელიც გვეუბნება ისეთ რაღაცეებს, როგორიცაა „დაიცავით

შაბატი, გაიღეთ საეკლესიო გადასახადი, არ სცეთ თაყვანი კერპებს, ემსახურეთ სხვებს და იყავით თავმდაბალნი." როდესაც ისინი უფლის სიტყვას უსმენენ, ჰგონიათ რომ მის სიტყვას დაიცავენ, მაგრამ მათ არ შეუძლიათ თავიანთი სიმტკიცის შენახვა, როდესაც გაჭირვებაში აღმოჩნდებიან. მათ უხარიათ, როდესაც ღმერთის წყალობას იღებენ, მაგრამ გაჭირვებაში სწრაფად იცვლიან დამოკიდებულებას. მათ გაგებული აქვთ და იციან უფლის სიტყვა, მაგრამ არ აქვთ მისი განხორციელების საკმარისი ძალა, რადგან უფლის სიტყვა არ არის განვითარებული მათ გულებში, როგორც ჭეშმარიტი რწმენა.

მესამე, ეკლიანი ველის გულის პატრონებს შეუძლიათ უფლის სიტყვის გაგება და მისი განხორციელების წამოწყება. მაგრამ მათ არ შეუძლიათ მისი სრულიად განხორციელება, და არ არსებობს ლამაზი ნაყოფი. მარკოზი 4:19 ამბობს, „რომლებშიაც სოფლის საზრუნავი, სიმდიდრის საცდური და სხვა გულისთქმანი, მათში შესვლისას, აშთობენ სიტყვას და უნაყოფოს ხდიან მას."

ასეთი ადამიანები თითქოს მორწმუნეები არიან, რომლებიც ანხორციელებენ უფლის სიტყვას, მაგრამ მათ ჯერ კიდევ აქვთ გამოცდები და მათი სულიერი ზრდაც ნელია. ეს იმიტომ, რომ მათ არ გამოუცდიათ ღმერთის სამუშაო, რადგან სამყროს მიერ არიან მოტყუებულნი. მაგალითად, წარმოიდგინეთ მათი ბიზნესი გაკოტრდა და შეიძლება ციხეშიც კი წავიდნენ. აქ, თუ კი მათ სიტუაცია დავალიანების გადახდის უფლებას მისცემს რაიმე ხრიკით, და სატანა მათ ამით შეცდენას ეცდება, შესაძლებელია რომ ისინი შეცდნენ. ღმერთს მათი დახმარება მხოლოდ მაშინ შეუძლია, როდესაც ისინი სამართლიან გზაზე

იდგებიან, არ აქვს მნიშვნელობა თუ რამდენად რთულია ეს, მაგრამ ისინი ემორჩილებიან სატანის ცდუნებას.

მაშინაც კი თუ ისინი მზად არიან უფლის სიტყვას დაემორჩილნონ, არ შეუძლიათ რწმენით დამორჩილება, რადგან მათი გონება სავსეა ადამიანური აზრებით. ისინი ლოცულობენ და ამბობენ რომ ყველაფერს ღმერთს ანდობენ, მაგრამ ჯერ თავიანთ გამოცდილებას და თეორიებს იყენებენ. ჯერ თავიანთ გეგმებს აყენებენ წინ, ამიტომ მათი პრობლემები არ გვარდება. იაკობი 1:8 ამბობს, რომ ასეთ ხალხს ორმაგად მოაზროვნე ხალხი ეწოდება.

როდესაც ეკლებს რამდენიმე ყლორტი აქვს, ჩანს თითქოს არანაირი ზიანი არ არის. მაგრამ თუ ისინი გაიზრდებიან, სიტუაცია ხდება სრულიად განსხვავებული. ისინი წარმოქმნიან ბუჩქს და სხვა კარგი თესლების გაზრდას ხელს შეუშლიან. ამიტომ, თუ არსებობს რაიმე საფუძველი, რომელიც ხელს გვიშლის უფლის სიტყვის დამორჩილებაში, ჩვენ მაშინვე უნდა ამოვაძროთ უმნიშვნელო რომ იყოს მაინც.

მეოთხე, კარგი ნიადაგი არის მიწა, რომელიც ნაყოფიერია და ფერმერის მიერ კარგად მოხნილი. გამაგრებული მიწა არის მოხნილი, და ქვები და ეკლები ამოცლილია. ეს იმას ნიშნავს, რომ შენ თავი შეიკავე ისეთი რაღაცეების გაკეთებისგან, რასაც ღმერთი კრძალავს და განდევნე ისეთი რაღაცეები, რასაც ღმერთი გვეუბნება, რომ უნდა განვდევნოთ. არ არის ქვები და სხვა დაბრკოლებები, და ამგვარად როდესაც ღმერთის სიტყვა ეცემა მასზე, იგი წარმოქმნის 30, 60 ან 100 ჯერ მეტ ნაყოფს ვიდრე დათესილი იყო. ასეთი ხალხი ლოცვებზე პასუხს მიიღებს.

იმისათვის, რომ შევამოწმოთ თუ რამდენად კარგად გავაშენეთ კარგი ნიადაგის გული, ჩვენ ვხედავთ თუ რამდენად კარგად განვახორციელეთ უფლის სიტყვა. რამდენადაც კარგი ნიადაგი გაქვს გაშენებული, იმდენად უფრო ადვილი იქნება უფლის სიტყვის თანახმად ცხოვრება. ზოგმა ადამიანმა იცის მისი სიტყვა, მაგრამ ვერ ანხორციელებენ დაღლილობის, ზარმაცობის, არაჭეშმარიტი აზრების და სურვილების გამო. მას ვისაც კარგი ნიადაგის გული აქვს, არ აქვს ასეთი დაბრკოლებები, ამიტომ იგი იგებს და ანხორციელებს ღმერთის სიტყვას მაშინვე როგორც კი მოისმენენ მას. როდესაც იგი გააცნობიერებს, რომ რაღაც ღმერთის ნებაა და რომ ღმერთს სიამოვნებს, მაშინვე გააკეთებს.

როდესაც გულს გააშენებ, შენ ის ადამიანები გიყვარდება, რომლებიც ადრე გძულდა. შენ ახლა შეგიძლია აპატიო იმ ადამიანებს, რომლებსაც ადრე ვერ პატიობდი. შური და განსჯა გადაიზრდება სიყვარულსა და მოწყალებაში. ქედმაღალი გონება შეიცვლება თავმდაბლობასა და მომსახურებაში. როდესაც უფლის სიტყვის თესლი დაეცემა კარგი ნიადაგის გულს, იგი აყვავდება, მალე გაიზრდება და მოისხამს სული წმინდის ცხრა ნაყოფს, და ასევე სინათლის ნაყოფს.

როდესაც გულს კარგ ნიადაგად შეცვლი, შენ შეგეძლება ზემოდან მიიღო სულიერი რწმენა. შენ ასევე შეგეძლება მხურვალედ ლოცვა, რათა ღმერთის ძალა ჩამოიტანო ზევიდან, სული წმინდის ხმა გარკვევით გაიგო და შეასრულო ღმერთის ნება. ასეთ ადამიანები არიან ნაყოფები, რომელთა მომკაც ღმერთს სურს ადამიანთა გაშენების მეშვეობით.

ჭურჭლის მახასიათებელი: გულის ველი

ჩვენი გულების გაშენების ერთი მნიშვნელოვანი ელემენტი არის ჭურჭლის მახასიათებელი. ჭურჭლის მახასიათებელი დაკავშირებულია ჭურჭლის მასალის მახასიათებლებთან. ეს გვაჩვენებს, თუ როგორ უსმენს ადამიანი ღმერთის სიტყვას, როგორ ინარჩუნებს თავის გონებაში და როგორ ანხორციელებს მას. ბიბლია გვაძლევს ოქროს, ვერცხლის, ხის ან თიხის ჭურჭლის შედარებას (2 ტიმოთე 2:20-21).

ყოველი მათგანი უსმენს ერთი და იგივე ღმერთის სიტყვას, მაგრამ განსხვავებულად იგებენ. ზოგი მას იღებს „ამინით", როდესაც სხვები უბრალოდ ატარებენ, რადგან ეს არ ეთანხმება მათ აზრებს. ზოგი მას სავსებით სერიოზულად უსმენს და ცდილობს მის განხორციელებას, როდესაც სხვები ქადაგებით თავს კურთხეულად გრძნობენ, მაგრამ მალევე ავიწყდებათ.

ეს განსხვავებები მოდის ჭურჭლის განსხვავებული მახასიათებლებისგან. თუ შენ ყურადღებით მოუსმენ ღმერთის სიტყვას, იგი განსხვავებულად დაითესება შენს გულში, ვიდრე მისი სიტყვის მოსმენისას თვლემით.

საქმე 17:11 ამბობს, „ესენი თესალონიკელებზე უფრო კეთილშობილნი იყვნენ: მთელი გულმოდგინებით მიიღეს სიტყვა და ყოველდღე არჩევდნენ წერილს, ასეა თუ არა ესო," და ებრაელთა 2:1 გვეუბნება, „ამიტომაც გვმართებს მეტი ყურადღება იმისადმი, რაც გვესმის, თუკი არ გვინდა, რომ გზას ავცდეთ."

თუ შენ ბეჯითად მოუსმენ უფლის სიტყვას, დაიმახსოვრებ,

და განახორციელებ, ჩვენ შეგვიძლია ვთქვათ, რომ შენ გაქვს ჭურჭლის კარგი მახასიათებელი. მათ ვისაც ჭურჭლის კარგი მახასიათებელი აქვს, უფლის სიტყვის მორჩილები არიან, რათა სწრაფად გააშენონ გულის კარგი ნიადაგი. შემდეგ, როდესაც მათ ეს ექნებათ, ბუნებრივად დაიცავენ უფლის სიტყვას და განახორციელებენ.

ჭურჭლის კარგი მახასიათებელი ეხმარება კარგი ნიადაგის გაშენებაში, და კარგი ნიადაგი ასევე ეხმარება ჭურჭლის კარგი მახასიათებლის გაშენებაში. როგორც ლუკა 2:19-შია ნათქვამი „ხოლო მარიამი იმახსოვრებდა თითოეულ მათ სიტყვას და გულში იმარხავდა," ქალწულ მარიამს ჰქონდა კარგი ჭურჭელი, რათა გონებაში შეენახა ღმერთის სიტყვა, და მან მიიღო კურთხევა იესო ჩასახვოდა სული წმინდის მიერ.

1 კორინთელთა 3:9 ამბობს, „ჩვენა ვართ ღვთის თანამოსაქმენი, თქვენ კი ღვთის ნამუშაკევნი, ღვთის ნაშენნი ხართ." ჩვენ ვართ მინდორი, რომელსაც ღმერთი აშენებს. ჩვენ შეგვიძლია გვქონდეს წმინდა და კეთილი გული, როგორც კარგი ნიადაგი და კარგი ჭურჭელი, ოქროს ჭურჭელი და გამოყენებულ ვიქნათ ღმერთის მიერ კეთილშობილი მიზნებისათვის, თუ მოვისმენთ და შევინახავთ ღმერთის სიტყვას და განვახორციელებთ მას.

გულის ხასიათი: ჭურჭლის ზომა

არსებობს სხვა კონცეფცია, რომელიც უკავშირდება ჭურჭლის მახასიათებელს. ეს არის იმის შესახებ, თუ რამდენად მტკიცედ ადიდებს და იყენებს ადამიანი თავის გულს. ჭურჭლის მახასიათებელი არის ჭურჭლის მასალის

შესახებ, როდესაც გულის მახასიათებელი არის ჭურჭლის ზომის შესახებ. შესაძლებელია მის ოთხ კატეგორიად დაყოფა.

პირველ კატეგორიაში არიან ის ადამიანები, რომლებიც აკეთებენ იმაზე მეტს, ვიდრე მათ ევალებათ. ეს არის გულის მახასიათებლის საუკეთესობა. მაგალითად, მშობლები თავიანთ შვილებს სთხოვენ ძირიდან ნაგავი აიღონ. ბავშვები კი არა მხოლოდ ნაგავს იღებენ ძირიდან, არამედ ოთახსაც ალაგებენ. მათი ქცევა მშობლების მოლოდინს აღემატება, და ამით ისინი მშობლებს სიხარულს ანიჭებენ. სტეფანი და ფილიპე იყვნენ უბრალო დიაკონები, მაგრამ ისინი მოციქულებივით ერთგულები და წმინდები იყვნენ. ისინი ღმერთს ასიამოვნებდნენ და ასრულებდნენ დიდ ნიშნებს და საოცრებებს.

მეორე კატეგორიაში არიან ის ადამიანები, რომლებიც მხოლოდ იმას აკეთებენ რაც ევალებათ. ასეთი ხალხი იღებს თავიანთ პასუხისმგებლობას, მაგრამ მათ არ აინტერესებთ სხვები. როდესაც მათ მშობლები სთხოვენ ნაგვის ძირიდან აღებას, ისინი ამას აკეთებენ. ისინი აღიარდებიან თავიანთი დამორჩილებლობით, მაგრამ ვერ იქნებიან ღმერთის დიდი სიხარული. ეკლესიაში ზოგი მორწმუნე ამ კატეგორიაში შედის; ისინი უბრალოდ ასრულებენ თავიანთ მოვალეობებს და არ აინტერესებთ სხვა საკითხები. ასეთი ხალხი ვერ გახდება ღმერთის თვალში დიდი სიხარული.

მესამე კატეგორიაში არიან ის ადამიანები, რომლებიც მოვალეობას მოვალეობის მიზნით ასრულებენ. ისინი

მოვალეობას სიხარულითა და მადლიერებით არ ასრულებენ, მხოლოდ ჩივილითა და უკმაყოფილების გამოხატვით. ასეთი ადამიანები ყველაფერში ნეგატიურები არიან და ძუნწები. როდესაც მათ კონკრეტული დავალება ეძლევათ, ისინი მას მოვალეობის მიზნით ასრულებენ, მაგრამ სავარაუდოდ ისინი სხვებს აწუხებენ. ღმერთი უყურებს ჩვენს გულებს. იგი მოხარულია, როდესაც ჩვენ მოვალეობას საკუთარი სურვილისამებრ ვასრულებთ ღმერთისადმი სიყვარულით და არა იძულებით ან მოვალეობის მიზნით.

მეოთხე კატეგორიაში შედიან ბოროტი ადამიანები. ასეთ ხალხს არ აქვს პასუხისმგებლობის ან მოვალეობის უნარი. არც სხვებზე ფიქრობენ. ისინი ამტკიცებენ საკუთარ აზრებსა და თეორიებს და აწუხებენ სხვებს. თუ ასეთი ადამიანები პასტორები ან წინამძღვრები არიან, რომლებიც ეკლესიის წევრებზე ზრუნავენ, მათ ამის გაკეთება სიყვარულით არ შეუძლიათ. ისინი ყოველთვის ყველაფერს სხვებს გადააბრალებენ არახელსაყრელი შედეგისათვის და საბოლოოდ მიატოვებენ საკუთარ მოვალეობებს. ამიტომ, უკეთესი იქნება, თუ მათ საერთოდ არ მიეცემათ არანაირი მოვალეობა.

ახლა მოდით შევამოწმოთ, თუ გულის რა მახასიათებელი გვაქვს ჩვენ. მაშინაც კი თუ ჩვენი გული არ არის საკმარისად ფართო, ჩვენ შეგვიძლია იგი დიდი გავხადოთ. ამის გასაკეთებლად, ჩვენ ძირითადად უნდა ვაკურთხოთ ჩვენი გული და უნდა გვქონდეს ჭურჭლის კეთილი მახასიათებელი. ჩვენ არ შეგვიძლია უბრალოდ გულის კეთილი მახასიათებელი გვქონდეს, როდესაც ჭურჭლის ცუდი

მახასიათებელი გვაქვს.

მათ, ვისაც გულის კარგი მახასიათებელი აქვს, შეუძლია ღმერთის წინაშე დიდი რაღაცეების გაკეთება და მისი მნიშვნელოვნად დიდება. იგივე იყო მოსეზეც. იოსები საკუთარმა ძმებმა ეგვიპტეში გაყიდეს, და იგი გახდა პოტიფარის, ფარაონის მცველის მონა. მაგრამ მას არ უჩივია საკუთარი ცხოვრების შესახებ, რადგან მონად იყო გაყიდული. მან საკუთარი მოვალეობა ისე ერთგულად შეასრულა, რომ მის პატრონს იოსების ჯეროდა, და გახდა საოჯახო საქმეების პასუხისმგებელი. მოგვიანებით იგი არაკანონიერად იქნა ბრალდებული და ციხეში დაამწყვდიეს, მაგრამ იგი ისევ ერთგული იყო და საბოლოოდ გახდა მთელი ეგვიპტის პრემიერ მინისტრი. მან გადაარჩინა ქვეყანა და თავისი ოჯახი სასტიკი გვალვისაგან და საფუძველი ჩაუყარა ისრაელის ქვეყნის ჩამოყალიბებას.

მას გულის კეთილი მახასიათებელი რომ არ ჰქონოდა, იგი მხოლოდ მეპატრონის მიერ მიცემულ მოვალეობას შეასრულებდა. საბოლოოდ ეგვიპტეში მონად მოკვდებოდა ან ცხოვრებას ციხეში გაატარებდა. მაგრამ იოსები გამოყენებულ იქნა ღმერთის მიერ, რადგან მან ყველაფერი გააკეთა ღმერთის წინაშე ყველა სიტუაციაში.

ხორბალი თუ ჩელხი?

ღმერთი ადამიანებს ამ ფიზიკურ სივრცეში ადამის დაცემის შემდეგ ანვითარებს. როდესაც დრო მოვა, იგი ხორბალს ჩალისაგან გამოჰყოფს და ხორბალს ზეცის სამეფოში შეიყვანს და ჩალას კი ჯოჯოხეთში გაუშვებს. მათე 3:12 ამბობს, „მას ხელთ უპყრია თვისი არნადი და გაწმენდს

თავის კალოს, და შეინახავს ხორბალს ბეღელში, ხოლო ბზეს მისცემს უშრეტ ცეცხლს."

აქ ხორბალი გულისხმობს იმ ადამიანებს, რომლებსაც ღმერთი უყვართ და ანხორციელებენ მის სიტყვას, რათა ჭეშმარიტებაში იცხოვრონ. პირიქით კი, ის ადამიანები, რომლებიც არ ცხოვრობენ ღმერთის სიტყვის თანახმად, და რომლებიც არ იღებენ იესო ქრისტეს და ჩადიან ცოდვებს მიეკუთვნებიან ჩალას.

ღმერთს სურს, რომ ყველა ადამიანი გახდეს ხორბალი და რომ ყველამ მიიღოს ხსნა (1 ტიმოთე 2:4). იგივეა, როდესაც ფერმერებს სურთ ყველა დათესილი თესლიდან აიღონ მოსავალი. მაგრამ მოსავლის აღების დროს ყოველთვის არის ჩალა, და ანალოგიურად ყოველი ადამიანი ვერ გახდება ხორბალი, რომელიც მიიღებს ხსნას.

თუ ჩვენ ამას ვერ გავაცნობიერებთ ადამიანთა კულტივაციაში, ადამიანმა შეიძლება იკითხოს „ნათქვამია, რომ ღმერთი არის სიყვარული და მაშინ რატომ გადაარჩენს იგი ზოგ ადამიანს, და ზოგს კი განადგურების გზაზე რატომ გაუშვებს?" მაგრამ ინდივიდუალურ ხსნას ღმერთი ვერ გადაწყვეტს. ეს მხოლოდ თითოეული ადამიანის ნებაყოფლობით ხდება. ყოველმა ადამიანმა, რომელიც ფიზიკურ სივრცეში ცხოვრობს, უნდა აირჩიოს ზეცის ან ჯოჯოხეთის გზა.

იესომ თქვა მათე 7:21-ში, „ვინც მეუბნება: უფალო, უფალო! ყველა როდი შევა ცათა სასუფეველში, არამედ ის, ვინც აღასრულებს ჩემი ზეციერი მამის ნებას," და მათე 13:49-50-ში, „ასე იქნება ქვეყნის დასასრულსაც: მოვლენ ანგელოზები და მართალთაგან განაშორებენ უკეთურთ; და

ჩაყრიან მათ სახმილის ცეცხლში, და იქნება იქ ტირილი და კბილთა ღრჭიალი."

აქ „სამართლიანი" გულისხმობს მორწმუნეებს. ეს იმას ნიშნავს, რომ ღმერთი გამოარჩევს ჩალას ხორბლისაგან მორწმუნეთა შორის. მიუხედავად იმისა, რომ ისინი იღებენ იესო ქრისტეს და ეკლესიაში დადიან, მაინც არიან ბოროტი ადამიანები, თუ კი ღმერთის ნებას არ დაემორჩილებიან. ისინი არიან ჩალა, რომელიც ჯოჯოხეთის ცეცხლში უნდა ჩავარდეს.

ღმერთის ბიბლიის მეშვეობით გვასწავლის შემოქმედი ღმერთის გულის, ადამიანდა გაშენების განგების და სიცოცხლის ჭეშმარიტი მნიშვნელობის შესახებ. მას სურს, რომ ჩვენ გავაშენოთ ჭურჭლის კარგი ხასიათი და გულის კარგი ხასიათი, და წარვსდგეთ როგორც ღმერთის ჭეშმარიტი შვილები – ხორბალი ზეცის სამეფოში. მაგრამ რამდენი ადამიანი ესწრაფვის უაზრო რაღაცეებისაკენ ამ სამყაროში, რომელიც სავსეა ცოდვებითა და უკანონობით? ეს იმიტომ არის ასე, რომ ისინი გაკონტროლებულები არიან თავიანთი სამშვინველების მიერ.

სამშვინველი, სული და სხეული: ნაწილი 1

ნაწილი 2

სამშვინველის წარმოქმნა
(სამშვინველის მოქმედება ფიზიკურ სივრცეში)

საიდან მოდის ადამიანის აზრები?
არის ჩემი სამშვინველი აყვავებული?

"მისი წყალობით ვამხობთ ყოველგვარ ზრახვას
და, ქედმაღლობას,
ღვთის შემეცნების წინააღმდეგ აღმრულს,
და მისითვე ვატყვევებთ ყოველგვარ აზრსაც,
რათა დაემორჩილოს ქრისტეს.
ასე რომ, მზადა ვართ შური ვიძიოთ ყოველგვარ ურჩობაზე,
როცა აღსრულდება თქვენი მორჩილება."
(2 კორინთელთა 10:5-6)

თავი 1
სამშვინველის წარმოქმნა

მას შემდეგ რაც ადამიანის სული მოკვდა, მისმა სამშვინველმა დაიჭირა სულის ადგილი ფიზიკურ სივრცეში ცხოვრებისას. სამშვინველი მოექცა სატანის ზეგავლენის ქვეშ, და ადამიანებს ჰქონდათ სხვადასხვა სამშვინველის მოქმედებები.

1. სამშვინველის განმარტება

2. სამშვინველის სხვადასხვა მოქმედებები ფიზიკურ სივრცეში

3. სიბნელე

სამშვინველის წარმოქმნა

ჩვენ ვხედავთ ღმერთის საოცრებების შემოქმედებას, როდესაც ისეთ არსებებს ვხედავთ, როგორებიც არიან ღამურები, ორაგული და სხვადასხვა ჩიტები, რომლებიც ათასობით მილს გადიან, რათა თავიანთ დაბადების ადგილს დაუბრუნდნენ, და კოდალები, რომლებიც კორტნიან ხეს ერთ წუთში თითქმის ათასჯერ.

ადამიანები შეიქმნენ, რათა დაიპყრონ ეს ყოველივე. ადამიანის ფიზიკური გარეგნობა არ არის ისეთი ძლიერი, როგორიც ლომების ან ვეფხვების. მათი სმენის ან ყნოსვის უნარი არ არის ისეთი ძლიერი, როგორიც ძაღლების. მიუხედავად ამისა მათ ეწოდებათ ყველა არსების უფალი.

ეს იმიტომ, რომ მათ აქვთ სული და მოაზროვნე ძალა ტვინის უფრო მაღალი ფუნქციით. ადამიანებს აქვთ საზრიანობა და მათ შეუძლიათ მეცნიერების და ცივილიზაციის განვითარება, რათა განაგონ ყველაფერი. ეს არის ადამიანის აზროვნების ნაწილი, რომელიც დაკავშირებულია „სამშვინველთან".

1. სამშვინველის განმარტება

ტვინში მეხსიერების მოწყობილობას, მეხსიერებაში მოთავსებულ ცოდნას, და ცოდნის დაბრუნების საშუალებით

მიღებულ აზრებს ეწოდება „სამშვინველი“.

მიზეზი თუ რატომ უნდა გავიგოთ სულის, სამშვინველის და სხეულის ურთიერთობა არის ის, რომ სათანადოდ გავიგოთ სამშვინველის მოქმედებები. ამით ჩვენ შეგვიძლია სამშვინველის ისეთი მოქმედების აღდგენა, როგორიც ღმერთს სურს. იმისათვის რომ თავი ავარიდოთ ჩვენს გაკონტროლებას სატანის მიერ სამშვინველის საშუალებით, ჩვენი სულები უნდა იყვნენ ჩვენი ბატონები და განაგებდნენ ჩვენს სამშვინველებს.

The Merriam-Webster's Dictionary აღწერს სიტყვა „სამშვინველს“ როგორც „არამატერიალური არსი, გამაცოცხლებელი შემადგენელი ნაწილი, ან ინდივიდუალური ცხოვრების მოქმედებაში მომყვანი საფუძველი; სულიერი კრინციკი, რომელიც მოთავსებულია ადამიანებში, ყველა რაციონალურ და სულიერ არსებაში, ან სამყაროში.“ მაგრამ სამშვინველის ბიბლიური განმარტება განსხვავებულია.

ღმერთმა ადამიანის ტვინში მოათავსა მეხსიერების მოწყობილობა. ტვინს აქვს დამახსოვრების ფუნქცია. ამ გზით ადამიანებს შეუძლიათ ცოდნა შეიტანონ საწყობ მოწყობილობაში და დაიბრუნონ. როდესაც არსი მოთავსებული მეხსიერების მოწყობილობაში ბრუნდება, მას ეწოდება „აზრი“. სახელდობრ, აზრი არის ისეთი რაღაცეების დაბრუნება და გახსენება, რაც მეხსიერებაში ინახებოდა. მეხსიერების მოწყობილობა, მასში მოთავსებული ცოდნა, და ცოდნის დაბრუნება მოხსენიებულია როგორც „სამშვინველი“.

ადამიანებს აქვთ სამშვინველი რათა დაიმახსოვრონ და იფიქრონ, და ამგვარად სამშვინველი ადამიანისთვის ისეთივე მნიშვნელოვანია როგორც გული.

იმის და მიხედვით თუ რამდენი მონაცემი აქვს ადამიანს ნანახი, გაგონილი და შეყვანილი, და თუ როგორ კარგად იმახსოვრებს და იყენებს იგი ასეთ მონაცემებს არის ის, რაც აყალიბებს მეხსიერების ძალას და გონებრივ უნარს, რომელიც სხვებისგან განსხვავებულია. გონებრივი უნარის განაყოფი ან ინტელექტუალური განვითარების კოეფიციენტი მეტწილად გადაწყვეტილია მემკვიდრეობით, მაგრამ ასევე შესაძლებელია მისი შეცვლა ისეთი შეძენილი ელემენტებით როგორიც სწავლა და გამოცდილებაა. მიუხედავად იმისა, რომ ორი ადამიანი დაბადებულია ერთი და იგივე ინტელექტუალური განვითარების კოეფიციენტით, მათი ეს კოეფიციენტი შეიძლება განსხვავებული გახდეს იმის და მიხედვით, თუ რამდენად შეეცდებიან ისინი.

სამშვინველის მოქმედების მნიშვნელობა

სამშვინველის მოქმედება ხდება განსხვავებული იმის და მიხედვით, თუ რა ტიპის შიგთავსს მოვათავსებთ მეხსიერების მოწყობილობაში. ადამიანებს ყოველდღე რაღაც ესმით, ხედავენ, და გრძნობენ, და იმახსოვრებენ უამრავ რამეს.

სხეული არის როგორც ჭურჭელი, რომელიც შეიცავს სულს და სამშვინველს. სამშვინველი თამაშობს მნიშვნელოვან როლს ადამიანის ხასიათების, კირადი თვისებების და აზრის სტანდარტების ჩამოყალიბებაში „აზროვნების" ფუნქციის მეშვეობით. ადამიანის წარმატება თუ მარცხი დიდად არის დამოკიდებული მისი სამშვინველის მოქმედებაზე.

ეს არის შემთხვევა, რომელიც მოხდა 1920 წელს პატარა სოფელ კოდამურში, რომელიც მდებარეობს სამხრეთ-დასავლეთ კოლკატაში, ინდოეთი. კასტორი

სინგი და მისი ცოლი იქ მისიონერებად იყვნენ და იქაური მაცხოვრებლებისგან გაიგეს ურჩხულების შესახებ, რომლებიც ადამიანებივით იყვნენ და ცხოვრობდნენ მგლებთან ერთად გამოქვაბულში. როდესაც პასტორ სინგმა დაიჭირა ურჩხულები, ისინი აღმოჩნდნენ ორი გოგონა.

კასტორი სინგის შენახული დღიურის თანახმად, გოგონები მხოლოდ ფიზიკურად იყვნენ ადამიანები. მათი ქცევები მგელის ქცევებივით იყო. ერთ-ერთი მათგანი მალე გარდაიცვალა, მეორე გოგონა, რომელსაც ერქვა გამარა ცხოვრობდა სინგის ოჯახთან ერთად ცხრა წლის განმავლობაში და გარდაიცვალა სისხლის მოწამვლით.

დღის განმავლობაში გამარა ბნელ ოთახში კედლისკენ მიტრიალდებოდა და განძრევის გარეშე ჩათვლემდა ხოლმე. მაგრამ ღამით იგი ბობღვას იწყებდა სახლში და ღმუილს ისე ხმამაღლა, როგორც ნამდვილი მგლები ღმუიან ხოლმე. იგი ხელების გამოყენების გარეშე საჭმელს ლოკავდა ხოლმე. ოთხი „თათით" დარბოდა და ხელებს მგლებივით იყენებდა. როდესაც ბავშვები მიუახლოვდებოდნენ, იგი მათ კბილებს აჩვენებდა ღრენით და ტოვებდა იმ ადგილს.

სინგების ოჯახი ცდილობდა ამ გოგონას ნამდვილ ადამიანად გადაქცევას, მაგრამ ეს არ იყო ადვილი. მხოლოდ სამი წლის შემდეგ მან დაიწყო ხელებით ჭამა, და ხუთი წლის შემდეგ კი მწუხარების ან სიხარულის სახის გამომეტყველებით გამოხატვა. მაშინ როდესაც იგი გარდაიცვალა, მას შეეძლო მხოლოდ ძირითადი ემოციების გამოხატვა, რომელიც ძაღლების მსგავსია, როდესაც ისინი კუდს ამოძრავებენ პატრონის დანახვის სიხარულისგან.

ეს ამბავი გვეუბნება, რომ ადამიანის სამშვინველს აქვს პირდაპირი გავლენა ადამიანის ადამიანად გადაქცევაში.

გამარა გაიზარდა მგლების ქცევების შემყურე. რადგან მას არ შეეძლო ცოდნის შეყვანა, რომელიც ადამიანებს ჭირდებათ, მისი სამშვინველი არ ვითარდებოდა. რადგან იგი მგლების მიერ იყო აღზრდილი, მას არ შეეძლო, რომ მათსავით არ მოქცეულიყო.

განსხვავება ადამიანებსა და ცხოველებში

ადამიანი შედგება სამშვინველისგან, სულისგან და სხეულისგან. ამათგან ყველაზე მნიშვნელოვანი არის სული. ადამიანებს სული მიეცემათ ღმერთის მიერ, რომელიც სულია და მისი განადგურება შეუძლებელია. სხეული კვდება და უბრუნდება ერთ მუჭა მტვერს, მაგრამ სული და სამშვინველი რჩება და მიდის ან ზეცაში ან კიდევ ჯოჯოხეთში.

როდესაც ღმერთმა ცხოველები შექმნა, მას მათში არ ჩაუსუნთქავს სიცოცხლის სუნთქვა როგორც ადამიანებისთვის, ამიტომ ცხოველები მხოლოდ სხეულითა და სამშვინველით შედგებიან. ასევე ცხოველებს ტვინში აქვთ მეხსიერების ერთეული. მათ შეუძლიათ დაიმახსოვრონ ის რაც დაინახეს და გაიგეს მათი ცხოვრების განმავლობაში. მაგრამ რადგან მათ არ აქვთ სული, ამიტომ არ აქვთ სულიერი გული. ის რასაც ისინი ხედავენ და იგებენ მხოლოდ ტვინის უჯრედების მეხსიერების შენახვის ერთეულში შედის.

ეკლესიასტე 3:21 ამბობს, "რომელი იტყვის, რომ კაცთა სული ზევით მიილტვის, ხოლო პირუტყვის ქვევით ჩადის, ქვესკნელისკენ? " ეს სტროფი ამბობს „კაცთა სული". სიტყვა „სუნთქვა", რომელიც წარმოადგენს ადამიანის სამშვინველს, გამოყენებულია იმიტომ, რომ ძველი აღთქმის დროს სანამ იესო დედამიწაზე ჩამოვიდოდა, ის სული, რომელიც ადამიანებში რჩებოდა იყო „მკვდარი". ამიტომ, მიუხედავად

იმისა ისინი გადარჩენილები იყვნენ თუ არა, როდესაც მოკვდნენ, ნათქვამია, რომ „სუნთქვამ" ან „სამშვინველმა" დატოვა ისინი. ადამიანის სამშვინველი „მიდის ზემოთ" ნიშნავს იმას, რომ მათი სამშვინველი არ ქრება და მიდის ან ზეცაში ან ჯოჯოხეთში. მეორეს მხრივ, ცხოველების სამშვინველი მიდის დაბლა, დედამიწაზე, რაც ნიშნავს იმას, რომ იგი ქრება. მათი ტვინის უჯრედები კვდება, როდესაც ცხოველები კვდებიან და ტვინის შიგთავსიც წყვეტს არსებობას. მათ აღარ აქვთ სამშვინველის არანაირი მოქმედება. ზოგ ლეგენდასა თუ ამბავში, შავი კატები ან გველები სარგებლობენ ხალხის წინააღმდეგ, მაგრამ ასეთი ამბები არ უნდა ითვლებოდეს სიმართლედ.

ცხოველებს აქვთ სამშვინველის მოქმედებები, მაგრამ მხოლოდ იმდენად შეზღუდული, რომდენიც მათ გადასარჩენად ჭირდებათ. ეს არის ინსტიქტის შედეგი. მათ ინსტიქტურად აქვთ სიკვდილის შიში. მათ შეიძლება წინააღმდეგობა გაუწიონ ან ანახონ შიში, თუ კი ვინმე ემუქრება, მაგრამ მათ არ შეუძლიათ შურისძიება. ცხოველებს არ აქვთ სული, ამიტომ ისინი ვერასოდეს შეხვდებიან ღმერთს. როგორ ფიქრობთ, თევზი მოძებნის გზას ღმერთთან შესახვედრად? თუმცაღა ადამიანებს აქვთ სრულიად განსხვავებული სამშვინველის მოქმედების განზომილება, რომელიც უფრო მეტად რთულია ვიდრე ცხოველების. ადამიანებს აქვთ რაიმეზე ფიქრის უნარი, რომელიც უბრალოდ ინსტიქტური გადარჩენის ფიქრები არ არის. მათ შეუძლიათ განავითარონ ცივილიზაციები, იფიქრონ ცხოვრების მნიშვნელობაზე, ან განავითარონ ფილოსოფიური ან რელიგიური აზრები.

ადამიანებს სამშვინველის მოქმედებები აქვთ უფრო მაღალ განზომილებაზე, რადგან გარდა მათი სხეულისა და სამშვინველის, ისინი ასევე დაჯილდოებულები არიან სულით. იმ ხალხსაც კი აქვს სული, რომლებსაც ღმერთის არ სწამთ. ეს გარკვეულწილად განმარტავს, თუ რამდენად შეუძლიათ მათ სულიერი სამყაროს არაცხადად შეგრძნება და ასევე სიკვდილის შემდეგ სიცოცხლის შიშის შეგრძნება. ისეთი სულით, რომელიც მკვდარივითაა, ისინი მთლიანად გაკონტროლებულები არიან მათი სამშვინველის მიერ. შედეგად კი ჩადიან ცოდვებს და საბოლოოდ ჯოჯოხეთში ხვდებიან.

სულის ადამიანი

როდესაც ადამი შეიქმნა, იგი სულიერი არსება იყო, რომელსაც შეეძლო ღმერთთან ურთიერთობა. სახელდობრ, მისი სული იყო მისი პატრონი და სამშვინველი იყო მსახურივით, რომელიც ემორჩილებოდა მის სულს. რა თქმა უნდა, მაშინაც კი სამშვინველს ჰქონდა მეხსიერების და ფიქრის ფუნქცია, მაგრამ რადგან არ არსებობდა ბოროტი ფიქრები, სამშვინველი მხოლოდ სულის ინსტრუქციებს მიჰყვებოდა და სული კი უფლის სიტყვას ემორჩილებოდა.

მაგრამ მას შემდეგ რაც ადამმა აკრძალული ხის ნაყოფი შეჭამა და მისი სული მოკვდა, იგი გახდა სამშვინველის ადამიანი, რომელიც სატანის მიერ იყო გაკონტროლებული. მან დაიწყო არაჭეშმარიტული ფიქრები და მოქმედებები. ადამიანები სულ უფრო და უფრო დაშორდნენ ჭეშმარიტებას, რადგან სატანა აკონტროლებდა მათ სამშვინველს. ამიტომ, სამშვინველის ადამიანების არიან ისინი, რომელთა სულიც მოკვდა და არ შეუძლიათ ღმერთისგან რაიმე სულის ცოდნის

მიღება.

ასეთ ადამიანებს არ შეუძლიათ ხსნის მიღება. ეს იყო შემთხვევა ანანიასა და საფირაზე ადრეულ ეკლესიაში. მათ სწამდათ ღმერთის, მაგრამ არ ჰქონდათ ჭეშმარიტი რწმენა. სატანამ ისინი წააქეზა ღმერთისთვისა და სული წმინდისთვის მოეტყუებინათ. რა მოუვიდათ მათ?

საქმე 5:4-5-ში წერია, „ხალხს კი არ ეცრუე, არამედ ღმერთს. ამის გამგონე ანანია დაეცა და სული განუტევა, და ვინც ეს მოისმინა, თავზარი დაეცა ყველას."

რადგან აქ ნათქვამია რომ „სული განუტევა", ჩვენ შეგვიძლია დავასკვნათ, რომ იგი არ გადარჩენილა. და პირიქით, სტეფანე იყო სულის ადამიანი, რომელიც ემორჩილებოდა ღმერთის ნებას. მას საკმარისად ძლიერი სიყვარული ჰქონდა რომ ელოცა იმ ადამიანებისათვის, რომლებიც მას ქოლავდნენ. მან წამების დროს თავისი „სული" უფალს ჩააბარა.

საქმე 7:59 ამბობს, „ქვებს რომ უშენდნენ, სტეფანე ღაღადებდა და ამბობდა: უფალო იესო, მიიბარე ჩემი სული." მან მიიღო სული წმინდა იესო ქრისტეს მიღებით და მისი სული აღსდგა, და ამგვარად მან ილოცა „... მიიღე ჩემი სული!" ეს იმას ნიშნავს, რომ იგი იხსნა. არსებობს სტროფი, რომელშიც წერია „სიცოცხლე" „სამშვინველის" ან „სულის" მაგივრად. როდესაც ელია წინასწარმეტყველმა ზარეპატის შვილი გააცოცხლა, იქ წერია, რომ ბავშვის სიცოცხლე დაბრუნდა. „ისმინა უფალმა ელიას ღაღადი და დააბრუნა ბავშვის სული სხეულში. და გადარჩა იგი" (3 მეფეთა 17:22).

როგორც ზემოთ არის აღნიშნული, ძველი აღთქმის დროს ადამიანებს არ მიუღიათ სული წმინდა, და მათი სულების აღდგენა შეუძლებელი იყო. ამგვარად, ბიბლია არ ამბობს

„სულს", მიუხედავად იმისა, რომ ბავშვი გადარჩა.

რატომ უბრძანა ღმერთმა ყოველი ყამალეკის განადგურება?

როდესაც ისრაელის ვაჟები ეგვიპტიდან გამოვიდნენ და კანაანისკენ მიდიოდნენ, ყამალეკელების არმია წინ აღუდგა მათ. მათ არ ეშინოდათ ღმერთის, რომელიც ისრაელის ვაჟებთან ერთად იყო. მათ გაანადგურეს უკანა რიგებში დაფანტული ხალხი (რჯული 25:17-18).

ღმერთმა ამის გამო მეფე საულს უბრძალა ყოველი ყამალეკის განადგურება (3 მეფეთა 15). ღმერთმა მას ყოველი მამაკაცის, ქალის და ბავშვების მოკვლა უბრძანა.

თუ ჩვენ არ გვაქვს გაგება სულის შესახებ, ჩვენ ვერ გავიგებთ ასეთ ბრძანებას. ადამიანმა შეიძლება იფიქროს „ღმერთი არის კეთილი და იგი არის სიყვარული. რატომ უბრძანებდა ადამიანების ასე ცხოველებივით მოკვლას?"

მაგრამ შენ თუ აცნობიერებ ამ შემთხვევის სულიერ მნიშვნელობას, მაშინ შენ გაიგებ თუ რატომ ბრძანა ღმერთმა ასეთი რამ. ცხოველებსაც აქვთ მეხსიერების ძალა, ამიტომ როდესაც მათ წრვთნიან, ისინი იმახსოვრებენ ყველაფერს და ემორჩილებიან პატრონს. მაგრამ რადგან მათ არ აქვთ სული, უკან დაუბრუნდებიან ერთ მუჭა მტვერს. მათ ღმერთის თვალში არ აქვთ არანაირი ღირებულება. ანალოგიურად, ის ადამიანი, ვისი სულიც მკვდარია და რომლის ხსნაც შეუძლებელია, ჯოჯოხეთში ჩავარდება და როგორც უსულო ცხოველი, ღმერთის თვალში მათ ღირებულება არ აქვთ.

ყამალეკელები კერძოდ ცბიერები და ბოროტები იყვნენ. არ აქვს მნიშვნელობა რამდენი დრო მიეცემოდათ მათ, უკვე აღარ ჰქონდათ მონანიების შანსი. დაიმახსოვრე ღმერთის

დანაპირები, რომ იგი არ გაანადგურებდა ცოდვით სავსე სოდომს და გომორას, თუ კი მხოლოდ ათი სამართლიანი ადამიანი იქნებოდა ქალაქში.

მაგრამ ამ ყამალეკელებს, მათ არანაირი ხსნის შანსი არ ჰქონდათ. ისინი ხორბალი კი არა, ჩალა იყვნენ, რომელიც განადგურების პირას იყო. ამიტომ უბრძანა ღმერთმა ყამალეკელების განადგურება, რომლებიც ღმერთის წინააღმდეგ იყვნენ.

ეკლესიასტე 3:18-ში წერია, „და ვთქვი ჩემს გულში: ასე გამოცდის თურმე ღმერთი ადამის ძეთა, რათა დარწმუნდნენ, რომ თავისთავად პირუტყვები არიან მხოლოდ." როდესაც ღმერთმა გამოცადა, ისინი ცხოველებისგან არაფრით განსხვავდებოდნენ. ადამიანები, რომელთა სულებიც მკვდარია მოქმედებენ სამშვინველითა და სხეულით, ამიტომ ისინი ცხოველებივით მოქმედებენ. რა თქმა უნდა, დღეს ამ ცოდვებით სავსე სამყაროში არის უამრავი ადამიანი, რომლებიც ცხოველებზე უარესები არიან. ისინი რათქმა უნდა ვერ გადარჩებიან. ერთის მხრივ, ცხოველები უბრალოდ კვდებიან. მეორეს მხრივ, თუ ისინი ვერ გადარჩებიან, ადამიანები მოხვდებიან ჯოჯოხეთში. საბოლოოდ, ისინი ცხოველებზე ბევრად უარესები არიან.

2. სამშვინველის სხვადასხვა მოქმედებები ფიზიკურ სივრცეში

პირველ ადამიანში სული იყო მისი პატრონი, მაგრამ ადამის ცოდვის ჩადენის გამო, მისი სული მოკვდა. სულიერმა ენერგიამ დაიწყო გაქრობა და მისი ადგილი დაიკავა ხორციელმა ენერგიამ. მას შემდეგ სამშვინველის მოქმედება,

რომელიც არაჭეშმარიტებას ეკუთვნოდა, დაიწყო.

არსებობს ორი ტიპის სამშვინველის მოქმედება. ერთი ეკუთვნის ხორცს და მეორე კი სულს. მაშინ როდესაც ადამი ცოცხალი სული იყო, მას მხოლოდ ჭეშმარიტება მიეწოდებოდა პირდაპირ ღმერთისგან. ამ გზით მას მხოლოდ სულის სამშვინველის მოქმედება ჰქონდა. სახელდობრ, ეს სამშვინველის მოქმედებები ეკუთვნის ჭეშმარიტებას. მაგრამ როდესაც მისი სული მოკვდა, სამშვინველის მოქმედებები, რომლებიც არაჭეშმარიტებას ეკუთვნოდა, დაიწყო.

ლუკა 4:6-ში წერია, „და უთხრა მას ეშმაკმა: მოგცემ შენ ყოველივე ამის ხელმწიფებას და დიდებას, ვინაიდან მე მაქვს მოცემული, და ვისაც მინდა, მას მივცემ." ეს არის ის მომენტი, როდესაც ეშმაკი ამოწმებდა იესოს. ეშმაკმა თქვა, რომ ძალაუფლება მის ხელში გადავიდა, და არა ის, რომ მას ის თავიდანვე ჰქონდა. ადამი შეიქმნა, როგორც ყოველი არსების უფალი, მაგრამ იგი გახდა ეშმაკის მონა, რადგან დაემორჩილა ცოდვას. ამ მიზეზის გამო ადამის ძალაუფლება გადაეცა ეშმაკს. მას შემდეგ სამშვინველი გახდა ადამიანების პატრონი და ყოველი ადამიანი ეშმაკის და სატანის გამგეობის ქვეშ მოექცა.

სატანას არ შეეძლო სულის ან ადამიანის ჭეშმარიტი გულის მართვა. იგი აკონტროლებს ადამიანების სამშვინველს, რათა მათი გულები დაიპყროს. სატანას ადამიანების გონებაში სხვადასხვა ტიპის არაჭეშმარიტებები შეყავს. იმდენად რამდენადაც იგი ადამიანების სამშვინველის მოქმედებას იპყრობს, მას ასევე შეუძლია ადამიანების გულის გაკონტროლება.

როდესაც ადამი ცოცხალი სული იყო, მას მხოლოდ ჭეშმარიტების ცოდნა ჰქონდა, და ამიტომ მისი გული თვით

სული იყო. მაგრამ მას შემდეგ რაც ღმერთთან ურთიერთობა გაწყდა, მას აღარ მიეწოდებოდა ჭეშმარიტების ცოდნა ან სულიერი ენერგია. სამაგიეროდ, მან მიიღო არაჭეშმარიტების ცოდნა, რომელიც მიეწოდებოდა სატანის მიერ სამშვინველის მეშვეობით. ამ ცოდნამ ადამიანების გულში ჩამოაყალიბა არაჭეშმარიტების გული.

ხორცის კუთვნილი სამშვინველის ქმედებების განადგურება

გაგიკეთებია ისეთი რამე, ან გითქვამს ისეთი რამე, რასაც გეგონა რომ არასოდეს იტყოდი? ეს იმიტომ, რომ ადამიანებს სამშვინველი აკონტროლებს. რადგან სამშვინველი ფარავს სულს, ჩვენი სული მხოლოდ მაშინ შეიძლება იყოს აქტიური, როდესაც ჩვენ გავანადგურებთ სამშვინველის მოქმედებებს, რომლებიც ეკუთვნის ხორცს. მაშინ როგორ შეგვიძლია მათი განადგურება? ყველაზე მნიშვნელოვანი რამ არის ის, რომ ჩვენ უნდა გავაცნობიეროთ ის ფაქტი, რომ ჩვენი ცოდნა და ცნება არ არის სწორი. მხოლოდ ამის შემდეგ ვიქნებით მზად ჭეშმარიტი სიტყვა მივიღოთ, რომელიც განსხვავებულია ჩვენი აზრებისაგან.

იესომ გამოიყენა იგავები ადამიანების არასწორი აზრების გასანადგურებლად (მათე 13:34). ისინი ვერ იგებდნენ სულიერ რაღაცეებს, რადგან მათი სიცოცხლის თესლი დახშული იყო სამშვინველის მიერ, ამიტომ იესომ სცადა მათთვის გაეგებინებინა იგავების მეშვეობით. მაგრამ ვერც ფარისევლებმა და ვერც მოციქულებმა გაუგეს მას. მათ ყველაფერი განმარტეს თავიანთი უცვლელი აზრებით და არაჭეშმარიტების ხორციელი ფიქრებით, და ამიტომ მათ არ

შეეძლოთ არაფერი სულიერის გაგება.

იმ დროის კანონების მცოდნეებმა გააკრიტიკეს იესო ავადმყოფი ადამიანის მკურნალობის გამო. თუ უბრალოდ საღი აზრით იფიქრებთ, თქვენ ხედავთ, რომ იესო არის ადამიანი, რომელიც ღმერთს უყვარს და მის მიერ არის აღიარებული, რადგან მან მოახდინა ისეთი სასწაულები, რომელთა მოხდენაც მხოლოდ ღმერთს შეეძლო. მაგრამ ამ კანონის მცოდნეებს არ შეეძლოთ ღმერთის გულის გაგება უხუცესთა ტრადიციების და მათი გონებრივი ჩარჩოების გამო. იესომ სცადა მათთვის გაეგებინებინა მათი არასწორი აზრები და თვით-კონცეპტუალიზაცია.

ლუკა 13:15-16 ამბობს, „მიუგო უფალმა და უთხრა მას: თვალთმაქცო, განა რომელი თქვენგანი არ ახსნის შაბათს ბაგაზე დაბმულ ხარსა თუ ვირს და არ მიჰყავს დასარწყულებლად? ხოლო ეს ასული აბრაამისა, რომელიც თვრამეტ წელიწადს შეკრული ჰყავდა სატანას, არ უნდა დაგვეხსნა ამ საკრველისაგან შაბათს?"

როდესაც მან ეს თქვა, მათი მოწინააღმდეგეები შეურაცხყოფილები იყვნენ; და მთელი ბრბო სიხარულით იყო სავსე მის შემყურე. სინამდვილეში მათ ჰქონდათ შანსი გაეცნობიერებინათ თავიანთი უსამართლო გონებრივი ჩარჩოები. იესომ სცადა ადამიანების აზრების განადგურება, რადგან ისინი მხოლოდ მაშინ აღებდნენ თავიანთ გულებს, როდესაც მათი აზრები ნამსხვრევებად იქცეოდა.

მოდით ვნახოთ აპოკალიფსი 3:20, რომელშიც წერია:

აჰა, კართან ვდგავარ და ვაკაკუნებ. თუ ვინმე გაიგებს ჩემს ხმას და კარს გამიღებს, შევალ და მასთან ვივახშმებ, ხოლო ის – ჩემთან.

ამ სტროფში, „კარი“ სიმბოლურად გამოხატავს აზრების კარიბჭეს, ესე იგი „სამშვინველს“. უფალი კარებზე აკაკუნებს ჩვენი აზრებისთვის ჭეშმარიტი სიტყვით. ამ დროს ჩვენ ვაღებთ ჩვენი აზრების კარს, ესე იგი თუ ჩვენ გავანადგურებთ ჩვენს სამშვინველს და უფლის სიტყვას მივიღებთ, ჩვენი გულის კარები გაიღება. ამ გზით, როდესაც მისი სიტყვა ჩვენს გულებში შემოვა, ჩვენ ვიწყებთ უფლის სიტყვის განხორციელებას. ეს არის უფალთან ერთად „სადილობა“. თუ ჩვენ უბრალოდ „ამინით“ მივიღებთ მის სიტყვას, მიუხედავად იმისა, რომ მისი სიტყვა ჩვენს აზრებს და თეორიებს არ შეესაბამება, მაშინ ჩვენ შეგვიძლია სამშვინველის არაჭეშმარიტი მოქმედებების განადგურება.

როგორც განმარტულია, ჯერ ჩვენი აზრების კარი უნდა გავაღოთ და შემდეგ ჩვენი გულების, რათა სახარებამ მიაღწიოს სიცოცხლის თესლამდე, რომელიც გარშემორტყმულია ადამიანის სამშვინველით. ეს იგივეა, როგორც ადამიანი სტუმრად მიდის სხვის სახლში. სტუმარმა, რომელიც სახლის გარეთ დგას სტუმართან შესაგებებლად, უნდა გააღოს მთავარი კარი, შევიდეს სახლში, და ასევე უნდა გააღოს შესასვლელის კარი სასტუმრო ოთახში შესასვლელად.

არსებობს უამრავი გზა სამშვინველის ქმედებების გასანადგურებლად. იმისათვის, რომ ხალხმა გააღოს თავიანთი აზრების და გულის კარები სახარების მისაღებად, ზოგ ადამიანს სჯობს ლოგიკური ახსნა-განმარტება მისცე, როდესაც ზოგს კი ურჩევნია ღმერთის ძალა ანახო ან კარგი იგავი მოუყვე. ასევე, ჩვენ გამუდმებით გვჭირდება, რომ რწმენის ზრდაში სამშვინველის არაჭეშმარიტული ქმედებები დავამსხვრიოთ იმ ადამიანებისთვის, რომლებმაც

უკვე მიიღეს სახარება. არსებობენ მორწმუნეები, რომლებიც არ აგრძელებენ რწმენაში და სულში ზრდას. ეს იმიტომ, რომ მათ არ აქვთ უწყვეტი სულიერი შეცნობები ხორცის კუთვნილი სამშვინველის ქმედებების გამო.

მეხსიერების წარმოქმნა

იმისათვის, რომ სასურველი სამშვინველის მოქმედებები გვქონდეს, ჩვენ უნდა ვიცოდეთ, თუ როგორ რჩება შეტანილი ცოდნა მეხსიერებად. ზოგჯერ აუცილებლად ვხედავთ ან გვესმის რაიმე, მაგრამ მოგვიანებით ჩვენ ძლივს გვახსოვს ამის შესახებ. პირიქით კი, ჩვენ გვახსოვს რაიმე ისე კარგად, რომ დიდი ხნის შემდეგაც კი არ გვავიწყდება. ეს განსხვავებები მოდის მეხსიერების სისტემაში შესაყვანად გამოყენებული მეთოდისგან.

მეხსიერებაში შეყვანის პირველი მეთოდი არის მისი უყურადღებოდ შემჩნევა. ჩვენ ვხედავთ ან გვესმის რაიმე, მაგრამ ყურადღებას მას საერთოდ არ ვაქცევთ. წარმოიდგინეთ მატარებლით ბრუნდებით თქვენს მამულში. შენ ხედავ ხორბლის და სხვა მარცვლეულის მინდვრებს. მაგრამ თუ სხვა აზრებით ხართ დაკავებული, მამულში ჩასვლის შემდეგ არც კი გახსოვთ მატარებლიდან რა დაინახეთ. ასევე, როდესაც მოსწავლეები კლასში ოცნებობენ, მათ საერთოდ არ ახსოვთ რის შესახებ იყო გაკვეთილი.

მეორე, არსებობს შემთხვევითი მეხსიერება. როდესაც ფანჯრიდან ხორბლის მინდვრებს ხედავ, შენ ეს შეგიძლია შენს მშობლებს დაუკავშირო. როდესაც ხორბლის მინდვრებს ხედავ შენ ფიქრობ მამაშენზე, რომელიც მეურნეობას ეწევა

და მოგვიანებით ბუნდოვნად გახსოვს რა დაინახე. ასევე, კლასში სტუდენტებს შემთხვევით ახსოვთ თუ რა თქვა მასწავლებელმა. მათ ახსოვთ ის რაც კლასის შემდეგ გაიგეს, მაგრამ რამდენიმე დღის შემდეგ დაავიწყდებათ.

მესამე არის მეხსიერების დანერგვა. თუ შენ ასევე ფერმერი ხარ, როდესაც მინდვრებს უყურებ, შენ აუცილებლად მიაქცევ ყურადღებას თუ რას ხედავ. ყურადღებით დაინახავ თუ როგორ კარგად არის მინდორი მოვლილი, ან როგორ არის აშენებული სათბურები, და შენ ეს გინდა, რომ შენს მეურნეობაში შეიტანო. შენ ამ ყველაფერს ყურადღებას აქცევ და მეხსიერებაში ინერგავ, რათა დაიმახსოვრო დეტალები. ასევე, კლასში წარმოიდგინეთ მასწავლებელი ამბობს, „ჩვენ ამ კლასის შემდეგ გვექნება გამოცდა. თქვენ დაგექვითებათ სამი ქულა ყოველ არასწორ პასუხზე." შემდეგ, სტუდენტები უდავოდ ეცდებიან კონცენტრაცია მოახდინონ და დაიმახსოვრონ ინსტრუქციები კლასში. ასეთი მეხსიერება გასტანს უფრო დიდი ხანი ვიდრე წინა ტიპის მეხსიერებები.

მეოთხე არის ტვინშიც და გულშიც ჩანერგვა. წარმოიდგინეთ სევდიან ფილმს უყურებთ. და ფილმში იმდენად შეიჭერით, რომ მსახიობივით თქვენც ბევრს ტირით. ამ შემთხვევაში ფილმი არა მხოლოდ თქვენს მეხსიერებაში ჩაიბეჭდება, არამედ გულშიც. ესე იგი, ფილმი გრძნობებით ინერგება გულში და ასევე ტვინის უჯრედების მეხსიერებაშიც. ასევე, მაშინაც კი, როდესაც ტვინი დაზიანებულია, რაც გულშია მაინც იქ რჩება.

თუ კი ახალგაზრდა ბავშვი შეესწრება დედის სიკვდილს ავტო-კატასტროფაში, როგორი შეძრწუნებული იქნება

იგი! ამ შემთხვევაში ის მომენტი და ნაღვლიანი გრძნობები მის გულში ჩაინერგება. ეს ინერგება მეხსიერებასა და გულში, რომელიც მისთვის რთულია დაივიწყოს. ჩვენ განვმარტეთ დამახსოვრების ოთხი მეთოდი. თუ ჩვენ ამას კარგად გავაცნობიერებთ, ეს დაგვეხმარება სამშვინველის მოქმედებების გაკონტროლებაში.

ის რისი დავიწყებაც გინდა, მაგრამ მუდმივად გახსენდებათ

ზოგჯერ მუდმივად გვახსენდება ისეთი რამ, რისი გახსენებაც არ გვსურს. რა არის ამის მიზეზი? ეს იმიტომ, რომ ეს რაღაც ტვინშიც და გულშიც არის ჩანერგილი ემოციებთან ერთად.

წარმოიდგინეთ ვიღაც გძულთ. ყოველთვის როდესაც მასზე ფიქრობთ, იტანჯებით სიძულვილის გამო. ასეთ შემთხვევაში თქვენ ჯერ უფლის სიტყვაზე უნდა იფიქროთ. ღმერთი გვეუბნება, რომ უნდა გვიყვარდეს ჩვენი მტრები, და იესო იმ ადამიანებისთვის ლოცულობდა, რომლებიც ჯვარს აცვამდნენ. გული, რომელიც ღმერთს სურს არის სიკეთე და სიყვარული, ამიტომ ჩვენ გულიდან უნდა აღმოვფხვრათ არაჭეშმარიტება, რომელიც ეშმაკმა და სატანამ მოგვცეს.

ხშირ შემთხვევაში თუ გავითვალისწინებთ ძირითად მიზეზს, ჩვენ მივხვდებით, რომ სხვები უბრალო რაღაცეების გამო გვძულს. როდესაც მივხვდებით, რომ სამართლიანად არ ვიქცევით, სიძულვილი ჩვენი გულიდან თანდათანობით გაქრება. თუ ჩვენ ვგრძნობთ და სიკეთეს შევიტანთ პირველ რიგში, არ მოგვიწევს ბოროტი აზრებისგან ტანჯვა. მაშინაც

კი, როდესაც სხვები ისეთ რამეს აკეთებენ რაც არ მოგწონს, არ გექნებათ სიძულვილი მათ მიმართ თუ კი მხოლოდ სიკეთით იფიქრებთ „მათ ამის მიზეზი ექნებათ."

ჩვენ უნდა ვიცოდეთ, თუ რა არის ის რაღაც, რაც არაჭეშმარიტებასთან ერთად არის შეყვანილი

რა უნდა ვქნათ არაჭეშმარიტების შესახებ, რომელიც უკვე გვაქვს არაჭეშმარიტ გრძნობებთან ერთად?

თუ რაიმე ჩანერგილია გულის სიღრმეში, შენ ის ყოველთვის გემახსოვრება, მიუხედავად იმისა, რომ ცდილობ მასზე გამუდმებით არ იფიქრო. ამ შემთხვევაში ჩვენ მასთან დაკავშირებული გრძნობები უნდა შევცვალოთ. იმის მაგივრად, რომ ამაზე არ იფიქროთ, უმჯობესია თუ აზრს შეიცვლით. მაგალითად, შეგიძლიათ შეიცვალოთ აზრი ადამიანზე, რომელიც გძულთ. შეგიძლიათ დაიწყოთ ფიქრი მისი თვალსაზრისიდან და გაიგოთ, რომ შეეძლო ისე მოქცეულიყო როგორც მოიქცა თავის მდგომარეობაში.

ასევე, შენ შეგიძლია იფიქრო მის კარგ მახასიათებლებზე და ასევე ილოცო მისთვის. როდესაც ეცდები თბილი და მანუგეშებელი სიტყვებით დაელაპარაკო, მიეცი მას რაიმე პატარა საჩუქარი და აჩვენე სიყვარულის მოქმედებები, მძულვარების გრძნობები გადაიზრდება სიყვარულის გრძნობებათ. შემდეგ როდესაც მასზე იფიქრებ აღარ დაიტანჯები.

სანამ უფალს მივიღებდი, როდესაც შვიდი წლის განმავლობაში ავად ვიყავი, უამრავი ადამიანი მძულდა. ვერ ვინკურნებოდი და სიცოცხლის არანაირი იმედი აღარ

გამაჩნდა. მხოლოდ ვალები იზრდებოდა და ჩემი ოჯახი თითქმის გაღატაკებული იყო. ჩემი მეუღლე საჭმლის ფულისთვის მუშაობდა და ჩემი ნათესავები არ იღებდნენ ჩემს ოჯახს, რადგან მათთვის ტვირთი ვიყავით.

იმ დროს მხოლოდ ჩემს რთულ მდგომარეობაზე ვფიქრობდი და გაბრაზებული ვიყავი მათზე, რადგან მიმატოვეს. ჯავრი მქონდა ჩემი მეუღლის წინააღმდეგ, რომელიც ხშირად ჩემოდნებს ჩაალაგებდა და მიდიოდა ხოლმე, და ასევე მისი ოჯახის წევრების წინააღმდეგ, რომლებიც ტკივილს მაყენებდნენ არასასიამოვნო სიტყვებით. როდესაც მათ ვხედავდი რომ ზიზღიანი თვალებით მიყურებდნენ, ჩემი სიძულვილი და გულისწყრომა უფრო იზრდებოდა. მაგრამ ერთ დღეს ყოველი ეს წყენა და სიძულვილი გაქრა.

როდესაც უფალი მივიღე და მის სიტყვას მოვუსმინე, მე მივხვდი ჩემს დანაშაულს. ღმერთი გვეუბნება, რომ ჩვენი მტრებიც კი უნდა გვიყვარდეს და მან თავისი ერთადერთი ვაჟი გასწირა ჩვენთვის. მაგრამ როგორი ადამიანი ვიყავი, რომ გულისწყრომა და სიძულვილი მქონდა სხვების მიმართ! დავიწყე მათი თვალსაზრისით ფიქრი. წარმოვიდგინე მყავდა და და მას ჰყავდა უვიცი მეუღლე. ჩემს დას პურის ფულისთვის უნდა ემუშავა. მაშინ რას ვიფიქრებდი ასეთ სიტუაციაზე? როდესაც მათი ხედვის წერტილიდან დავიწყე ფიქრი, მე შევძელი გამეგო მათი და გავაცნობიერე, რომ ყოველი ბრალდება ჩემი ბრალი იყო.

როგორც კი აზროვნება შევცვალე, მე მადლობელი ვიყავი ჩემი მეუღლის ოჯახის წევრებისა. ზოგჯერ ბრინჯით ან სხვა საკვებით გვამარაგებდნენ ხოლმე და მე ამის მადლიერი ვიყავი. ასევე, ასეთ რთულ მდგომარეობაში მე მივიღე

უფალი და შევიტყვე ზეცის შესახებ და ამის მადლობელიც ვიყავი. როგორც კი აზრი შევიცვალე მადლიერი ვიყავი, რომ ავად გავხდი და რომ ჩემს მეუღლეს შევხვდი. ჩემი ყოველი სიძულვილი სიყვარულში გადაიზარდა.

არაჭეშმარიტების კუთვნილი სამშვინველის ქმედებები

თუ შენ არაჭეშმარიტების კუთვნილი სამშვინველის ქმედებები გაქვს, არა მარტო შენს თავს ავნებ ამით, არამედ შენს გარშემომყოფებსაც. ამიტომ, მოდით განვიხილოთ არაჭეშმარიტების კუთვნილი სამშვინველის მოქმედებების ის ჩვეულებრივი შემთხვევები, რომლებიც ადვილად მოიძებნება ჩვენს ყოველდღიურ ცხოვრებაში.

პირველი არის სხვების არასწორად გაგება და როდესაც მათ ან ვერ უგებ ან არ იღებ.

ხალხი ანვითარებს განსხვავებულ გემოვნებას, ღირებულებებს, და კონცეპტუალიზაციას თუ რა არის სწორი. ზოგ ადამიანს მოსწონს ბრილიანტი, უნიკალური დიზაინი საკუთარი ტანისამოსისთვის, როდესაც სხვებს მოსწონთ უბრალო და მოხდენილი დიზაინი. ერთი და იგივე ფილმი ზოგ ადამიანს საინტერესოდ მიაჩნია და ზოგს კიდევ მოსაწყენად.

ამ უთანხმოებების გამო, შემჩნევის გარეშე ჩვენ გვიჩნდება არაკომფორტული გრძნობები მათ მიმართ, რომლებიც ჩვენგან განსხვავებულები არიან. ზოგ ადამიანს აქვს პირდაპირი პირადი თვისებები და იგი პირდაპირ საუბრობს იმაზე, თუ რა არ მოსწონს. ზოგ ადამიანს კი არ შეუძლია

გრძნობების კარგად გამოხატვა, და მას დიდი დრო ჭირდება რაიმეს გადასაწყვეტად, რადგან იგი დეტალურად ფიქრობს ყველა შესაძლებლობაზე.

როგორც ალეგორიაშია, არაჭესმარიტების კუთვნილი სამშვინველის ქმედებაა, როდესაც სხვებს ვერ უგებ ან არ გესმის მათი. თუ ჩვენ მხოლოდ ის მოგვეწონება რაც მოგვწონს და თუ მხოლოდ იმას ვიფიქრებთ, რაც სწორად მიგვაჩნია, მაშინ ჩვენ ვერ გავუგებთ სხვებს და ვერც მივიღებთ მათ.

მეორე არის განკიცხვა.

განკიცხვა არის, ადამიანზე ან რაიმეზე დასკვნის გამოტანა ჩვენი საკუთარი ფიქრების და გრძნობების ჩარჩოებზე დაფუძნებით. ზოგ ქვეყანაში უზრდელობაა ცხვირის მოხოცვა, როდესაც სასადილო მაგიდასთან ზიხარ. ზოგ ქვეყანაში კი მისაღებია. ზოგ ქვეყანაში უზრდელობად ითვლება საჭმლის თეფშზე დატოვება, მაგრამ ზოგ ქვეყანაში კი ეს თავაზიანობის გამომხატველია.

ერთმა ადამიანმა დაინახა თუ როგორ ჭამდა მეორე ხელებით და ჰკითხა ხელებით ჭამა არაჰიგიანური ხომ არ არისო. მეორემ კი უკასუხა, „მე ხელებს ვიბან და ამიტომ ვიცი რომ სუფთაა. მაგრამ მე არვიცი რამდენად სუფთაა ეს ჩანგალი თუ დანა. ამგვარად, ჩემი ხელები უფრო სუფთაა." იმის და მიხედვით თუ რა გარემოში გავიზარდეთ და რა ვისწავლეთ, გრძნობები და აზრები განსხვავებული იქნება ერთი და იგივე სიტუაციისთვისაც. ამიტომ, ჩვენ არ უნდა ვიმსჯელოთ კარგსა და ცუდს შორის ადამიანის სტანდარტებით, რომელიც არაჭეშმარიტებაა.

ის ადამიანები, რომლებიც სიამოვნებას იღებენ ჭორაობით, ფიქრობენ რომ სხვებიც ასე გააკეთებენ.

წარმოიდგინე ხედავ მამაკაცს და ქალს სასტუმროსთან მდგომს. შენ შეიძლება გაიფიქრო, „ისინი ერთად იქნებოდნენ სასტუმროში. დავინახე თითქოს ერთმანეთს განსაკუთრებულად უყურებდნენ."

მაგრამ არ არსებობს იცოდე ისინი ერთმანეთს შემთხვევით შეხვდნენ ქუჩაში თუ სასტუმროს კაფეში უბრალოდ საუბრობდნენ. თუ შენ ასეთ ჭორებს გაავრცელებ სხვებთან, მათ შეიძლება დიდი პრობლემა შეექმნათ ცრუ ჭორების გამო.

შეუსაბამო კასუხებიც განსჯიდან მოდის. თუ შენ კითხავ ადამიანს, რომელიც სამსახურში ხშირად აგვიანებს „რომელ საათზე მოხვედი დღეს?" მან შეიძლება გიკასუხოს, „დღეს არ დამიგვიანებია." შენ უბრალოდ ჰკითხე მას თუ რომელ საათზე მოვიდა, მაგრამ მან იფიქრა, რომ შენ მისი განსჯა გინდოდა და ამიტომ სრულიად შეუსაბამო კასუხი გაგცა.

1 კორინთელთა 4:5 ამბობს, „ამიტომ ნუ განსჯით უდროოდ, ვიდრე არ მოვა უფალი, ნათელს რომ მოჰფენს ბნელში დაფარულს და გაამჟღავნებს გულის ზრახვებს; მაშინ თვითეულს მიეგება ქება ღვთის მიერ."

სამყაროში უამრავი განსჯაა, არა მხოლოდ ინდივიდუალურ დონეებზე, არამედ ოჯახების, საზოგადოებების, კოლიტიკის და ქვეყნების დონეებზეც კი. ასეთი ბოროტება მხოლოდ კამათს იწვევს და მოაქვს დიდი უბედურება. ხალხი ინტენსიური განსჯით ცხოვრობს, მაგრამ ამ ფაქტს ისინი ვერც კი აცნობიერებენ. რა თქმა უნდა, ზოგჯერ მათი განსჯა შეიძლება იყოს სწორი, მაგრამ ხშირ შემთხვევაში ეს ასე არ არის. მაშინაც კი თუ ისინი მართლები არიან, თვით განსჯა არის ბოროტება და ღმერთის მიერ არის

აკრძალული, და ამიტომ ჩვენ არ უნდა განვსაჯოთ სხვები.

მესამე არის დადანაშაულება.

ხალხი არა მარტო განსჯის სხვებს, არამედ ისინი ადანაშაულებენ კიდეც მათ. ზოგი ადამიანი იმიტომ იტანჯება დიდი ფსიქიკური ტკივილისგან, რომ ვიღაცამ მათზე მტრული კომენტარი გააკეთა ინტერნეტში. განსჯა და დადანაშაულება ჩვენს ყოველდღიურ ცხოვრებაში ხშირად არის. თუ კი ადამიანი მოსალმების გარეშე ჩაგივლის, შენ შეიძლება ეს პირდაპირ იგნორირებად ჩათვალო. შეიძლება მან უბრალოდ ვერ გიცნო ან დაკავებული იყო სხვა ფიქრებით, მაგრამ თქვენ პირდაპირ ადანაშაულებთ მათ თქვენი საკუთარი გრძნობებით.

ამიტომ გვაფრთხილებს იაკობი 4:11-12:

ნუ იტყვით, ძმანო, ერთურთის ძვირს; ვინც ძმის ძვირს იტყვის და განსჯის ძმას, რჯულის ძვირს იტყვის და განსჯის რჯულს; ხოლო თუ რჯულს განსჯი, რჯულის აღმსრულებელი კი არა ხარ, არამედ მსაჯული. ერთია რჯულმდებელი და მსაჯული, რომელსაც ძალუძს თქვენი ცხონებაც და წარწყმედაც; შენ კი ვინა ხარ, რომ განსჯი მოყვასს?

სხვების განკიცხვა და დევნა არის ღმერთივით ქცევის ქედმაღლობა. ასეთმა ხალხმა უკვე დაადანაშაულეს საკუთარი თავები. უფრო სერიოზული პრობლემაა, როდესაც სულიერ რაღაცეებს განსჯი ან დაადანაშაულებ. ზოგი ადამიანი ამას ღმერთის ძლიერ საოცრებებზე ან ღმერთის განგებაზე შვება.

თუ ვინმე ამბობს „მე განვიკურნე უკურნებელი დაავადებისგან ლოცვის მეშვეობით!" ამას ის ადამიანები დაიჯერებენ, რომლებსაც კეთილი გულები აქვთ. მაგრამ ზოგი კი იფიქრებს „როგორ შეიძლება დაავადების განკურნება მხოლოდ ლოცვით? მას ალბათ არასწორი დიაგნოზი ჰქონდა დასმული ან უბრალოდ ფიქრობს რომ გამოკეთდა." სხვებმა შეიძლება მას ტყუილის თქმაც დააბრალონ.

ზოგი ადამიანი ამბობს, რომ მას ღმერთის სწამს და მაინც ადანაშაულებს და განსჯის სული წმინდის საოცრებებს. თუ კი ადამიანი ამბობს, რომ მას სულიერი თვალები გაეხილა და რომ იგი ხედავს სულიერ სამყაროს, ან რომ მას ღმერთთან კავშირი აქვს, ისინი დაუფიქრებლად ამბობენ, რომ ეს ადამიანი არასწორია და რომ ეს ყველაფერი მისტიციზმია. ასეთი საოცრებები ჩაწერილია ბიბლიაში, მაგრამ ისინი ამას კიცხავენ თავიანთი პირადი შეხედულებების ფარგლებში.

ასეთი უამრავი ადამიანი იყო იესოს დროსაც. როდესაც იესომ დაავადებული განკურნა, მათ ყურადღება იმისთვის უნდა მიექციათ, რომ ღმერთის ძალა ნაჩვენები იყო იესოს მეშვეობით. ღმერთის ნების თანახმად რომ არ ყოფილიყო, პირველ რიგში ასეთი რამ იესოს საშუალებით ვერ მოხდებოდა. მაგრამ ფარისევლებმა გაკიცხეს იესო, ღმერთის ვაჟი, თავიანთი თვით-კონცეპტუალიზაციით. თუ შენ ღმერთის სამუშაოს გაკიცხავ, მაშინაც კი თუ ეს იმიტომ ხდება, რომ შენ კარგად არ იცი ჭეშმარიტება, მაინც მძიმე ცოდვად ითვლება. შენ ძალიან ფრთხილად უნდა იყო, რადგან არ გექნება მონანიების შანსი თუ კი სული წმინდის წინააღმდეგ ცუდს იტყვი ან შეურაცხოფას მიაყენებ.

მეოთხე მოქმედება არის მცდარი შეტყობინების გადაცემა.

როდესაც ჩვენ შეტყობინებას ვაწვდით, ხშირად ჩვენს საკუთარ გრძნობებსა და აზრებს ვამატებთ და ამით მას ვამახინჯებთ. მაშინაც კი თუ ზუსტად იგივე შეტყობინებას გადავცემთ, თავდაკირველად განზრახული მნიშვნელობა შეიძლება შეიცვალოს სახის მიმიკებსა და ხმის ტონის მიხედვით. მაგალითად, მაშინაც კი, როდესაც ვიღაცას ვეძახით ერთი და იგივე სიტყვით როგორც არის „ჰეი!", მეგობრული და რბილი ხმით დაძახება, და უხეშად და გაბრაზებული ხმით დაძახება გამოხატავს სრულიად განსხვავებულ მნიშვნელობას. გარდა ამისა, თუ ჩვენ არ შეგვიძლია შეტყობინების ერთი და იგივე სიტყვებით მიწოდება და ჩვენი სიტყვებით ვცვლით, მისი თავდაკირველი მნიშვნელობა ხშირად მახინჯდება.

ასეთი მაგალითების პოვნა შეგვიძლია ჩვენს ყოველდღიურ ცხოვრებაში, მაგალითად რაიმე ნათქვამის გაზვიადება ან შემოკლება. ზოგჯერ, შინაარსი სრულიად შეცვლილია. „არ არის ეს მართალი" ხდება „მართალია, არა?" და „ჩვენ ვგეგმავთ, რომ..." ან „ჩვენ შეიძლება..." ხდება „როგორც ჩანს ჩვენ ვაკირებთ..."

მაგრამ თუ ჩვენ სამართლიანი გულები გვაქვს, არ დავამახინჯებთ ფაქტებს ჩვენი საკუთარი აზრებით. ჩვენ შეგვეძლება შეტყობინების გადაცემა უფრო მეტი სიზუსტით იმდენად, რამდენადაც განვდევნით ბოროტ გულებს და ხასიათებს, როგორიცაა ჩვენს საკუთარ სარგებელზე ფიქრი, არ ვცდილობთ ვიყოთ ზუსტები, სწრაფად ვკიცხავთ ადამიანებს, და სხვებზე ცუდად ვსაუბრობთ. იოანე 21:18-ის დასაწყისში არის უფალი იესოს სიტყვა პეტრეს მოწამეობის შესახებ. იქ წერია, „ჭეშმარიტად, ჭეშმარიტად გეუბნები

შენ: სანამ ახალგაზრდა იყავი, სარტყელს შემოირტყამდი და მიდიოდი, სადაც გინდოდა; ხოლო როდესაც დაბერდები, ხელებს გაიწვდი, სხვა შემოგარტყამს სარტყელს და წაგიყვანს იქ, სადაც არ გინდა."

შემდეგ პეტრე დაინტერესდა იოანეზე და დასვა კითხვა. „უფალო, ამას რა?" (სტროფი 21) შემდეგ იესომ უპასუხა, „თუკი მნებავს, რომ ჩემს მოსვლამდე დარჩეს, შენ რა? შენ მე გამომყევ." (სტროფი 22) როგორ ფიქრობ, როგორ მიეწოდათ ეს შეტყობინება სხვა მოწაფეებს? ბიბლია ამბობს, რომ მათ თქვეს რომ მოწაფე არ მოკვდებოდა. იესომ იგულისხმა, რომ პეტრეს არ ევალებოდა იოანეზე ზრუნვა მაშინაც კი, თუ იოანე უფლის დაბრუნებამდე იცოცხლებდა. მაგრამ მოწაფეებმა სრულიად მცდარი შეტყობინება მიაწოდეს საკუთარი აზრების დამატებით.

მეხუთე არის ნეგატიური ემოციები

რადგან ჩვენ გვაქვს ხორციელი, ცუდი გრძნობები როგორიცაა იმედგაცრუება, სიამაყეში შეურაწყოფილი, ეჭვიანობა, ბრაზი, და შუღლი; მათგან ჩვენ არაჭეშმარიტული სამშვინველის ქმედებები გვაქვს. თუნდაც ერთი და იგივე სიტყვა გვესმოდეს, ჩვენი რეაქცია განსხვავებულია გრძნობების მიხედვით.

წარმოიდგინეთ უფროსი ეუბნება თავის მუშაკს, „უკეთესად ვერ გააკეთებ საქმეს?" მიუთითებს შეცდომაზე. ასეთ სიტუაციაში ზოგი ადამიანი ამას მშვიდად და ღიმილით მიიღებდა, ეტყოდა „დიახ, შემდეგში ვეცდები უკეთესად გავაკეთო." მაგრამ ის ადამიანი, რომელიც უფროსზე ჩივის, შეიძლება უკმაყოფილო დარჩეს. მან შეიძლება იფიქროს,

„ასე რატომ მესაუბრება?" ან „თავის თავზე რას იტყვის? იგი საკუთარ სამუშაოსაც არ ასრულებს სათანადოდ."

ან კიდევ უფროსი გამლევს რჩევას, „ვფიქრობ უკეთესი იქნება თუ ამ ნაწილს ასე შეასწორებდი." შემდეგ ზოგი თქვენთაგანი უბრალოდ მიიღებთ რჩევას და იტყვით, „დიახ, კარგი იდეაა. დიდი მადლობა რჩევისათვის." მაგრამ ზოგი ადამიანი ამ სიტუაციაში არაკომფორტულად იგრძნობდა თავს და თავმოყვარეობა შეელახებოდათ. ამ ცუდი გრძნობების გამო, ისინი ზოგჯერ ჩივიან „ყველანაირად ვეცადე ეს სამუშაო კარგად შემესრულებინა, და ასეთ რამეს როგორ მეუბნება ასე ადვილად? თუ კი ის ამდენად ქმედუნარიანია, რატომ თავად არ გააკეთებს ამას?"

ბიბლიაში ჩვენ ვკითხულობთ თუ როგორ საყვედურობს იესო პეტრეს (მათე 16:23). როდესაც დრო მოვიდა იესოს ჯვარი აეღო, მან თავის მოწაფეებს უთხრა თუ რა მოხდებოდა. პეტრეს არ უნდოდა მისი უფალი ასე დატანჯულიყო და თქვა „შორს შენგან, უფალო; ღმერთმა ნუ ქნას ეგ" (სტროფი 22).

ამ დროს იესოს არ უცდია მისი ასე დამშვიდება „მე ვიცი შენ რასაც გრძნობ და ამის მადლობელი ვარ. მაგრამ მე უნდა წავიდე." სამაგიეროდ უსაყვედურა მას „გამშორდი, სატანა! ჩემი საცთური ხარ! რადგან ღმერთისას კი არ ფიქრობ, არამედ კაცისას" (სტროფი 23).

რადგან ხსნის გზა მხოლოდ მაშინ გაიღებოდა ცოდვილებსთვის, როდესაც იესო ტანჯვას მიიღებდა ჯვარზე, და ამ ხსნის გზის შეჩერება იგივე იყო რაც ღმერთის განგების შეჩერება. მაგრამ პეტრეს არ ჰქონია რაიმე ცუდი გრძნობა ან საჩივარი იესოს მიმართ, რადგან რასაც იესო იტყოდა, ყველაფერს გარკვეული მნიშვნელობა ექნებოდა. ასეთი გულკეთილობით პეტრე მოგვიანებით გახდა მოციქული,

რომელმაც ღმერთის ძალის გასაოცარი სასწაულები გამოავლინა.

მეორეს მხრივ, რა მოუვიდა იუდა ისკარიოტელს? მათე 26-ში ბეთანიელმა მარიამმა ძვირფასი სუნამო მიაპკურა იესოს. იუდამ იფიქრა, რომ ეს გაფლანგვა იყო. მან სთქვა, „ვინაიდან შეგვეძლო ძვირფასად გავეყიდა ნელსაცხებელი და გლახაკთათვის მიგვეცა ფული" (სტროფი 9). მაგრამ სინამდვილეში მას ფულის მოპარვა უნდოდა.

აქ, იესომ ქება-დიდება გამოხატა იმის შესახებ, რაც მარიამმა ჰქნა ღმერთის განგებით, რომელიც მისი დაკრძალვის მზადება იყო. მაინც, იუდას ჰქონდა ცუდი გრძნობები და საჩივრები იესოს წინააღმდეგ, რადგან იესომ არ სცნო მისი სიტყვები. საბოლოოდ მან ჩაიდინა დიდი ცოდვა და უღალატა და გაყიდა იესო.

დღეს უამრავ ადამიანს აქვს სამშვინველის ქმედებები, რომლებიც ჭეშმარიტების გარეთაა. მაგრამ როდესაც რაიმეს ვხედავთ, არ გვექნება სამშვინველი ქმედებები მანამ, სანამ გრძნობები არ გვექნება ამის შესახებ. როდესაც რაიმეს ვხედავთ, ჩვენ უბრალოდ უნდა გავჩერდეთ დანახვის დონეზე. ჩვენ არ უნდა გამოვიყენოთ ჩვენი აზრები განკიცხვისათვის, რომელიც ცოდვაა. იმისათვის რომ საკუთარი თავები ჭეშმარიტებასთან შევინარჩუნოთ, უკეთესი იქნება თუ არ დავინახავთ ან მოვისმენთ ისეთ რამეს, რაც არ არის ჭეშმარიტება. მაგრამ მაშინაც კი, თუ კონტაქტი მოგვიწევს არაჭეშმარიტებასთან, მაინც შეგვიძლია ჩვენი თავების ჭეშმარიტებასთან, თუ კი სიკეთით ვიფიქრებთ და ვიგრძნობთ.

3. სიბნელე

სატანას აქვს იგივე სიბნელის ძალა, რომელიც ლუციფერს აქვს და პროვოცირებას უკეთებს ხალხს, რომ ჰქონდეთ ბოროტი აზრები და ბოროტი გულები და რომ მოიქცნენ ბოროტულად.

ფაქტობრივად, ბოროტი სულია, რომელიც ჩვენში არაჭეშმარიტი სამშვინველის ქმედებების ქონას იწვევს. ბოროტი სულების სამყაროს არსებობა ნებადართული იყო ღმერთის მიერ, რათა შესრულებულიყო ადამიანთა გაშენების განგება. მათ ძალაუფლება აქვთ ჰაერზე, როდესაც ადამიანთა გაშენება მიმდინარეობს. ეფესელთა 2:2 ამბობს, „რომლებითაც უწინ ამ წუთისოფლის წესისამებრ იარებოდით, ჰაერის ძალთა მთავრის – იმ სულის ნებით, ვის ძალამოსილებასაც ამჟამად ჰმონებენ ურჩობის ძენი."

ღმერთმა მათ ნებადართო გაეკონტროლებინათ სიბნელის დინება იქამდე, სანამ ღმერთი დაამთავრებდა ადამიანთა გაშენებას.

ეს ბოროტი სულები, რომლებიც სიბნელეს ეკუთვნიან, ატყუებენ ხალხს, რათა ცოდვები ჩაიდინონ და ღმერთის წინააღმდეგ წავიდნენ. მათ ასევე აქვთ მკაცრი თანმიმდევრობა. უფროსი, ლუციფერი, აკონტროლებს სიბნელეს, იძლევა ბრძანებებს და აკონტროლებს ხელქვეით ბოროტ სულებს. ასევე არის უამრავი არსება, რომლებიც ეხმარებიან ლუციფერს. ისინი არიან ფრთოსანი ურჩხულები, რომლებსაც აქვთ პრაქტიკული ძალა და მათი ანგელოზები (აპოკალიფსი 12:7). ასევე არიან დემონები, სატანა და ეშმაკი.

ლუციფერი, სიბნელის სამყაროს უფროსი

ლუციფერი იყო მთავარანგელოზი, რომელიც ადიდებდა ღმერთს ლამაზი ხმით და მუსიკალური ინსტრუმენტებით. რადგან იგი სიამოვნებას იღებდა მაღალი კოზიციით და ძალაუფლებით და ღმერთის სიყვარულით ძალიან დიდი ხნის განმავლობაში, საბოლოოდ ქედმაღალი გახდა და ღმერთს უღალატა. ამის შემდეგ მისი ლამაზი შესახედაობა გახდა საზარელი. ესაია 14:12-ში წერია, „როგორ ჩამოემხე ციდან, მთიებო, ძეო განთიადისა! მიწას დაენარცხე, ხალხთა მტარვალო!" გუშინ ამბობდი: ცად ავხდები, ღვთის ვარსკვლავთა ზემოთ ტახტს დავიდგამ."

დღეს, გაცნობიერების გარეშე, ხალხი ემსგავსება ლუციფერს თავიანთი უცნაური თმის სტილით და გრიმით. სამყაროს ტენდენციითა და მოდით, ლუციფერი ადამიანების გონებასა და ფიქრებს ისე აკონტროლებს, როგორც მას სურს. კერძოდ ლუციფერს დიდი გავლენა აქვს მუსიკის სამყაროზე.

იგი ასევე აიძულებს ხალხს ცოდვები და უკანონობა ჩაიდინონ თანამედროვე მოხერხებულობით კომპიუტერის ჩათვლით. იგი ატყუებს ბოროტ მმართველებს ღმერთის წინააღმდეგ წავიდნენ. ზოგი ქვეყანა ოფიციალურად დევნის ქრისტიანობას. ეს ყველაფერი ხდება ლუციფერის შეგულიანებითა და წაქეზებით.

გარდა ამისა, ლუციფერი აცდენს ხალხს სხვადასხვა ჯადოქრული და მაგიური ფორმებით, და იტყუებს მისნებს ან ჯადოქრებს რომ თაყვანი სცენ მას. იგი ყველანაირად ცდილობს, რომ ერთ ადამიანსაც კი წარუძღვეს ჯოჯოხეთისაკენ და რომ ხალხს შთააგონოს ღმერთის წინააღმდეგ წასვლა.

დრაკონები და მისი ანგელოზები

დრაკონები ლუციფერის ქვეშ ბოროტი სულების ხელმძღვანელები არიან. ხალხი ფიქრობს რომ დრაკონი წარმოსახვითი ცხოველია. მაგრამ დრაკონები ბოროტი სულების სამყაროში არსებობენ. უბრალოდ ისინი უხილავები არიან, რადგან სულიერი არსებები არიან. როგორც დრაკონების ყველაზე გავრცელებულ განმარტებებშია, მათ აქვთ ირემის რქები, დემონების თვალები, და მსხვილი რქოსანი საქონლისნაირი ყურები. მათ კანზე აქვთ ქერცლი და აქვთ ოთხი ფეხი. ისინი გარკვეულწილად გიგანტური ქვეწარმავლებივით არიან.

დრაკონებს შექმნის დროს ჰქონდათ გრძელი, ლამაზი და დიდებული ფრთები. ისინი გარშემორტყმულნი იყვნენ ღმერთის ტახტს. ღმერთს ისინი უყვარდა, როგორც მისი საყვარელი ცხოველები და ახლოს ყავდა თავისთან. მათ ჰქონდათ დიდი ძალაუფლება და მრავალი ქერუბიმი ჰყავდათ ხელქვეითებად. მაგრამ როდესაც მათ ღმერთს უღალატეს ლუციფერთან ერთად, მათი ანგელოზებიც გარიყვნენ და ღმერთის წინააღმდეგ წავიდნენ. ამ ანგელოზებსაც საზარელი ცხოველის შესახედაობა აქვთ. მათ დრაკონებთან ერთად აქვთ ჰაერის ძალაუფლება და უამრავ ხალხს აქეზებენ ცოდვებისა და ბოროტებისაკენ.

რა თქმა უნდა, ლუციფერი ბოროტი სულების სამყაროში მთავარია, მაგრამ პრაქტიკული გაგებით, მან ძალაუფლება დრაკონებს და მის ანგელოზებს მისცა, რათა სულიერი არსებების წინააღმდეგ ებრძოლათ, რომლებიც ღმერთს ეკუთვნოდნენ. დიდი ხნის წინათ, დრაკონები ხალხს

აცდენდნენ გაეკეთებინათ დრაკონების მოდელები და თაყვანი ეცათ მისთვის. დღეს ზოგი რელიგია ღიად სცემს თაყვანს დრაკონებს და ეს ხალხი ამ დრაკონების მიერ არის გაკონტროლებული.

აპოკალიფსი 12:7-9 საუბრობს დრაკონებზე და მისი ანგელოზების შესახებ:

და ატყდა ბრძოლა ცაში: მიქაელი და მისი ანგელოზები ებრძოდნენ ურჩხულს, ურჩხული და მისი ანგელოზები კი ებრძოდნენ მათ. მაგრამ ვერ იმძლავრეს და აღარ აღმოჩნდა მათი ადგილი ცაში. და გადმოვარდა დიდი ურჩხული, დასაბამიერი გველი, რომელსაც ჰქვია ეშმაკი და სატანა, მთელი საწუთროს მაცდური; გადმოვარდა ქვეყნად და თან გადმოჰყვნენ მისი ანგელოზები.

დრაკონები აქეზებენ ადამიანებს თავიანთი ანგელოზების მეშვეობით. ასეთი ბოროტი ადამიანები არ დაიხევენ უკან მაშინაც კი, თუ ისეთ საზარელ ცოდვას დანაშაულს იდენენ, როგორიცაა მკვლელობა და ადამიანებით ვაჭრობა. დრაკონების ანგელოზებს აქვთ ცხოველების ფორმა, რომელიც წიგნ ლევიანთაში არის ნახსენები როგორც ღმერთისთვის საძულველი არსებები. ბოროტება გამოაშკარავებულ იქნება სხვადასხვა ფორმაში ცხოველის ტიპის მიხედვით, რადგან ყოველ ცხოველს აქვს განსხვავებული ხასიათი, როგორიცაა უხეშობა, სიბინძურე ან უწესობა.

ლუციფერი მუშაობს დრაკონების მეშვეობით, და დრაკონების ანგელოზები კი დრაკონების მიერ მიცემულ მოვალეობებს ასრულებენ. ქვეყანას რომ შევადაროთ, ლუციფერი არის მეფე და დრაკონები კი არიან პრემიერ მინისტრები ან არმიის სარდალი, რომელსაც ევალება

მინისტრების და ჯარისკაცების ადმინისტრაციული კონტროლი. როდესაც დრაკონები მოქმედებაში არიან, ისინი ყოველ ჯერზე არ იღებენ ლუციფერისგან ბრძანებას. ლუციფერმა უკვე ჩანერგა თავისი აზრები და გონება დრაკონებში, და ამიტომ თუ კი დრაკონები რაიმეს გააკეთებენ, ეს უკვე ავტომატურად ლუციფერის სურვილებია.

სატანას აქვს ლუციფერის გული და ძალა

ბოროტ სულებს იმდენად შეუძლიათ ზეგავლენის მოხდენა ადამიანებზე, რამდენადაც მათი გულები დაბინძურებულია სიბნელით, მაგრამ დემონები ან ეშმაკი თავიდანვე არ აქეზებენ ადამიანებს. თავდაპირველად სატანაა, რომელიც ხალხზე მოქმედებს, და ეშმაკი არის შემდეგ და საბოლოოდ კი დემონები. უფრო მარტივად რომ ვთქვათ, სატანა არის ლუციფერის გული. ამას ჯერ არ აქვს დადებითი ფორმა, მხოლოდ ადამიანთა ფიქრების მეშვეობით მუშაობს. სატანას აქვს იგივე სიბნელის ძალა, რომელიც ლუციფერს აქვს და პროვოცირებას უკეთებს ხალხს, რომ ჰქონდეთ ბოროტი აზრები და ბოროტი გულები და რომ მოიქცნენ ბოროტულად.

რადგან სატანა სულიერი არსებაა (იობი 1:6-7), იგი მუშაობს სხვადასხვა გზით სიბნელის, რომელიც ადამიანს აქვს, სხვადასხვა თვისებების შესაბამისად. მათთვის, რომლებიც ცრუობენ, იგი მუშაობს მაცდური სულით (1 მეფეთა 22:21-23).

როგორც განვმარტეთ, ლუციფერს, დრაკონებს და სატანას აქვთ სხვადასხვა როლები და ფორმები, მაგრამ მათ აქვთ ერთი გონება და აზრი და ერთი ძალა ბოროტების

განსახორციელებლად. მოდით ახლა განვიხილოთ სატანის სამუშაოები ხალხზე.

სატანა არის რადიო ტალღასავით, რომელიც გავრცელებულია ჰაერში. იგი გამუდმებით ავრცელებს ჰაერში თავის გონებასა და ძალას. და ზუსტად როგორც რადიო ტალღის მიღებაა შესაძლებელი ანტენით, სატანის სიბნელის გონება, აზრები და ძალა შეიძლება მიღებულ იქნას იმ ადამიანების მიერ, რომლებიც ამისთვის მზად არიან. ანტენა აქ არის არაჭეშმარიტება, სიბნელე, რომელიც ადამიანთა გულებშია.

მაგალითად, გულში სიძულვილის ბუნებას შეუძლია ანტენასავით მოქმედება, რათა მიიღოს სიძულვილის რადიო ტალღა, რომელიც სატანის მიერ არის გავრცელებული ჰაერში. სატანას ადამიანებში შეჰყავს სიბნელის ძალა მათივე აზრების მეშვეობით როგორც კი სიბნელის რადიო ტალღა იქმნება სატანის მიერ და ადამიანთა გულში არაჭეშმარიტებას აქვს იგივე სიხშირე და ხვდებიან ერთმანეთს. ამით არაჭეშმარიტების გული ძლიერდება და ხდება აქტიური. ეს მაშინ ხდება, როდესაც ჩვენ ვამბობთ რომ ადამიანი „იღებს სატანის სამუშაოებს", ან მას ესმის სატანის ხმა.

როდესაც ისინი ამ გზით იგებენ სატანის ხმას, ფიქრებში ჩაიდენენ ცოდვებს, და უფრო მეტიც, ისინი ამ ცოდვებს მოქმედებაშიც ჩაიდენენ. როდესაც ბოროტი ბუნება, როგორიცაა სიძულვილი ან შური იღებს სატანის სამუშაობს, მათ მოუნდებათ სხვებისთვის ზიანის მიყენება. როდესაც ეს უფრო ვითარდება, მათ შეიძლება მკვლელობაც კი ჩაიდინონ.

სატანა მოქმედებს აზრების კორიდორის მეშვეობით

ადამიანებს აქვთ ჭეშმარიტების და არაჭეშმარიტების გულები. როდესაც ჩვენ იესო ქრისტეს ვიღებთ და ვხდებით ღმერთის შვილები, სული წმინდა მოდის ჩვენს გულებში და ამოძრავებს ჭეშმარიტების გულს. ეს იმას ნიშნავს, რომ ჩვენ გვესმის სული წმინდის ხმა გულის სიღრმიდან. სატანა კი მოქმედებს გარედან, და ამიტომ მას სჭირდება კორიდორი, რათა შეაღწიოს ადამიანის გულში. ეს კორიდორი კი არის ადამიანის აზრები.

ადამიანები იღებენ იმას, რასაც ხედავენ, იგებენ და სწავლობენ გრძნობებთან ერთად და ამ ყველაფერს გონებაში და გულში ინახავენ. სათანადო სიტუაციაში ეს მოგონებები ბრუნდება. ეს არის „ფიქრი“. ფიქრები განსხვავებულია იმის და მიხედვით, თუ რა ტიპის გრძნობები გქონდა, როდესაც გარკვეული რამ შეინახა შენს მეხსიერებაში. ზუსტად იგივე სიტუაციაშიც კი, ზოგი ადამიანი ამას ჭეშმარიტების მიხედვით ინახავს, და მათ აქვთ ჭეშმარიტების ფიქრები, და სხვებს, რომლებიც მას არაჭეშმარიტებაში ინახავენ, აქვთ არაჭეშმარიტების ფიქრები.

ადამიანების უმეტესობას არ უსწავლია ჭეშმარიტება, რომელიც უფლის სიტყვაა. ამიტომ აქვთ მათ ამდენი არაჭეშმარიტება გულებში ჭეშმარიტების მაგივრად. სატანა აქეზებს და პროვოცირებას უკეთებს ასეთ ადამიანებს, რომ ჰქონდეთ არაჭეშმარიტების ფიქრები. ესენი ცნობილია, როგორც „ხორციელი ფიქრები“. როდესაც ხალხი სატანის სამუშაოებს იღებს, მათ არ შეუძლიათ ღმერთის კანონს დაემორჩილონ. ისინი დამონებულები არიან ცოდვებით და

საბოლოოდ სიკვდილს აღწევენ (რომაელთა 6:16, 8:6-7).

როგორ ახდენს სატანა ადამიათა გულების გაკონტროლებას?

ზოგადად, სატანა მოქმედებს გარედან ადამიანების ფიქრების კორიდორის მეშვეობით, მაგრამ არსებობს გამონაკლისებიც. მაგალითად, ბიბლია ამბობს, რომ სატანა შევიდა იუდა ისკარიოტელში, უფალი იესოს ერთ-ერთი თორმეტ მოწაფეთაგანი. აქ სატანის „მასში შესვლა" ნიშნავს იმას, რომ იგი გამუდმებით იღებდა სატანის სამუშაოებს და საბოლოოდ თავისი გული სრულიად სატანას გადააბარა. ამ გზით იგი სრულიად დაკყრობილ იქნა სატანის მიერ.

იუდა ისკარიოტელმა გამოცადა ღმერთის საოცარი სამუშაოები და იესოსთან ერთად მან სიკეთე ისწავლა, მაგრამ მას არ ჰქონდა განდევნილი თავისი გაუმაძღრობა, იგი ღმერთის ფულს იპარავდა ფულის ყუთიდან (იოანე 12:6).

იგი გაუმაძღარი იყო და სულ უფრო და უფრო მეტი დიდება და ძალა სურდა როდესაც მესია, იესო, დედამიწაზე მიიღებდა ტახტს. მაგრამ რეალობა განსხვავებული იყო იმისგან, თუ რას ელოდებოდა იგი, ამიტომ მან სატანას უფლება მისცა სათითაოდ გაეკონტროლებინა მისი ფიქრები. საბოლოოდ სატანამ მისი გული მთლიანად დაიპყრო და მან გაჰყიდა თავისი უფალი 30 ვერცხლად. ჩვენ ვამბობთ, რომ ვიღაცას სატანა ჩაუსახლდა, როდესაც სატანას მთლიანი კონტროლი აქვს ადამიანის გულზე.

საქმე 5:3-ში პეტრემ თქვა, რომ ანანიას და საფირას გულები სატანით იყო სავსე და მათ გაყიდული მიწისგან მოკოვებული ფული დამალეს და მოატყუეს სული წმინდას.

პეტრემ ეს იმიტომ თქვა, რომ მანამდე ასეთი შემთხვევები ბევრჯერ ყოფილა. ამიტომ, გამონათქვამი „სატანა ჩაუსახლდა" ნიშნავს იმას, რომ ამ ხალხს სატანა ყავთ გულებში და ხდებიან სატანებივით. სულიერი თვალებით, სატანა ჰგავს მუქ ნისლს. სიბნელის ენერგია, რომელიც მუქი კვამლივით არის, იმ ხალხის გარშემოა, რომლებიც დიდწილად იღებენ სატანის სამუშაოებს. იმისათვის, რომ სატანის სამუშაოები არ მივიღოთ, ჩვენ ჯერ ყოველი არაჭეშმარიტების ფიქრი უნდა განვდევნოთ. გარდა ამისა, ჩვენ არაჭეშმარიტების გული მთლიანად უნდა ამოვძირკვოთ ჩვენგან. ფუნდამენტალურად ეს ნიშნავს იმას, რომ ჩვენ უნდა განვდევნოთ ანტენა, რომელიც სატანისგან იღებს „რადიო ტალღას".

ეშმაკი და დემონები

ეშმაკი არის ანგელოზების ნაწილი, რომელიც მოსყიდულია ლუციფერის მიერ. სატანისგან განსხვავებით მათ აქვთ გარკვეული ფორმები. მათ ანგელოზებივით აქვთ სახე, თვალები, ცხვირი, ყურები და პირი. მათ ასევე აქვთ ხელები და ფეხები. ეშმაკი უბიძგებს ხალხს ცოდვის ჩადენისკენ და მრავალი გამოცდების წინაშე აყენებს მათ.

მაგრამ ეს იმას არ ნიშნავს, რომ ამის გასაკეთებლად ეშმაკი ადამიანებში შედის. სატანის ინსტრუქციებით ეშმაკი აკონტროლებს იმ ადამიანებს, რომლებმაც თავიანთი გულები სიბნელეს მიაბარეს და იწვევს მათ, რომ ჩაიდინონ ბოროტი ქმედებები, რომლებიც არ არის მისაღები. მაგრამ ზოგჯერ ეშმაკი პირდაპირ არ აკონტროლებს ადამიანებს, როგორც თავის ინსტრუმენტებს. მათ ვინც მიყიდეს თავიანთი სულები ეშმაკს, მაგალითად ჯადოქრები, გაკონტროლებულები

არიან ეშმაკის მიერ, რათა ეშმაკის ინსტრუმენტებივით მოიქცნენ. ასეთი ხალხი სხვა ადამიანებსაც უბიძგებენ ეშმაკის სამუშაოების გაკეთებისაკენ. ამიტომ, ბიბლია ამბობს, რომ ადამიანები, რომლებიც ცოდვებს ჩადიან, ეშმაკს მიეკუთვნებიან (იოანე 8:44; 1 იოანე 3:8).

იოანე 6:70-ში წერია, „მიუგო მათ იესომ: განა თორმეტი არ აგირჩიეთ? მაგრამ ერთ თქვენგანში ეშმაკია." იესო ლაპარაკობდა იუდა ისკარიოტელზე, რომელიც მას გაჰყიდიდა. ისეთი ადამიანს, რომელიც ცოდვის მონა გახდა, ეშმაკის შვილია. როგორც სატანა მივიდა იუდა ისკარიოტელთან და გააკონტროლა მისი გული, მან ჩაიდინა ეშმაკის მოქმედებები, რომლებიც იესოს გაყიდვა იყო. ეშმაკი არის საშუალო კლასის მენეჯერივით, რომელიც სატანისგან იღებს ინსტრუქციებს, და დემონების გაკონტროლებით იგი ხალხში იწვევს დაავადებებს და აქეზებს უფრო მეტი სიბოროტის ჩადენისაკენ.

სატანას, ეშმაკს და დემონებს აქვთ იერარქია. ისინი ძალიან მჭიდროდ თანამშრომლობენ. პირველი, სატანა მუშაობს ადამიანების არაჭეშმარიტ აზრებზე, რათა ეშმაკს გზა გაუხსნას მოქმედებისთვის. შემდეგ, ეშმაკი იწყებს ადამიანებზე მუშაობს, რათა ხორცის სამუშაოები და სხვა ბოროტი მოქმედებები ჩაადენინოს მათ. სატანაა, რომელიც მუშაობს აზრებნის მეშვეობით და ეშმაკია, რომელიც ადამიანებს აქეზებს ამ აზრების განხორციელებისაკენ. გარდა ამისა, როდესაც ბოროტი ქმედებები გარკვეულ ლიმიტს სცილდება, დემონებიც შევლენ ასეთ ადამიანებში. როგორც კი დემონი შევა ადამიანში, იგი კარგავს საკუთარ თავისუფალ ნებას და მარიონეტივით ხდება დემონებისთვის.

ბიბლია გულისხმობს, რომ დემონები არიან ბოროტი

სულები, მაგრამ ისინი განსხვავდებიან ლუციფერისგან (ფსალმუნნი 106:28; ესაია 8:19; საქმე 16:16-19; 1 კორინთელთა 10:20). დემონები იყვნენ ადამიანები, რომლებსაც ჰქონდათ სული, სამშვინველი და სხეული. ზოგი ადამიანი, რომელიც დედამიწაზე ხსნის გარეშე კვდება, სამყაროში ჩნდებიან გარკვეულ, განსაკუთრებულ პირობებში და არიანი დემონები. ხალხის უმეტესობას არ აქვს წარმოდგენა ბოროტი სულების სამყაროზე. მაგრამ ბოროტი სულები ცდილობენ ერთ ადამიანს მაინც წარუძღვნენ განადგურებისაკენ სანამ დროის დასასრული მოვა.

ამ მიზეზისთვის 1 პეტრე 5:8 ამბობს, „იფხიზლეთ და ფრთხილად იყავით, რადგანაც თქვენი მტერი ეშმაკი დაძრწის, როგორც მბრდღვინავი ლომი, და მსხვერპლს დაეძებს. და ეფესელთა 6:12-ში წერია, „რადგანაც სისხლისა და ხორცის წინააღმდეგ კი არ ვიბრძვით, არამედ მთავრობათა და ხელმწიფებათა, ამ ბნელი საწუთროს მპყრობელთა და ცისქვეშეთის უკეთურ სულთა წინააღმდეგ."

ჩვენ ყოველთვის მზადყოფნაში უნდა ვიყოთ, რადგან თუ კი ისე ვიცხოვრებთ, როგორც სიბნელის ძალა გვიბიძგებს, სიკვდილის გზისკენ გადავარდებით.

თავი 2

საკუთარი მე

თვით-სამართლიანობა იქმნება მაშინ, როდესაც სამყაროს არაჭეშმარიტებას ვსწავლობთ, როგორც ჭეშმარიტებას. როდესაც თვით სამართლიანობა ჩამოყალიბებულია, გონებრივი ჩარჩო იქმნება. ამიტომ, გონებრივი ჩარჩო, რომელიც ჩამოყალიბებულია, არის ადამიანის თვით სამართლიანობის სისტემატიური სოლიდიფიკაცია.

სანამ ადამიანის "საკუთარი მე" ჩამოყალიბდება

თვით-სამართლიანობა და სტრუქტურები

ჭეშმარიტების კუთვნილი სამშვინველის ქმედებები

მე ყოველდღე ვკვდები

სამშვინველის წარმოქმნა

ეს იყო დრო, სანამ უფალს მივიღებდი. მე ყოველდღე ვიბრძოდი ჩემი დაავადებების წინააღმდეგ და ჩემი ერთადერთი გასართობი იყო სამხედრო ხელოვნების ნოველების კითხვა. მოთხრობები ჩვეულებრივ შურისძიებაზე არის ხოლმე.

ტიპიური სიუჟეტი შემდეგნაირია: როდესაც იგი ბავშვია, გმირის მშობლებს კლავენ მტრები. იგი ძლივს გადაურჩება ხოცვა-ჟლეტვას სახლის მსახურის დახმარებით. როდესაც იზრდება, იგი ხვდება სამხედრო ხელოვნების უფროსს. შემდეგ იგი თვითონ ხდება ხელოვნების უფროსი და შურს იძიებს მტრებზე, რომლებმაც მისი მშობლები მოკლეს. ასეთი ნოველები ამბობენ, რომ შურისძიება გმირული და სამართლიანია. მაგრამ ბიბლიაში იესოს სწავლება ამ ქვეყნიური სწავლებისგან განსხვავდება.

იესო ასწავლის მათე 5:43-44-ში, „თქვენ გსმენიათ, რომ თქმულა: გიყვარდეს მოყვასი შენი და გძულდეს მტერი შენი. ხოლო მე გეუბნებით თქვენ: გიყვარდით თქვენი მტერნი; დალოცეთ თქვენი მაწყევარნი; კეთილი უყავით თქვენს მოძულეთ და ილოცეთ თქვენსავ მდევნელთა და შეურაცხმყოფელთათვის."

სიცოცხლე, რომლითაც მე ვიცხოვრე იყო კეთილი და პატიოსანი სიცოცხლე. ხალხის უმეტესობა იტყოდა, რომ ისეთი ადამიანი ვიყავი, რომელსაც „არ სჭირდებოდა კანონი".

თუმცა, მას შემდეგ რაც უფალი მივიღე, მივხვდი რომ ჩემი ცხოვრების წესში უამრავი რამ იყო არასწორი. ჩემი თავის შემრცხვა, როდესაც მივხვდი, რომ ჩემი მეტყველება, ქცევები, აზრები და სინდისიც კი არასწორი იყო. საფუძვლიანად მოვინანიე ღმერთის წინაშე, როდესაც მივხვდი რომ ცხოვრება, რომლითაც ვცხოვრობდი საერთოდ არ იყო სამართლიანი.

ამის შემდეგ ვცდილობდი გამეცნობიერებინა ჩემი თვით-სამართლიანობა და კირადი გონებრივი ჩარჩეობი და მათი განადგურება. მე ვუარყავი ჩემი „საკუთარი მე", რომელიც ადრე მქონდა და არაფრად ჩავაგდე. ბიბლიის კითხვით ჭეშმარიტების მიხედვით შევქმენი ჩემი „საკუთარი მე". შეუჩერებლად ვმარხულობდი და ვლოცულობდი ჩემი გულიდან არაჭეშმარიტების განსადევნად. შედეგად მე ვგრძნობდი, რომ ჩემი ბოროტება ქრებოდა და დავიწყე ხმების გაგონება და მივიღე სული წმინდის წინამძღოლობა.

სანამ ადამიანის „საკუთარი მე" ჩამოყალიბდება

როგორ ანვითარებს ადამიანი გულს და აყალიბებს თავის ფასეულობებს. პირველი არის ფაქტორები, რომლებიც მემკვიდრეობით გადაეცემა. შვილები ემსგავსებიან თავიანთ მშობლებს. ისინი მშობლებისგან მემკვიდრეობით იღებენ ფიზიკურ შეხედულებას, ჩვეულებებს, პირად თვისებებს და სხვა გენეტიკურ ხასიათებს. კორეაში ამბობენ, რომ ჩვენ ვიღებთ ჩვენი „მშობლების სისხლს". მაგრამ სინამდვილეში კი ჩვენ ვიღებთ სიცოცხლის ენერგიას, ან „ჩის". „ჩი" არის ყველა ენერგიის კრისტალოიდი, რომელიც მთლიანი სხეულიდან გამოდის. მე ვიცი ერთი ოჯახი, რომელშიც ვაჟს ტუჩის მაღლა დიდი თანდაყოლილი ლაქა ჰქონდა. მის დედასაც იგივე ადგილას ჰქონდა ასეთივე ლაქა, მაგრამ მან ქირურგიულად მოიშორა. მიუხედავად იმისა, რომ მან ის

მოიშორა, ლაქა მაინც გადავიდა შვილზე.

ადამიანების სპერმაში და საკვერცხეებში შედის სიცოცხლის ენერგია. მათში არა მხოლოდ გარეთა ფიზიკური გარეგნობა შედის, არამედ პირადი თვისებები, ტემპერამენტი, საზრიანობა და ჩვეულებებიც. თუ კი ჩასახვის დროს მამის „ჩი" უფრო ძლიერია, ბავშვი მამას უფრო დაემსგავსება. თუ დედის უფრო ძლიერი იქნება, მაშინ დედას დაემსგავსება. ეს თითოეულ ბავშვის გულს განსხვავებულს ხდის.

ასევე, როდესაც ადამიანი იზრდება და ყალიბდება უამრავ რამეს სწავლობს და ისინიც გულის სფეროს ნაწილები ხდებიან. დაწყებული დაახლოებით ხუთი წლის ასაკიდან, ადამიანი იწყებს „საკუთარი მეს" ჩამოყალიბებას იმის მეშვეობით, თუ რას ხედავს, ისმენს და სწავლობს. დაახლოებით 12 წლის ასაკში ადამიანი აყალიბებს მსჯელობის სტანდარტების ფასეულობებს. 18 წლის ასაკში კი მისი „საკუთარი მე" ხდება უფრო ძლიერი. მაგრამ პრობლემა ის არის, რომ ჩვენ უამრავ არასწორს მართლად მივიჩნევთ.

უამრავ არაჭეშმარიტებას ვსწავლობთ ამ სამყაროში. რა თქმა უნდა სკოლაში ჩვენ უამრავ რამეს ვსწავლობთ, რაც გამოსადეგი და საჭიროა ჩვენი ცხოვრებისათვის, მაგრამ ისეთ რამეებსაც ვსწავლობთ, რაც არის ჭეშმარიტება, მაგალითად დარვინის ევოლუცია. როდესაც მშობლები შვილებს ასწავლიან, მაშინ ისინი ისეთ რაღაცეებსაც ასწავლიან, რაც არ არის მართალი. წარმოიდგინეთ ბავშვი გარეთ იყო და სხვა ბავშვმა ან ბავშვებმა სცემეს. ბრაზისგან მშობელმა შეიძლება ასეთი რამ თქვას „დღეში სამჯერ ჭამ სხვა ბავშვებივით და წესით ძლიერი უნდა იყო და რატომ გცემეს? ერთხელ რომ დაგარტყამენ, ორი იმდენი შეუბრუნე! არ გაქვს მათსავით

ხელები და ფეხები? უნდა ისწავლო შენს თავზე ზრუნვა."

ბავშვებს ექცევიან დამამცირებლად თუ სხვა ბავშვები სცემენთ მათ. როგორი სინდისი ექნებათ ასეთ ბავშვებს? სავარაუდოდ ისინი იგრძნობენ, რომ სულელი ჩერჩეტები არიან და რომ არ უნდა მისცენ სხვებს დარტყმის უფლება. როდესაც სხვები ერთხელ დაარტყამენ მას, ის იფიქრებს რომ ორჯერ შეუძლია ხელის უკან დაბრუნება. სხვა სიტყვებით რომ ვთქვათ, მათ ენერგებათ ბოროტება, თითქოს სიკეთე იყოსო.

როგორ ასწავლიან შვილებს ის მშობლები, რომლებიც ჭეშმარიტებით ცხოვრობენ? ისინი სიტუაციას შეამოწმებენ და შვილებს სიკეთითა და ჭეშმარიტებით დაარიგებენ, რათა მშვიდად თქვან მსგავსი რამ, „საყვარელო, ეცადე რომ გაუგო მათ. ასევე, ჯერ დაფიქრდი, იქნება და შენ გააკეთე რამე არასწორად. ღმერთი გვეუბნება, რომ ბოროტებას სიკეთით უნდა ვაჯობოთ."

თუ ბავშვებს ასწავლიან მხოლოდ ღმერთის სიტყვას ყველა სიტუაციაში, მათ შეეძლებათ კარგი და სათანადო სინდისის ჩამოყალიბება. მაგრამ ხშირ შემთხვევაში მშობლები შვილებს არაჭეშმარიტებას და ტყუილს ასწავლიან. როდესაც მშობლები ცრუობენ, შვილებიც იგივეს აკეთებენ. წარმოიდგინეთ ტელეფონი რეკავს და ქალიშვილი იღებს ყურმილს. იგი ყურმილს ხელს აფარებს, რათა ვინც რეკავს იმან ვერ გაიგოს მისი ხმა. იგი ამბობს, „მამა, ბიძია ტომს უნდა შენთან საუბარი." შემდეგ მამა ეუბნება ქალიშვილს „უთხარი რომ არ ვარ სახლში."

ქალიშვილი ჯერ მამასთან ამოწმებს სანამ ყურმილს მიაწოდებს, რადგან ასეთი რამ ადრეც მომხდარა. ბავშვებს გაზრდისას უამრავი არაჭეშმარიტება ასწავლეს, და ამას გარდა, ისინი ანვითარებენ ამ არაჭეშმარიტ რაღაცეებს

საკუთარი გრძნობებით განკიცხვით და დევნით. ამ გზით ყალიბდება არაჭეშმარიტული სინდისი.

გარდა ამისა, ხალხის უმრავლესობა ეგოისტია. ისინი მხოლოდ თავიანთ სარგებელზე ფიქრობენ და ჰგონიათ, რომ სწორები არიან. თუ კი სხვა ადამიანების აზრები და ზრახვები არ შეესაბამება თავისას, ფიქრობენ რომ სხვები არიან არასწორები. მაგრამ სხვა ადამიანებიც იგივენაირად ფიქრობენ. რთულია ურთიერთშეთანხმებას მიაღწიო, როდესაც ყველა ასე ფიქრობს. იგივე ხდება ისეთ ადამიანებშიც, რომლებიც ახლოს არიან ერთმანეთთან, მაგალითად ცოლი და ქმარი ან მშობლები და შვილები. ხალხის უმეტესობა ასე აყალიბებს „საკუთარ მეს", და ამიტომ ადამიანი არ უნდა გაიძახოდეს, რომ მხოლოდ მისი „საკუთარი მე" არის მართალი.

თვით-სამართლიანობა და სტრუქტურები

უამრავი ადამიანი აყალიბებს საკუთარ განკიცხვის სტანდარტებს და ფასეულობათა სისტემას არაჭეშმარიტების კუთვნილი სამშვინველის ქმედებებით. მაშასადამე, ისინი ცხოვრობენ თავიანთი თვით-სამართლიანობის ფარგლებს მიღმა. გარდა ამისა, ეს თვით-სამართლიანობა ყალიბდება არაჭეშმარიტებით, რომელსაც ისინი სამყაროსგან იღებენ და რომელსაც ისინი სამართლიანად მიიჩნევენ. ისინი, ვისაც ასეთი თვით-სამართლიანობა აქვს, არა მარტო სამართლიანად ჩათვლიან თავიანთ თავებს მათი სტანდარტების გამო, არამედ თვით-სამართლიანობაშიც ეცდებიან სხვებსაც მოახვიონ თავიანთი აზრები და შეხედულებები.

როდესაც ეს თვით-სამართლიანობა მაგრდება,

ხდება ჩარჩო. სხვა სიტყვებით რომ ვთქვათ, ეს ჩარჩო სისტემატიურად აყალიბებს ადამიანის თვით-სამართლიანობას. ეს ჩარჩოები ყალიბდება თითოეული ადამიანის ინდივიდუალურობაზე, გემოვნებაზე, მანერებზე, თეორიებზე და აზრებზე დაფუძნებით. ისეთ სიტუაციაში, სადაც ორივე ვარიანტი მისაღებია, თუ მხოლოდ ერთ ვარიანზე დაჟინებით მოითხოვ, და თუ ეს შეხედულება მყარია, იგი ხდება შენი ჩარჩო. შემდეგ ყალიბდება ტენდეცია, რათა უფრო ზრდილობიანი იყო იმ ადამიანების მიმართ, რომლებსაც აქვთ იგივე პრიორიტეტები, პირადი თვისებები ან უპირატესობები, მაგრამ ასევე არსებობს ტენდენციები, რომ იყო ნაკლებად მომთმენი იმ ადამიანების მიმართ, რომლებიც არ გეთანხმებიან. ეს ხდება პირადი ჩარჩოების გამო.

ასეთი ჩარჩოს გამომჟღავნება შესაძლებელია სხვადასხვა ფორმით ყოველდღიურ ცხოვრებაში. ახლად დაქორწინებულმა წყვილმა შეიძლება წაიკამათოს ჩვეულებრივ რამეზე. ქმარი ფიქრობს, რომ სწორია თუ კბილის პასტას ქვევიდან მოუჭერ, მაგრამ ცოლს კი მიაჩნია, რომ ტუბს შეგიძლია ნებისმიერი ადგილიდან მოუჭირო. თუ ერთ-ერთი დაჟინებით ამტკიცებს თავის აზრს ასეთ სიტუაციაში, მათ შეიძლება კონფლიქტი მოუვიდეთ. კონფლიქტები წარმოიშვება ჩარჩოებისგან მათ იმ ჩვევებში, რომლებიც განსხვავებულია ერთმანეთისაგან.

წარმოიდგინეთ არის ერთი თანამშრომელი, რომელიც თავის საქმეს დაუხმარებლად ასრულებს. ზოგიერთ ასეთ ადამიანს აქვს ჩვევა, რომ მარტონ შეასრულონ სამუშაო, რადგან ისინი გაიზარდნენ მძიმე გარემოში და მარტოდ უწევდათ მუშაობა. ეს იმას არ ნიშნავს, რომ ისინი ამპარტავნები არიან. ამგვარად, თუ შენ გაკიცხავ ამ

ადამიანს როგორც ამპარტავანს ან ეგოისტს, ეს მცდარი გადაწყვეტილება იქნება.

ხშირ შემთხვევაში, სიმართლის თვალსაზრისით, ორივე, ადამიანის თვით-სამართლიანობა და პირადი ჩარჩოები მცდარია. შეცდომა წარმოიქმნება არაჭეშმარიტების გულიდან, რომელიც არ ემსახურება სხვებს და რომელიც მხოლოდ პირად სარგებელზე ფიქრობს. მორწმუნეებსაც კი აქვთ თვით-სამართლიანობა და ჩარჩოები, რომლებიც ვერ აცნობიერებენ მათ არსებობას.

ისინი ფიქრობენ, რომ ღმერთის სიტყვას უსმენენ და გარკვეულწილად ცოდვები აქვთ განდევნილი, და რომ იციან ჭეშმარიტება. ამ ცოდნით, ისინი ამჟღავნებენ თავიანთ თვით-სამართლიანობას. ისინი კიცხავენ ადამიანებს, თუ როგორ უმღვებიან ცხოვრებას რწმენაში. ისინი ასევე თავიანთ თავებს სხვებს ადარებენ და ფიქრობენ, რომ მათზე უკეთესები არიან. ერთ დროს მათ სხვებში მხოლოდ კარგი დაინახეს, მაგრამ მოგვიანებით დაიწყეს შეცვლა და ახლა კი მათში ნაკლოვანებებს ხედავენ. ისინი მხოლოდ თავიანთ აზრებს ამტკიცებენ, მაგრამ ამბობენ რომ ამას „ღმერთის სამეფოსათვის" აკეთებენ.

ზოგი ადამიანი ისე ლაპარაკობს, თითქოს ყველაფერი იცის და მართლები არიან. ისინი ყოველთვის სხვა ადამიანების ნაკლოვანებებზე საუბრობენ. ეს იმას ნიშნავს, რომ ისინი ვერ ხედავენ საკუთარ ნაკლოვანებებს, მაგრამ მხოლოდ სხვებისას.

სანამ მთლიანად შევიცვლებით ჭეშმარიტებით, ჩვენ ყველას გვაქვს თვით-სამართლიანობა და ვანვითარებთ საკუთარ ჩარჩოებს. იმის გათვალისწინებით, რომ სიბოროტე გვაქვს გულებში, ჩვენ არაჭეშმარიტების კუთვნილი

სამშვინველის ქმედებები გვექნება და ჭეშმარიტების მაგივრად. შედეგად ჩვენ განვკიცხავთ სხვებს ჩვენი თვით-სამართლიანობითა და ჩარჩოებით. იმისათვის, რომ სულიერი ზრდა გვქონდეს, ჩვენ ჩვენი აზრები და თეორიები არაფრად უნდა ჩავთვალოთ. ჩვენ უნდა კუარყოთ ჩვენი თვით-სამართლიანობა და ჩარჩოები და უნდა გვქონდეს ჭეშმარიტების კუთვნილი სამშვინველი ქმედებები.

ჭეშმარიტების კუთვნილი სამშვინველის ქმედებები

ჩვენ შეგვიძლია გვქონდეს სულიერი ზრდა და შევიცვალოთ ღმერთის ჭეშმარიტ შვილებად, მაშინ როდესაც ჩვენს არაჭეშმარიტების კუთვნილ სამშვინველის ქმედებებს შევცვლით ჭეშმარიტებისაკენ. ამიტომ, რა უნდა გავაკეთოთ იმისათვის, რომ ჭეშმარიტების კუთვნილი სამშვინველის ქმედებები გვქონდეს?

პირველი, ჩვენ ყველაფერი ჭეშმარიტების სტანდარტებით უნდა გამოვარჩიოთ და განვასხვავოთ

ადამიანებს აქვთ განსხვავებული სინდისი, და სამყაროს სტანდარტებიც განსხვავებულია დროის, ადგილის და კულტურის მიხედვით. მაშინაც კი თუ სწორად მოიქცევი, ზოგმა ადამიანმა, რომელსაც განსხვავებული ფასეულებები აქვს, შეიძლება შენი საქციელი არასწორად ჩათვალოს.

ხალხი თავიანთ ფასეულობებსა და მისაღებ მანერებს სხვადასხვა გარემოსა და კულტურებში აყალიბებს, და ამიტომ ჩვენ არ უნდა განვკიცხოთ სხვები ჩვენი საკუთარი სტანდარტებით. ერთადერთი ძირითადი სტანდარტი,

რომლითაც ჩვენ შეგვიძლია სწორის არასწორისგან და ჭეშმარიტების არაჭშმარიტებისგან განსხვავება, არის ღმერთის სიტყვა, რომელიც თვით ჭეშმარიტებაა.

იმ რაღაცეებს შორის, რომლებსაც ამქვეყნიური ადამიანები სწორად და სათანადოდ მიიჩნევენ, არსებობს რაღაცეებიც, რომლებიც ბიბლიას ეთანხმება, მაგრამ ასევე უამრავი რამ არის რაც არ ეთანხმება. წარმოიდგინეთ თქვენმა ერთ-ერთმა მეგობარმა დანაშაული ჩაიდინა, მაგრამ სხვას არასამართლიანად დაედო ბრალი. ასეთ შემთხვევაში ხალხის უმრავლესობა ფიქრობს, რომ მისაღებია თუ კი შენს მეგობარს არ გამოამჟღავნებ. მაგრამ თუ გაჩუმდები, როდესაც იცი რომ ადამიანი არ არის დამნაშავე და არასამართლიანად ედება ბრალი, შენი ქმედება ღმერთის თვალში არასოდეს იქნება სამართლიანი.

სანამ ღმერთს ვიწამებდი, როდესაც სადილის დროს ვინმესთან სტუმრად მივდიოდი და თუ მკითხავდნენ უკვე ნასადილევი მქონდა თუ არა, მე ვიტყოდი ხოლმე „დიახ, უკვე მივირთვი სადილი." არასოდეს მიფიქრია, რომ ეს არასწორი იყო, რადგან ამას იმიტომ ვიძახდი, რომ იმ ადამიანს თავი კომფორტულად ეგრძნო. მაგრამ სულიერი გაგებით ღმერთის თვალში ეს შეიძლება იყოს ნაკლი, რადგან სიცრუეა, მიუხედავად იმისა, რომ ცოდვა არ არის. ამ ფაქტის გაცნობიერების შემდეგ, შემდეგნაირად ვპასუხობდი ხოლმე „არ მისადილია, მაგრამ ამ წუთას არ მინდა."

იმისათვის, რომ ყველაფერი ჭეშმარიტების განვასხვავოთ, ჩვენ უნდა მოვუსმინოთ და ვისწავლოთ ჭეშმარიტების სიტყვა და შევინახოთ ჩვენს გულებში. ჩვენ უნდა წავიკითხოთ ბიბლია და განვდევნოთ ის არასწორი სტანდარტები, რომლებიც ამ სამყაროში არაჭეშმარიტებით

ჩამოვაყალიბეთ. არ აქვს მნიშვნელობა რამდენად ბრძნულია რაიმე ამ სამყაროში, თუ კი ის ღმერთის სიტყვის წინააღმდეგ არის, ჩვენ უნდა განვდევნოთ.

მეორე, იმისათვის, რომ ჭეშმარიტების კუთვნილი სამშვინველის ქმედებები გვქონდეს, ჩვენი გრძნობები ემოციები ჭეშმარიტების მიხედვით უნდა იყოს.

თუ როგორ შეგვყავს რაღაცეები ჩვენს თავში მნიშვნელოვან როლს თამაშობს, როდესაც ვცდილობთ ჭეშმარიტების მიხედვით გვქონდეს შეგრძნებები. მე დავინახე დედა, რომელიც შემდეგნაირად ტუქსავდა თავის შვილს, „ამას თუ გააკეთებ, პასტორი დაგსჯის!" იგი შვილს აფიქრებინებს, რომ პასტორი არის ვინმე საშიში ადამიანი. ასეთი ბავშვი გარკვეულწილად შიშს იგრძნობს და ეცდება პასტორს თავი მოარიდოს, იმის მაგივრად, რომ პასტორთან ახლოს გაიზარდოს.

დიდი ხნის წინათ ფილმში ერთი სცენა ვნახე. ერთი გოგონა ძალიან მეგობრულად იყო სპილოსთან და სპილო თავის ხორთუმს გოგონას ყელზე ახვევდა ხოლმე. ერთ დღეს, როდესაც ამ გოგონას ეძინა, შხამიანი გველი მივიდა მასთან და ყელზე შემოეხვია. თუ კი მას ეცოდინებოდა, რომ ეს შხამიანი გველი იყო, ძალიან შეშინდებოდა. მაგრამ თვალები დახუჭული ჰქონდა და იფიქრა, რომ სპილოს ხორთუმი იყო. ამიტომ მას არც გაკვირვებია. უფრო მეტიც, მან იფიქრა რომ ეს მეგობრული იყო. გრძნობები განსხვავდება ფიქრების მიხედვით.

გრძნობები სხვანაირი ხდება იმის და მიხედვით, თუ რას ვფიქრობთ. ადამიანებს, რომლებსაც ეზიზღებათ მატლები ან

ყურბელები, სიამოვნებთ ქათმის გემრიელი გემო მიუხედავად იმისა, რომ ქათმები ასეთ რამეებს ჭამენ. ჩვენ ახლა ვხედავთ, თუ როგორია ჩვენი გრძნობები აზრების მიხედვით. არ აქვს მნიშვნელობა როგორ ადამიანს ვხედავთ და რა სამუშაოს ვასრულებთ, ჩვენ კეთილი გზით უნდა ვიფიქროთ და ვიგრძნოთ.

უკირველეს ყოვლისა ამისათვის ყოველთვის კარგი უნდა დავინახოთ და გავიგოთ. განსაკუთრებით ეს ასეა დღეავანდელ დღეს, როდესაც ჩვენ ყველაფერს ინტერნეტის და მასმედიის საშუალებით ვუყურებთ. დღეს უფრო მეტი ბოროტება, სისასტიკე, ღალატი, ეგოიზმი, ეშმაკობა და მუხთლობაა ჩვენს გარშემო, ვიდრე ადრე იყო. იმისათვის, რომ საკუთარი თავები ჭეშმარიტებაში შევინარჩუნოთ, უკეთესი იქნება, თუ ასეთ რაღაცეებს არ ვუყურებთ და არ მოვუსმენთ. თუმცა, მაშინაც კი თუ ასეთი რაღაცეების ყურება გვიწევს, იმ მომენტში ჩვენ შეგვიძლია ჭეშმარიტება და სიკეთე შევიტანოთ ჩვენს თავებში. „როგორ?" შენ კითხულობ!

მაგალითად, მათ, ვისაც საშინელი ისტორიები აქვთ მოსმენილი დემონების ან ვამპირების შესახებ პატარა ასაკში, აქვთ შიშები მათ შესახებ, განსაკუთრებით, თუ ისინი სიბნელეში მარტო რჩებიან საშინელებათა ფილმის ნახვის შემდეგ. ისინი თრთოლავენ და თავს შეშინებულად გრძნობენ, როდესაც უცნაურ ხმებს იგებენ ან ჩრდილებს ხედავენ. თუ ისინი მარტონი არიან, შეიძლება რამე უმნიშვნელო მოხდეს, რომელმაც შეიძლება ისინი შიშისგან შოკში ჩააგდოს.

მაგრამ თუ სინათლეში ვიცხოვრებთ, ღმერთი დაგვიცავს და ბოროტი სულები ვერ შეგვეხებიან. მათ იმ სულიერი სინათლის ეშინიათ, რომელიც ჩვენგან გამოდის. თუ ამ ფაქტს გავაცნობიერებთ, ჩვენი გრძნობების შეცვლა შეგვეძლება. ჩვენ გულიდან ვიგებთ, რომ ბოროტი სულები არ არიან

საშიში არსებები, ამიტომ ჩვენი გრძნობებიც იცვლება. რადგან ჩვენ შეგვიძლია სიბნელის სამყაროს დაპყრობა, მაშინაც კი თუ დემონები ჩნდებიან, ჩვენ შეგვიძლია მათი განდევნა იესო ქრისტეს სახელით.

მოდით განვიხილოთ კიდევ ერთი რამ, როდესაც ადამიანებს არასწორი გრძნობები აქვთ. დაახლოებით 20 წლის წინ ეკლესიის წევრებთან ერთად მლოცვარეობაში ვიყავი. საბერძნეთში სტადიონზე იყო შიშველი მამაკაცის ქანდაკება. მასზე წარწერა იყო სპორტისა და ვარჯიშის გამხნევების შესახებ იმ ჯანსაღი ხალხისათვის, რომლებიც ჯანსაღი ერის საფუძველნი არიან. აქ მე დავინახე განსხვავება ევროპული ქვეყნებიდან ტურისტებსა და ჩემი ეკლესიის წევრებს შორის.

ზოგმა ქალბატონმა ქანდაკებას სურათი გადაუღო ყოველივე მღელვარების გარეშე, მაგრამ ზოგს სირცხვილის ალმური აეკიდა. ისინი ცდილობდნენ თავი აერიდებინათ ამ ადგილისგან, თითქოს რაიმე ისეთს უყურებდნენ, რისი დანახვაც არ შეიძლებოდა. მიზეზი იმისა, თუ რატომ იყვნენ მორიდებულად ქანდაკებასთან, იყო ის, რომ მათ მოღალატე აზრები ჰქონდათ. მათ არასწორი გრძნობები აქვთ სიშიშვლესთან დაკავშირებით, და ასეთი გრძნობა დაეუფლათ, როდესაც შიშველი მამაკაცის ქანდაკება დაინახეს. ასეთმა ხალხმა შეიძლება ის ადამიანებიც გაკიცხონ, რომლებიც ახლოდან სწავლობენ ამ ქანდაკებას. მაგრამ ამ ევროპელ ტურისტებს საერთოად არ ჰქონიათ სირცხვილის გრძნობა ან რაიმე მსგავსი. ისინი ქანდაკებას შესანიშნავ ხელოვნების ნიმუშად მიიჩნევდნენ.

ამ შემთხვევაში, არავინ არ უნდა განკიცხოს ეს ევროპელი ტურისტები უსირცხვილოები არიანო. თუ ჩვენ გავიგებთ

განსხვავებულ კულტურებს და არაჭეშმარიტების გრძნობებს შეცვლით ჭეშმარიტების გრძნობებათ, ჩვენ არ ვიგრძნობთ თავს დარცხვენილად. ადამი ცხოვრობდა შიშველი, როდესაც მას ხორცის ცოდნა არ ჰქონდა, რადგან მას არ ჰქონია ბინძური აზრები, და ასე ცხოვრება უფრო ლამაზი იყო.

მესამე, იმისათვის, რომ ჭეშმარიტების კუთვნილი სამშვინველის ქმედებები გვქონდეს, ჩვენ არა მხოლოდ საკუთარი პერსპექტივიდან უნდა მივიღოთ რაიმე, არამედ სხვა ადამიანების პერსპექტივიდანაც.

თუ შენ მიიღებ სიტუაციებს მხოლოდ შენი თვალთახედვით, გამოცდილებით და აზროვნებით, უამრავი არაჭეშმარიტი სამშვინველის ქმედებები წარმოიქმნება. შენ ალბათ დაამატებ ან შეამცირებ სხვა ადამიანის ნათქვამს შენი აზრების თანახმად. შენ შეიძლება ვერ გაიგო, გაკიცხო, მსჯავრი დადო სხვას და ცუდი გრძნობები გამოიწვიო.

წარმოიდგინეთ ადამიანი, რომელიც უბედური შემთხვევის დროს დაშავდა, ჩივის ტკივილის გამო. მათ ვისაც არ აქვს ასეთი ტკივილი გამოცდილი, შეიძლება იფიქრონ, რომ ეს ადამიანი დიდ ალიაქოთს ტეხს უმნიშვნელო რაღაცაზე. თუ შენ სხვა ადამიანების სიტყვებს შენი თვალთახედვით და გამოცდილებით მიიღებ, არაჭეშმარიტების სამშვინველის ქმედებები გექნება. თუ ეცდები მათი თვალთახედვით გაგებას, შენ გაუგებ მათ და მისი ტკივილის სიდიდეს.

თუ გაიგებ სხვა ადამიანის სიტუაციას და მიიღებ მას, შენ ყველასთან მშვიდობიანად იქნები. შენ არაფერი შეგძულდება ან არ გექნება ისეთი რამ, რაც არაკომფორტულია. მიუხედავად იმისა, რომ შენ ჭრილობით იტანჯები თუ უბედურებით სხვა ადამიანის გამო, თუ შენ პირველ რიგში

მასზე იფიქრებ, არ შეგძულდება იგი, გეყვარება და დაინდობ მას. თუ შენ იცი იესოს სიყვარულის შესახებ, რომელიც ჯვარს ეცვა ჩვენთვის და თუ შენ იცი ღმერთის მადლი, შენი მტრების შეყვარებასაც კი შეძლებ. იგივე იყო სტეფანზეც. მაშინაც კი, როდესაც მას სიკვდილამდე ქვებით ქოლავდნენ დანაშაულის ჩადენის გარეშე, მას არ უგრძვნია სიძულვილი იმ ადამიანების მიმართ, რომლებიც ქვებით ქოლავდნენ და იგი ლოცულობდა მათთვის.

მაგრამ ზოგჯერ ჩვენ შეიძლება გაგვიჭირდეს ჭეშმარიტების სამშვინველის ქმედებების ქონა. ამიტომ, ჩვენ ყოველთვის ფხიზლად უნდა ვიყოთ ჩვენს სიტყვებსა და ქმედებებზე და უნდა ვეცადოთ რომ ჩვენი არაჭეშმარიტების ქმედებები შევცვალოთ ჭეშმარიტების ქმედებებად. ჩვენ შეგვიძლია ჭეშმარიტების ქმედებები გვქონდეს ღმერთის მადლითა და ძალით და სული წმინდის დახმარებით, როდესაც ვეცდებით და ვილოცებთ.

მე ყოველდღე ვკვდები

პავლე მოციქულმა ერთხელ ქრისტიანები განდევნა, რადგან მას ჰქონდა ძლიერი თვით-სამართლიანობა და გონებრივი ჩარჩოები. მაგრამ მას შემდეგ, რაც ღმერთს შეხვდა, მან გააცნობიერა, რომ მისი თვით-სამართლიანობა და გონებრივი ჩარჩოები არ იყო სწორი და იმდენად დამცირებულად იგრძნო თავი, რომ ყველაფერი რაც გააჩნდა უვარგისად ჩათვალა. თავდაკირველად იგი იბრძოდა გულში, რადგან გააცნობიერა რომ ბოროტება ჰქონდა, რომელიც იბრძოდა იმასთან, რომლესაც სიკეთის გაკეთება სურდა (რომაელთა 7:24).

მაგრამ მან შექმნა მადლიერების აღიარება, სწამდა,

რომ სიცოცხლის კანონი და სული წმინდამ იესო ქრისტეში გაანთავისუფლა ცოდვის და სიკვდილის კანონისაგან. რომაელთა 7:25-ში მან თქვა, „ვმადლობ ღმერთს, ჩვენი უფლის იესო ქრისტეს მიერ. ამრიგად, მე, ერთი და იგივე კაცი, გონებით ღვთის რჯულს ვემონები, ხორცით კი - ცოდვის რჯულს," და 1 კორინთელთა 15:31, „მე ყოველდღე ვკვდები, ვფიცავ თქვენს სიქადულს, ძმანო, რომელიც მაქვს ჩვენი უფლის იესო ქრისტეს მიერ."

მან სთქვა, „მე ყოველდღე ვკვდები" და ეს იმას ნიშნავს, რომ იგი ყოველდღიურად წინ ცვეთავდა თავის გულს. კერძოდ მან განდევნა მასში მყოფი ყოველი არაჭეშმარიტება, როგორიცაა სიამაყე, საკუთარი უფლებების დაცვა, სიძულვილი, განკიცხვა, გულის წყრომა, ამპარტავნობა და სიხარბე. როგორც განაცხადა, მან ეს ყველაფერი სისხლამდე ბრძოლით განდევნა. ღმერთმა მას მისცა წყალობა და ძალა, და სული წმინდის დახმარებით იგი გახდა სულის ადამიანი, რომელსაც სამშვინველის ქმედებები მხოლოდ ჭეშმარიტებაში ჰქონდა. საბოლოოდ იგი გახდა ძლიერი მოციქული, რომელმაც სახარება იქადაგა და რომელიც საოცრებებსა და ნიშნებს აჩვენებდა.

თავი 3
ხორცის სამუშაოები

ზოგი ადამიანი ჩადის შურის, ეჭვიანობის, განკიცხვის, დადანაშაულების და ღალატის ცოდვებს თავიანთ გონებაში. გარეთ ესენი არ მჟღავნდება, მაგრამ ასეთ ცოდვებს იმიტომ იდენენ, რომ მათ აქვთ ცოდვილი თვისებები.

სხეულის ხორცი და ქმედებები

"ხორცი არის სუსტის" მნიშვნელობა

ხორცის სამუშაოები: გონებაში ჩადენილი ცოდვები

ხორცის ვნება

თვალების ვნება

სიცოცხლის მკვეხარა სიამაყე

იმ ადამიანების სამშვინველი ხდება მათი სხეულის უფალი და მმართველი, რომელთა სულებიც მკვდარია. წარმოიდგინეთ გწყურიათ და გსურთ რაიმეს დალევა. შემდეგ სამშვინველი უბრძანებს ხელებს, რომ აიღოს ჭიქა და შენს კირთან მიიტანოს. მაგრამ ამ მომენტში თუ ვინმე შეურაცხყოფას მოგაყენებს და შენ გაბრაზდები, შენ შეიძლება ჭიქა გატეხო. რა ტიპის სამშვინველის ქმედებაა ეს?

ეს ხდება მაშინ, როდესაც სატანა უბიძგებს სამშვინველს, რომელიც ეკუთვნის ხორცს. ადამიანები იმდენად იღებენ ეშმაკის და სატანის სამუშაოებს, რომ არაჭეშმარიტება აქვთ გონებაში. თუ ისინი სატანის სამუშაოებს მიიღებენ, მათ ექნებათ არაჭეშმარიტების აზრები, და თუ კი ეშმაკის სამუშაოებს მიიღებენ, არაჭეშმარიტების ქმედებებს გამოამჟღავნებენ.

აზრი ჭიქის გატეხვისა სიბრაზის გამო სატანისგან მიეცა, და თუ შენ მართლა გატეხავ ჭიქას, მაშინ ეს ეშმაკის ქმედებაა. ამ აზრს ჰქვია „ხორცის აზრი“ და ქმედებას კი „ხორცის ქმედება“. მიზეზი იმისა, თუ რატომ გვაქვს არაჭეშმარიტების სამშვინველის აზრები და ქმედებები არის ადამის დაცემის შემდეგ სატანის და ეშმაკის მიერ ჩანერგილი ცოდვილი ბუნება.

სხეულის ხორცი და ქმედებები

რომაელთა 8:13-ში წერია, „რადგან თუ ხორციელად ცხოვრობთ, სიკვდილი გელით, ხოლო თუ სულით მოაკვდინებთ ხორცის საქმეს, ცოცხალნი იქნებით."

აქ „სიკვდილი გელით" ნიშნავს იმას, რომ შენ საუკუნო სიკვდილი გელოდება, რომელიც ჯოჯოხეთია. ამიტომ, „ხორცს" არ აქვს მნიშვნელობა, რომელიც გულისხმობს მხოლოდ ჩვენს ფიზიკურ სხეულებს. მას ასევე აქვს სულიერი მნიშვნელობა.

შემდეგი, იქ წერია, რომ თუ სულით გავანადგურებთ სხეულის ქმედებებს, ჩვენ ვიცხოვრებთ. იმას ნიშნავს ეს, რომ ჩვენ უნდა განვდევნოთ სხეულის ქმედებები დაჯდომით, დაწოლით, ჟამით და ასე შემდეგ? რა თქმა უნდა არა! აქ „სხეული" გულისხმობს ნაჭუჭს ან კონტეინერს რომლიდანაც სულის ცოდნა ადამიანებს ღმერთის მიერ მიეცა. ამის სულიერი მნიშვნელობის გასაგებად, ჩვენ უნდა შევისწავლოთ, თუ რა ტიპის ადამიანი იყო ადამი.

როდესაც ადამი ცოცხალი სული იყო, მისი სხეული ძვირფასი და სამარადისო იყო. იგი არ ბერდებოდა და არც არასდროს მოკვდებოდა. მას ჰქონდა ბრწყინვალე, ლამაზი და სულიერი სხეული. მისი ქცევებიც უფრო ღირსეული იყო, ვიდრე დედამიწაზე ნებისმიერი აზნაურისა. მაგრამ მას შემდეგ რაც მან ცოდვა ჩაიდინა, ამის შედეგად მისი სხეული გახდა უღირსი, რომელიც არ განსხვავდებოდა ცხოველების სხეულისაგან.

ნება მიბოძეთ მაგალითი მოვიყვანო. როდესაც არის ჭიქა რაიმე სითხით შიგნით, ეს ჭიქა შეიძლება შევადაროთ ჩვენს

სხეულს და სითხე კი ჩვენს სულს. ერთი და იგივე ჭიქას შეიძლება ჰქონდეს განსხვავებული ღირებულება იმის და მიხედვით, თუ რა სითხეს მოიცავს იგი. იგივე იყო ადამის სხეულზეც.

როგორც ცოცხალი სული, ადამს ჰქონდა მხოლოდ ჭეშმარიტების ცოდნა, როგორიცაა სიყვარული, სიკეთე, წესიერება და სამართლიანობა, და ღმერთის სინათლე, რომელიც ღმერთის მიერ მიეცა მას. მაგრამ როდესაც მისი სული მოკვდა, ჭეშმარიტების ცოდნამ დაიწყო მისგან გამოჟონვა და მის მაგივრად ეშმაკის და სატანის მიერ იგი აივსო ხორციელი მარაგებით. იგი შეიცვალა, რადგან არაჭეშმარიტებით ცხოვრობდა, რომელიც მისი ნაწილი გახდა. ნათქვამია რომ „სულით სხეულის ქმედებები მიბარებულია სიკვდილზე." აქ „სხეულის ქმედებები" გულისხმობს ქმედებებს, რომლებიც მოდის იმ სხეულიდან, რომელიც არაჭეშმარიტებასთან არის შერწყმული.

მაგალითად, არსებობენ ადამიანები, რომლებიც აღმართავენ თავიანთ მუშტებს, კარებს აჯახუნებენ ან ამჟღავნებენ სხვა უხეში ქცევების მანერულობებს, როდესაც ბრაზდებიან. ზოგი ადამიანი საუბრისას ყოველ წინადადებაში იყენებს ბინძურ სიტყვებს. ზოგი კი საკირისკირო სქესის ადამიანს ვნებით უყურებს და სხვა უხამსი ქცევების გამომჟღავნებით.

სხეულის ქმედებები გულისხმობს არა მარტო ცოდვის აშკარა უფლება-მოსილებას, მაგრამ ასევე ყველა სხვა ქმედებებს, რომლებიც ღმერთის თვალში არ არის სრულყოფილი. როდესაც ზოგი ადამიანი სხვებს ელაპარაკება,

ისინი შეუგნებლად თითს იშვერენ სხვა ადამიანებზე. ზოგი ადამიანი ხმას უწევს, როდესაც სხვებს ელაპარაკებიან და ისე ჟღერს, თითქოს კამათობენო. ასეთი რაღაცეები ერთი შეხედვით შეიძლება უმნიშვნელო ჩანდეს, მაგრამ ესენი ქმედებებია, რომლებიც არაჭეშმარიტებასთან შერწყმული სხეულიდან მოდის.

ბიბლიაში ხშირად არის გამოყენებული სიტყვა „ხორცი". ამ სტროფში, იოანე 1:14, სიტყვა „ხორცი გამოყენებულია მისი პირდაპირი მნიშვნელობით, „სიტყვა ხორცად იქცა და დაემკვიდრა ჩვენს შორის, მადლითა და ჭეშმარიტებით სავსე. და ვიხილეთ დიდება მისი, დიდება მხოლოდშობილისა მამის მიერ." მაგრამ სულიერი მნიშვნელობით უფრო ხშირად არის გამოყენებული.

რომაელთა 8:5 ამბობს, „რადგანაც ხორციელნი ხორცისას იზრახავენ, სულიერნი კი - სულისას." და რომაელთა 8:8-ში ვკითხულობთ, „ამიტომ ხორციელად მცხოვრებნი ვერ აამებენ ღმერთს."

აქ, „ხორციელი" გამოყენებულია სულიერი გაგებით, გულისხმობს ცოდვილს ბუნებას, რომელიც გაერთიანებულია სხეულთან. ეს არის ცოდვილი ბუნების და სხეულის გაერთიანება, რომლიდანაც ჭეშმარიტების ცოდნამ გამოჟონა. ეშმაკმა და სატანამ ადამიანებში ჩანერგეს სხვადასხვა ცოდვილი ბუნებები, და ადამიანები კი სხეულთან ინტეგრირებულები გახდნენ. ისინი პირდაპირ არ ჩანან როგორც ქმედებები, მაგრამ ეს დამახასიათებელი თვისებები ადამიანებშია, რათა ნებისმიერ დროს გამომჟღავდეს როგორც ქმედება.

სიძულვილი, შური, ეჭვიანობა, სიცრუე, ეშმაკობა, ამპარტავნობა, სიბრაზე, განსჯა, განკიცხვა, ღალატი და სიხარბე იწოდებიან, როგორც „ხორცი".

„ხორცია უძლური" – მნიშვნელობა

როდესაც იესო ლოცულობდა გეთსიმანიაში, მოწაფეებს ეძინათ. იესომ უთხრა პეტრეს, „იფხიზლეთ და ილოცეთ, რათა არ შეხვიდეთ საცდუნებელში: სული მხნეა, მაგრამ ხორცია უძლური" (მათე 26:41). მაგრამ ეს იმას არ ნიშნავს, რომ მოწაფეების სხეულები იყო უძლური. პეტრეს ახოვანი ტანი ჰქონდა, რადგან იგი იყო მეთევზე. მაშინ რას ნიშნავს „ხორცია უძლური"?

ეს იმას ნიშნავს, რომ რადგან პეტრეს ჯერ არ ჰქონდა სული წმინდა მიღებული, იგი იყო ხორციელი ადამიანი, რომელსაც არ ჰქონდა ცოდვები მთლიანად განდევნილი და ამგვარად არ განავითარა სულის კუთვნილი სხეული. როდესაც ადამიანი განდევნის ცოდვებს და წავა სულისაკენ, სახელდობრ, იგი ხდება სულის და ჭეშმარიტების ადამიანი, მის სამშვინველს და სხეულს კი სული განაგებს. ამიტომ, მაშინაც კი თუ სხეული დაღლილია, თუ მართლა გსურს რომ გულით ფხიზლად იყო, შენ შეგეძლება თავიდან აიცილო ჩაძინება.

მაგრამ იმ დროს პეტრე არ წავიდა სულისაკენ, და ამგვარად მას არ შეეძლო გაეკონტროლებინა ხორციელი თვისებები, როგორიცაა დაღლილობა და სიზარმაცე. მიუხედავად იმისა, რომ სურდა ფხიზლად ყოფილიყო, მაინც არ შეეძლო. მას ეს ფიზიკურად არ შეეძლო. და ეს კი ნიშნავს იმას, რომ მისი ხორცი არის უძლური.

მაგრამ იესო ქრისტეს აღდგომის შემდეგ პეტრემ მიიღო

სული წმინდა. ახლა იგი არა მხოლოდ ხორციელ თვისებებს აკონტროლებდა, არამედ მას შეეძლო უამრავი ადამიანის განკურნვა და მკვდრის გაცოცხლებაც კი. მან სახარება ისეთი ძლიერი რწმენით და მამაცობით გაავრცელა, რომ იგი თავდაყირა ეცვა ჯვარს.

იესოს შემთხვევაში კი, მან ღმერთის სამეფოს სახარება გაავრცელა და დღე და ღამე კურნავდა ხალხს, მიუხედავად იმისა, რომ მას ნორმალურად არ შეეძლო ჭამა ან ძილი. მაგრამ რადგან სული მის სხეულს აკონტროლებდა, ისეთ სიტუაციაშიც კი, როდესაც იგი ძალიან დაღლილი იყო, იქამდე ლოცულობდა, სანამ მისი ოფლის წვეთები მიწაზე სისხლის წვეთებივით არ ეცემოდა. იესოს არ ჰქონია არც თავდაკირველი და არც თვით ჩადენილი ცოდვა. ამიტომ მას სულით შეეძლო მისი სხეულის გაკონტროლება.

ზოგი მორწმუნე ცოდვას იდენს და თავს შემდეგნაირად იმართლებენ, „ჩემი ხორცი სუსტია". მაგრამ ამას იმიტომ ამბობენ, რომ მათ არ იციან ამ გამოთქმის სულიერი მნიშვნელობა. ჩვენ უნდა გავაცნობიეროთ, რომ იესოს ჯვარცმამ არა მხოლოდ ცოდვებისგან გამოგვისყიდა, არამედ ჩვენი სისუსტისგანაც. ჩვენ შეგვეძლება ვიყოთ ჯანსაღები სულში და სხეულში და ისეთი რაღაცეები ვაკეთოთ, რაც ადამიანურ ზღვარს სცილდება, თუ რწმენა გვექნება და უფლის სიტყვას დავემორჩილებით. გარდა ამისა, ჩვენ გვაქვს სული წმინდის დახმარება და ამგვარად ჩვენ არ უნდა ვთქვათ, რომ არ შეგვიძლია ლოცვა ან სხვა გზა არ გვქონდა და ცოდვა ჩავიდინეთ, რადგან ჩვენი ხორცი სუსტია.

ხორცის სამუშაოები: გონებაში ჩადენილი ცოდვები

თუ ადამიანებს აქვთ ხორცი, ესე იგი თუ მათ აქვთ ცოდვილი ბუნება, რომელიც ინტეგრირებულია მათი სხეულით, ისინი ცოდვებს არა მხოლოდ გონებაში იდენენ, არამედ ქმედებებითაც. თუ მათ აქვთ სიცრუის დამახასიათებელი თვისებები, ისინი უღალატებენ სხვებს არახელსაყრელ სიტუაციაში. თუ ისინი გულში ჩაიდენენ ცოდვას და არა ქმედებით, ეს იქნება „ხორციელი".

ვივარაუდოთ, რომ ხედავ ლამაზ ძვირფას ნივთს, რომელიც შენს მეზობელს ეკუთვნის. თუ კი მის აღებას ან მოპარვას გაიფიქრებ კიდეც, მაშინ შენ გულში უკვე ჩაიდინე ცოდვა. ხალხის უმრავლესობა ამას ცოდვად არ თვლის.

მათე 5:27-28-ში იესომ თქვა „ხოლო მე გეუბნებით თქვენ: ყველამ, ვინც ნდომით შეხედა ქალს, უკვე იმრუშა მასთან საკუთარ გულში." 1 იოანე 3:15-ში ამბობს, „ყველა, ვისაც სძულს თავისი ძმა, კაცისმკვლელია; თქვენ კი იცით, რომ არცერთ კაცისმკვლელს არ აქვს საუკუნო სიცოცხლე, თვით მასშივე დამკვიდრებული." თუ გულში ჩაიდენ ცოდვას, ეს იმას ნიშნავს რომ შენ საფუძველი ჩაუყარე ცოდვის ქმედებით ჩადენას.

შენ შეგიძლია ღიმილი გქონდეს სახეზე და ისე მოიქცე, თითქოს ვიღაც გიყვარს, როდესაც სინამდვილეში გძულს და გინდა რომ დაარტყა იმ ადამიანს. თუ რაიმე მოხდება და ვეღარ შეძლებ მოთმენას, შენი სიბრაზე ვლინდება და შეიძლება ეჩხუბო იმ ადამიანს. მაგრამ თუ თვით სიძულვილის ცოდვილ ბუნებას განდევნი, შენ აღარასოდეს შეგძულდება ის ადამიანი.

როგორც რომაელთა 8:13-შ წერია „რადგან თუ

ხორციელად ცხოვრობთ, სიკვდილი გელით," თუ არ განდევნი ხორციელ აზრებს, საბოლოოდ ხორციელ ქმედებებს ჩაიდენ. თუმცა, საღმრთო წერილი ასევე ამბობს, „რადგან თუ ხორციელად ცხოვრობთ, სიკვდილი გელით, ხოლო თუ სულით მოაკვდინებთ ხორცის საქმეს, ცოცხალნი იქნებით." ამიტომ, შესაძლებელია გქონდეს ღვთიური და წმინდა ქმედებები, როდესაც სათითაოდ განდევნი ხორციელ აზრებს. როგორ შეგვიძლია ხორციელი აზრების სწრაფად განდევნა?

რომაელთა 13:13-14-ში წერია, „და როგორც დღისით, ღირსეულად ვიაროთ: არა ღორმუცელობით და სიმთვრალით, არა სიმრუშით და სიბილწით, არა შუღლით და შურით, არამედ შეიმოსეთ უფალი ქრისტე, და ხორცზე ზრუნვას ნუ აქცევთ ავხორცობად," და იოანე 2:15-16 ამბობს, „ნუ შეიყვარებთ ამ ქვეყანას, ნურც ამქვეყნიურს რასმე; ვისაც ეს ქვეყანა უყვარს, მამის სიყვარული არ არის მასში. ვინაიდან ამ ქვეყნად ყველაფერი - გულისთქმა ხორცის, გულისთქმა თვალის და სიამაყე არსებობისა, მამისგან კი არა, ამ ქვეყნისაგან არის."

ამ სტროფებიდან, ჩვენ ვაცნობიერებთ, რომ სამყაროში ყველაფერი გამოწვეულია ხორციელი სურვილისგან, თვალის სურვილიდან და სიცოცხლის ტრაბახა სიამაყისგან. სურვილი არის ენერგიის წყარო, რომელიც ადამიანებს აღებინებს წარმავალ ხორცს. ეს არის ძლიერი ძალა, რომელიც ადამიანებს თავს კარგად აგრძნობინებს ამ სამყაროს შესახებ.

მოდით ახლა დავუბრუნდეთ იმ მომენტს, როდესაც გველმა ევა შეაცდინა, დაბადება 3:6: „როცა დაინახა დედაკაცმა, რომ კარგი იყო საჭმელად ის ხე, რომ თვალწარმტაცი და საამური სანახავი იყო, მოწყვიტა ნაყოფი და შეჭამა. მისცა თავის კაცს

და კაცმაც შეჭამა.“

გველმა უთხრა ევას, რომ მას შეეძლო ღმერთივით გამხდარიყო. როდესაც ეს სიტყვა მიიღო, ცოდვილი ბუნება შევიდა მასში და დაბინავდა ხორცად. შემდეგ ხორციელი სურვილი დაეუფლა მას და ხილი საჭმელად კარგად გამოიყურებოდა. თვალებს სურვილი დაეუფლა და ხილი ტკბილი იყო მის თვალში. სიცოცხლის მკვეხარა სიამაყე გაუჩნდა და ხილი სასურველი იყო ადამიანი ბრძენი გაეხადა. როდესაც ევამ ასეთი სურვილები მიიღო, მას ხილის ჭამის სურვილი დაეუფლა და საბოლოოდ შეჭამა. ადრე მას საერთოდ არ ჰქონია სურვილი ღმერთის სიტყვას არ დამორჩილებოდა, მაგრამ რადგან მისი სურვილები შეგულიანდა, ხილი გამოიყურებოდა ლამაზად და გემრიელად. როდესაც მან გადაწყვიტა ღმერთივით გამხდარიყო, საბოლოოდ იგი არ დაემორჩილა ღმერთს.

ხორციელი სურვილები, თვალების სურვილი და სიცოცხლის მკვეხარა სიამაყე გვაიძულებს ვიგრძნოთ, რომ ცოდვები და ბოროტება არის კარგი და მშვენიერი. შემდეგ ეს წარმოშობს ხორციელ აზრებს და საბოლოოდ ხორციელ ქმედებებს. ამიტომ, ხორციელი აზრების განსადევნად, ჩვენ ჯერ ეს სამი სურვილი უნდა განვდევნოთ. შემდეგ ჩვენ შეგვიძლია დავიწყოთ თვით ხორცის განდევნა ჩვენი გულებიდან.

თუ კი ევას ეცოდინებოდა რამხელა ტკივილს გამოიწვევდა ამ ხილის ჭამა, იგი არ იგრძნობდა თითქოს ხილი კარგი იყო საჭმელად და სასიამოვნო თვალებისათვის. უფრო მეტიც, მას შეეზიზღებოდა ხელით მოკიდებაც ან მისი ჭამის ხსენებაც კი. მსგავსად, თუ ჩვენ გავაცნობიერებთ, თუ რამხელა ტკივილი მოაქვს ამ სამყაროს სიყვარულს და რომ გამოიწვევს ჯოჯოხეთის სასჯელს, ჩვენ ნამდვილად არ გვეყვარება

ეს სამყარო. როდესაც გავაცნობიერებთ, თუ როგორი უსარგებლოა ყველაფერი ამქვეყნიური, ჩვენ ადვილად შევძლებთ ხორციელი სურვილების განდევნას. ნება მომეცით ეს განვმარტო.

ხორცის ვნება

ხორციელი ვნება არის ბუნება, რომ დაუჯერო ხორცს და ჩაიდინო ცოდვები. როდესაც ჩვენ გვაქვს თვისებები, როგორიც არის ზიზღი, რისხვა, ეგოისტური სურვილები, ავხორციანი სურვილები, შური და სიამაყე, მაშინ ხორციელი სურვილები შესაძლებელია გახდეს აქტიურებული. როდესაც ისეთ სიტუაციაში მოვხვდებით, სადაც ცოდვილი ბუნებები აქტიურებული ხდება, ეს ინტერესს და ცნობისმოყვარეობას გამოიწვევს. ეს მიგვიყვანს იმ გრძნობამდე, რომ ცოდვებს წარმოვიდგენთ, როგორც რაიმე კარგი და სასიამოვნო. ამ ეტაპზე ხორციელი აზრები მჟღავნდება და ვითარდება ხორციელ ქმედებებად.

მაგალითად, წარმოიდგინეთ ახალი მორწმუნე გადაწყვეტს მიატოვოს ალკოჰოლის სმა, მაგრამ მას ჯერ კიდევ აქვს ალკოჰოლის დალევის სურვილი, რომელიც ხორციელი სურვილია. თუ კი ის ბარში ან სადმე ისეთ ადგილას წავა, სადაც ხალხი ალკოჰოლს სვამს, ეს მის დალევის ხორციელ სურვილს წააქეზებს. შემდეგ ეს იწვევს ადამიანის სურვილს და მიყავს ალკოჰოლის დალევამდე.

ნება მიბოძეთ სხვა მაგალითი მოვიყვანო. თუ ჩვენ გვაქვს სხვისი განკიცხვის და განსჯის თვისებები, მაშინ ჩვენ მოგვინდება სხვა ადამიანებზე უფრო მეტი ჭორის მოსმენა.

ჩვენ შეიძლება ვიგრძნოთ, რომ გასართობია სხვა ადამიანებზე ჭორების მოსმენა და შემდეგ მათი გავრცელება. თუ ბრაზი გვაქვს ჩვენში და არსებობს რაღაც, რაც არ გვეთანხმება, ჩვენ კარგად ვიგრძნობთ თავს თუ ამის გამო ვინმეზე ან რამეზე გავბრაზდებით. ასეთი ხორციელი თვისებების გაკონტროლება ჩვენთვის მტკივნეული და გაუსაძლისი იქნება. თუ ჩვენ გვაქვს ამაყი ხასიათი, მაშინ ჩვენს სიამაყეში შეიძლება გვქონდეს ბუნება, რომელიც იამაყებს ჩვენს თავებზე. ასევე ჩვენს სიამაყეში, ჩვენ შეიძლება მოგვინდეს, რომ სხვები მოგვემსახურონ. თუ კი სურვილი გვაქვს ვიყოთ მდიდრები, ჩვენ ვეცდებით გავმდიდრდეთ სხვა ადამიანების ხარჯზე. ეს ხორციელი სურვილი გაიზრდება, როდესაც უფრო მეტ ცოდვას ჩავიდენთ.

მაგრამ მაშინაც კი, თუ ადამიანი ახალი მორწმუნეა და აქვს სუსტი რწმენა, თუ ის მხურვალედ ილოცებს, მთლიანად მიიღებს სული წმინდას, მისი ხორციელი სურვილი არ იქნება ადვილად წაქეზებული. მაშინაც კი თუ მისი ხორციელი სურვილი გამოიღვიძებს გონების ერთ კუთხეში, მას შეუძლია დაუყოვნებლივ განდევნოს იგი ჭეშმარიტებით. მაგრამ თუ ის შეწყვეტს ლოცვას და დაკარგავს სული წმინდის სისავსეს, ეშმაკს და სატანას მისცემს საშუალებას მისი ხორციელი სურვილის წასაქეზებლად.

რა არის მნიშვნელოვანი ხორციელი სურვილების განდევნაში? ეს არის სული წმინდის სისავსის შენახვა, რათა შენი სურვილი, რომ სული ეძებო უფრო ძლიერი დარჩება, ვიდრე ხორციელი სურვილის ძიების შეგრძნება. ჩვენ სულიერად ყოველთვის ფხიზელნი უნდა ვიყოთ, როგორც 1 პეტრე 5:8 ამბობს, „იფხიზლეთ და ფრთხილად იყავით, რადგანაც თქვენი მტერი ეშმაკი დაძრწის, როგორც

მბრდღვინავი ლომი, და მსხვერპლს დაეძებს.

ამისათვის, ჩვენ არ უნდა შევწყვიტოთ მხურვალედ ლოცვა. მიუხედავად იმისა, რომ ძალიან დაკავებულები ვართ ღმერთის სამუშაოებით, ჩვენ დავკარგავთ სული წმინდის სისავსეს თუ კი ლოცვას შევწყვეტთ. შემდეგ გზა გაიხსნება ხორციელი სურვილებისთვის, რათა ხორციელი სურვილი წაქეზებულ იქნას. ამ გზით, ჩვენ შეიძლება გონებაში და უფრო მეტიც, მოქმედებაში ჩავიდინოთ ცოდვები. ამიტომაც მიგვითითა შეწყვეტის გარეშე ლოცვაზე მაგალითზე იესო ქრისტემ, ღმერთის შვილმა. მას არასოდეს შეუწყვეტია ლოცვა, რათა კონტაქტი ჰქონოდა თავის მამასთან და რათა აღესრულებინა მისი ნება.

რა თქმა უნდა, თუ შენ განდევნი ცოდვას და მიაღწევ კურთხევას, არ განვითარდება ხორციელი სურვილები და ამგვარად შენ არ ჩაიდენ ცოდვებს. ამიტომ, ისინი, რომლებიც ნაკურთხები არიან, იმისთვის კი არ ილოცებენ, რომ ხორციელი სურვილები განდევნონ, არამედ იმისთვის, რომ მიაღწიონ სულის სიმთლიანეს და ღმერთის სამეფოს.

რა მოხდება, თუ კი ადამიანის ნარჩენი გვაქვს ტანისამოსზე? ჩვენ არა მხოლოდ მოვწმენდთ მას, არამედ საპნით გავრეცხავთ, რათა სუნიც გაუვიდეს. თუ დავინახავთ რომ ტანსაცმელზე მატლი გვაზის, გაგვიკვირდება და მაშინათვე შევანჯღრევთ ტანსაცმელს. მაგრამ გულის ცოდვები უფრო ბინძურია ვიდრე მატლი. როგორც მათე 15:18-ში წერია, „ხოლო პირით გამომავალი გულიდან გამოდის და სწორედ ის ბილწავს კაცს," ისინი ანადგურებენ ადამიანს ძვლამდე და ძვლის ტვინამდე და დიდ ტკივილს იწვევენ.

რა მოხდება, როდესაც ცოლი გაიგებს, რომ ქმარი მას

ღალატობს? როგორი მტკივნეული იქნება ეს მისთვის! ეს იგივეა პირიქითაც. ეს ოჯახში დაკირისკირებას გამოიწვევს ან კიდევ ოჯახის დანგრევას. ამიტომ, ჩვენ სწრაფად უნდა განვდევნოთ ხორციელი სურვილები, რადგან იგი ბადებს ცოდვას და არასასურველ შედეგებს.

თვალების სურვილი

„თვალების სურვილი" სტიმულირებას უკეთებს გულს მოსმენით და დანახვით და უბიძგებს ადამიანს ხორციელი სურვილებისაკენ. მიუხედავად იმისა, რომ მას „თვალების სურვილი ეწოდება", ეს ადამიანების გულებში მოდის დანახვის, გაგონების და გრძნობის პროცესით. კერძოდ, რასაც ისინი იგებენ და ხედავენ უბიძგებს გულს მათ გრძნობების მისცეს, და ამის მეშვეობით ისინი იღებენ „თვალების სურვილს".

როდესაც რაიმეს ხედავ, თუ გრძნობებთან ერთად მიიღებ მას, შენ მსგავსი განცდა დაგეუფლება, როდესაც რაღაც მაგდაგვარს დაინახავ. მისი რეალურად დანახვის გარეშეც კი, თუ მხოლოდ გაიგებ კერძოდ ამ რაღაცის შესახებ, შენ მოგაგონდება წარსული გამოცდილება, რათა შენი თვალების სურვილის სტიმულაცია მოხდეს. თუ თქვენ გააგრძელებთ თვალების სურვილის მიღებას, ეს წააქეზებს თქვენს ხორციელ სურვილს, და საბოლოოდ კი ცოდვას ჩაიდენთ.

რა მოხდა როდესაც დავითმა დაინახა ბერსაბე, ურიას ცოლი ბანაობისას? მან მიიღო თვალის სურვილი განდევნის მაგივრად, რითაც გამოიწვია თავისი ხორციელი სურვილი, რომელმაც ქალის შეხების სურვილი გაუჩინა. საბოლოოდ მან ცოდვა ჩაიდინა და ურიაც ბრძოლაში წინა ხაზზე გაგზავნა,

რათა მომკვდარიყო. ამით დავითმა თავის თავს დიდი განსაცდელი მოუტანა.

თუ ჩვენ არ განვდევნით თვალების სურვილს, ეს ჩვენში ცოდვილი ბუნების წაქეზებას აგრძელებს. მაგალითად, თუ ჩვენ რაიმე უხამს ვუყურებთ, ეს ჩვენი მოღალატე გონების ცოდვილ ბუნებას წააქეზებს. როდესაც თვალებით ვუყურებთ, თვალების სურვილი შედის ჩვენში და სატანაც ჩვენი ფიქრები არაჭეშმარიტებისკენ მიყავს.

მათ, ვისაც ღმერთის სწამთ არ უნდა მიიღონ თვალების სურვილი. შენ არ უნდა დაინახო ან გაიგო ის, რაც არ არის ჭეშმარიტება და არც ისეთ ადგილას არ უნდა წახვიდე, სადაც არაჭეშმარიტებასთან გექნება კონტაქტი. არ აქვს მნიშვნელობა რამდენს ილოცებ, იმარხულებ ხორცის ამოსაგლეჯად, თუ არ განდევნი თვალების სურვილს, შენი ხორციელი სურვილი მოიკოვებს ძალას და უფრო მეტად წაქეზდება. შედეგად შენ ვერ შეძლებ ხორცის ადვილად განდევნას და იგრძნობ, რომ რთულია ცოდვების წინააღმდეგ ბრძოლა.

მაგალითად, ომში თუ ჯარისკაცი ქალაქის კედლების ფარგლებში მარაგს მიიღებს ქალაქის გარედან, ისინი მოიკოვებენ ძალას, რათა ბრძოლა განაგრძონ. არ იქნება ადვილი მტრის ძალა გაანადგურო ქალაქის კედლების შიგნით. ამიტომ, ქალაქის დასამარცხებლად, ჯერ ჩვენ მას ალყა უნდა შემოვარტყათ და შემდეგ გავწყვიტოთ მომარაგების საშუალების გზა, რათა მტრის ჯარს არ მიეწოდოს არანაირი საკვები ან იარაღი. თუ ჩვენ არ შევწყვეტთ თავდასხმას როდესაც ასეთ სიტუაციას ვინარჩუნებთ, საბოლოოდ მტრის ჯარი განადგურდება.

ამ მაგალითის გამოყენებით, თუ ქალაქში მტრის ჯარი არის არაჭეშმარიტი, კერძოდ ხორციელი ჩვენში, მაშინ ქალაქის გარედან გაძლიერება იქნება თვალების სურვილი. თუ არ განვდევნით თვალების სურვილს, ჩვენ ვერ შევძლებთ ცოდვების განდევნას ვერც ლოცვით და ვერც მარხვით, რადგან ცოდვილი ბუნება განუწყვეტლივ იღებს ძალას. ამიტომ, ჩვენ ჯერ თვალების სურვილი უნდა განვდევნოთ და ვილოცოთ და ვიმარხულოთ, რათა ცოდვილი ბუნებაც განვდევნოთ ჩვენი თავებიდან. შემდეგ ჩვენ ამას შევძლებთ ღმერთის ძალითა და წყალობით და სული წმინდის სისავსით.

ნება მიბოძეთ კიდევ უფრო მარტივი მაგალითი მოვიყვანო. თუ ჩვენ არ შევწყვეტთ სუფთა წყლის სხმას ჭურჭელში, რომელიც ბინძური წყლით არის სავსე, საბოლოოდ ბინძური წყალი გახდება სუფთა. მაგრამ რა მოხდება თუ კი ჭუჭყიან და სუფთა წყალს ერთდროულად ჩავასხამთ ჭურჭელში. ჭურჭელში ბინძური წყალი არ გახდება სუფთა რამდენი ხანიც არ უნდა ვასხათ, თუ კი წყალი მთლიანად სუფთა არ არის. ანალოგიურად, ჩვენ არ უნდა მივიღოთ უფრო მეტი არაჭეშმარიტება, მაგრამ მხოლოდ ჭეშმარიტება, რათა განვდევნოტ ხორცი და განვავითაროთ სულის გული.

ცხოვრების მკვეხარა სიამაყე

ხალხს მიდრეკილება აქვს ტრაბახობისაკენ. „ცხოვრების მკვეხარა სიამაყე" არის „თავმომწონეობა და სიტრაბახე ჩვენს ბუნებაში, რომელიც ჩვენ ამ სიცოცხლის სიტკბოებების მიმართ გვაქვს." მაგალითად, მათ სურთ იტრაბახონ თავიანთი ოჯახით, შვილებით, ქმრით თუ ცოლით, ძვირფასი ტანსაცმლით, ლამაზი სახლით ან ძვირფასეულობით. მათ

სურთ რომ აღიარებულნი იყვნენ თავიანთი გამოჩენით ან ნიჭებით. ისინი ტრაბახობენ კიდეც მათი გავლენიან ადამიანებთან და ცნობილ სახეებთან მეგობრობით. თუ შენ გაქვს ცხოვრების მკვეხარა სიამაყე, შენ დიდ მნიშვნელობას ანიჭებ სიმდიდრეს, დიდებას, ცოდნას, ნიჭს და გარეგნობას ამ სამყაროსი და ენთუზიაზმით ეძებ მათ.

მაგრამ რა არის ასეთი რაღაცეებით სიამაყის მნიშვნელობა? ეკლესიასტე 1:2-3 ამბობს, რომ ყველაფერი მზის ქვეშ არის ამაო. როგორც ფსალმუნნი 102-15-ში წერია, „ბალახივით არის დღენი კაცისა, ველის ყვავილივით აყვავდება," ამ სამყაროს ტრაბახი ვერ მოგვცემს ჭეშმარიტ ღირებულებას ან სიცოცხლეს. არამედ ეს მტრულია ღმერთის მიმართ და მას სიკვდილისაკენ მივყავართ. თუ განვდევნით ამაო ხორცს, ჩვენ თავისუფალი ვიქნებით ტრაბახობისგან ან ვნებებისგან და ამგვარად ჩვენ მხოლოდ ჭეშმარიტებით ვიცხოვრებთ.

1 კორინთელთა 1:31 გვეუბნება, რომ იმ ადამიანმა, რომელიც ტრაბახობს, უნდა იტრაბახოს ღმერთით. ეს იმას ნიშნავს, რომ ჩვენ უნდა ვიტრაბახოთ არა იმისათვის, რომ ავმაღლდეთ, არამედ ღმერთის დიდებისათვის. სახელდობრ, ეს არის ჯვრის და უფლის შესახებ ტრაბახი, რომელმაც გვიხსნა და ზეცის სამეფოს ტრაბახი, რომელიც მას ჩვენთვის აქვს მომზადებული. ასევე, ჩვენ უნდა ვიტრაბახოთ წყალობის, ლოცვა-კურთხევის, დიდების და იმ ყველაფრის შესახებ, რაც ღმერთმა მოგვცა. როდესაც ჩვენ უფლით ვიტრაბახებთ, ღმერთი ნასიამოვნები დარჩება ამით და უკან დაგვიბრუნებს მატერიალური და სულიერი ლოცვა-კურთხევებით.

ადამიანთა მოვალეობაა ღმერთის მოწიწებით შიში და სიყვარული და თითეული ადამიანის ფასი გადაწყვეტილ იქნება იმის და მიხედვით, თუ რამდენად სულიერი ადამიანი გახდა იგი (ეკლესიასტე 12:13).

როდესაც ცოდვებს და ბოროტებას განვდევნით, კერძოდ ხორციელ სამუშაოებს და ხორციელ აზრებს, და დავუბრუნებთ ღმერთის დაკარგულ გამოსახულებას, ჩვენ შეგვეძლება გავცდეთ პირველი ადამიანის ადამის დონეს, რომელიც იყო ცოცხალი სული. ეს იმას ნიშნავს, რომ ჩვენ შეგვიძლია გავხდეთ სულის ადამიანები და მთლიანი სული. ამიტომ, ჩვენ არ უნდა ვუზრუნველყოთ ხორცი მის სურვილებთან დაკავშირებით, მაგრამ მხოლოდ იესოთი უნდა შევმოსოთ ჩვენი თავები.

თავი 4

ცოცხალი სულის დონის მიღმა

როდესაც ვუარყოფთ ხორციელ აზრებს, ხორციელი სამშვინველის ქმედებები გაქრება და მხოლოდ სულის კუთვნილი სამშვინველის ქმედებები დარჩება. სამშვინველი "ამინით" მთლიანად ემორჩილება სულს. როდესაც მისი პატრონი ასრულებს პატრონის მოვალეობას, ჩვენ ვამბობთ, რომ ჩვენი სამშვინველი აყვავებულია.

ადამიანების შეზღუდული გული

რათა გახდე სამშვინველის ადამიანი

ცოცხალი სამშვინველი და განვითარებული სამშვინველი

სულიერი რწმენა არის ჭეშმარიტი სიყვარული

უწმინდესობისაკენ

ახალდაბადებული ბავშვებიც კი ადამიანები არიან, მაგრამ არ შეუძლიათ მთლიანად ადამიანურად მოქცევა. მათ არ აქვთ არანაირი ცოდნა. მათ არც თავისი მშობლების ცნობა შეუძლიათ. მათ არ იციან თუ როგორ გადარჩნენ. მსგავსად, ადამს, რომელიც შეიქმნა როგორც ცოცხალი სული, თავიდან არ შეეძლო თავისი მოვალეობების შესრულება როგორც ადამიანი. იგი მნიშვნელოვანი არსება მხოლოდ მას შემდეგ გახდა, რაც სულის ცოდნა მიიღო. იგი ცხოვრობდა როგორც ყოველი ცოცხალი არსების უფალი, როდესაც ღმერთისგან სათითაოდ ისწავლა სულის ცოდნა. იმ დროს ადამის გული თვით სული იყო, ამიტომ არ იყო სიტყვა „გულის" გამოყენების საჭიროება.

მაგრამ მას შემდეგ რაც მან ცოდვა ჩაიდინა, მისი სული მოკვდა. თანდათან სულის ცოდნამ დაიწყო მისგან გამოჟონვა და სამაგიოირად აივსო ხორციელი ცოდნით, რომელიც მას ეშმაკისა და სატანისაგან მიეწოდა. მის გულს „სული" ვეღარ ერქმეოდა და ამის შემდეგ მას მხოლოდ „გული" ერქვა.

თავდაკირველად ადამის გული შეიქმნა ღმერთის გამოსახულებაში, რომელიც სულია. ადამის გულის იმდენად გაფართოება არ შეიძლებოდა, რომ სულის ცოდნით შევსებულიყო. მაგრამ მას შემდეგ რაც მისი სული

მოკვდა, არაჭეშმარიტების ცოდნა გარს შემოერტყა მის სულს და გულის ზომას გარკვეული შეზღუდვები გაუჩნდა. სამშვინველის მეშვეობით, რომელიც ადამიანების მეკატრონე გახდა, მათ დაიწყეს განსხვავებული ცოდნის მიღება და ასევე დაიწყეს ასეთი ცოდნის გამოყენება განსხვავებული გზებით. განსხვავებული ცოდნის და ამ ცოდნის განსხვავებული გამოყენების თანახმად, ადამიანების გულმა მობილიზება სხვადასხვა გზით დაიწყო.

ამგვარად, მათაც კი, რომლებიც ფლობელ შედარებით დიდ გულებს, მაინც არ შეუძლიათ გარკვეული ფარგლების გადალახვა, რომლებიც შემდგარია ინდივიდუალური თვით-სამართლიანობით, კირადი ჩარჩოებით და სხვა საკუთარი თეორიებით. მაგრამ როდესაც უფალ იესო ქრისტეს და სული წმინდას მივიღებთ და დავბადებთ ჩვენს სულებს, მაშინ შევძლებთ ამ ადამიანური საზღვრების გადალახვას. გარდა ამისა, იმის გათვალისწინებით, რომ სულის გულს ვანვითარებთ, ჩვენ შეგვიძლია ვიგრძნოთ და ვისწავლოთ უსაზღვრო სულიერი სამყაროს შესახებ.

ადამიანების შეზღუდული გული

როდესაც სამშვინველის ადამიანები ღმერთის სიტყვას ისმენენ, ის ჯერ ტვინში შედის და შემდეგ ისინი ადამიანურ აზრებს იყენებენ. ამ მიზეზის გამო მათ არ შეუძლიათ სიტყვა გულით მიიღონ. რასაკვირველია მათ არც სულიერი რაღაცეების გაცნობიერება შეუძლიათ და არც ჭეშმარიტებით შეცვლა. ისინი ცდილობენ გაიგონ სულიერი სამყარო საკუთარი შეზღუდული გულებით და ამგვარად ისინი კიცხავენ. მათ ასევე აქვთ უამრავი გაუგებრობა და მსჯავრი

ბიბლიაში პატრიარქების შესახებაც კი.

როდესაც ღმერთმა აბრაამს უბრძანა თავისი ერთადერთი შვილი, ისააკი შეეწირა, ზოგი ამბობს რომ ალბათ აბრაამისთვის მეტად რთული იქნებოდა ღმერთს დამორჩილებოდა. ისინი შემდეგნაირად ამბობენ: ღმერთმა მას ნება დართო სამი დღის განმავლობაში მთა მორიასკენ ეარა, რათა აბრაამის რწმენა გამოეცადა; გზად აბრაამს რა თქმა უნდა ჰქონდა დრო გამოეცადა დიდი აგონია, როდესაც ფიქრობდა დამორჩილებოდა ღმერთს თუ არა. მაგრამ, საბოლოოდ მან გადაწყვიტა ღმერთის სიტყვას დამორჩილებოდა.

რეალურად ჰქონდა მას ასეთი პრობლემები? იგი დილით ადრე გაემგზავრა თავის მეუღლესთან, სარასთან მოლაპარაკების გარეშე. იგი მთლიანად ენდობოდა ღმერთის ძალას და სიკეთეს, რომლსაც მკვდრის გაცოცხლება შეეძლო. ამ მიზეზის გამო მას შეეძლო თავისი ვაჟი ყოველგვარი ყოყმანის გარეშე შეეწირა. ღმერთმა დაინახა მისი შინაგანი გული და აღიარა მისი რწმენა და სიყვარული. შედეგად აბრაამი გახდა რწმენის მამა და ეწოდა „ღმერთის მეგობარი".

თუ კი ადამიანი ვერ იგებს რწმენის დონეს და მორჩილებას, რომლითაც ღმერთის სიამოვნებაა შესაძლებელი, ასეთ რაღაცეებს იგი არასწორად გაიგებს, რადგან იგი ფიქრობს თავისი შეზღუდული გულის ფარგლებში. ჩვენ შეგვიძლია გავუგოთ ისეთ ადამიანებს, რომლებსაც ღმერთი ყველაზე მეტად უყვართ და ასიამოვნებენ მას იმდენად, რომ ცოდვებს დევნიან და სულის გულს ანვითარებენ.

რათა გახდე სულის ადამიანი

ღმერთი არის სული, და ამგვარად მას სურს მისი შვილებიც სულები გახდნენ. რა უნდა ვქნათ იმისათვის, რომ სულის ადამიანები გავხდეთ; რომელთაც სულიც გახდა მისი სამშვინველის და სხეულის მეპატრონე? უპირველეს ყოვლისა, ჩვენ უნდა განვდევნოთ არაჭეშმარიტების ფიქრები, კერძოდ ხორციელი აზრები, რათა სატანის მიერ არ ვიყოთ გაკონტროლებულები. ნაცვლად, ჩვენ უნდა გავიგოთ სული წმინდის ხმა, რომელიც უბიძგებს ჩვენს გულებს ჭეშმარიტების სიტყვით. ჩვენ უნდა მივცეთ საშუალება ჩვენს სულებს, რომ მთლიანად დაემორჩილნონ ხმას. როდესაც ღმერთის სიტყვას ვუსმენთ, ჩვენ ის „ამინით" უნდა მივიღოთ და ვილოცოთ მხურვალედ, სანამ არ გავიგებთ მისი სიტყვის სულიერ მნიშვნელობას.

ამგვარად, თუ სული წმინდის სისავსეს მივიღებთ, ჩვენი სული გახდება მეპატრონე და ღმერთთან ყოველდღიური კავშირით ჩვენ სულიერ განზომილებაში ასვლას შევძლებთ. ამ გზით, როდესაც სამშვინველი თავის მეპატრონეს, სულს მთლიანად ემორჩილება და იქცევა მონასავით, შემდეგ ჩვენ ვამბობთ, რომ ჩვენი სამშვინველი „აყვავებულია". თუ სამშვინველი აყვავებულია, ჩვენ წარმატებას მივაღწევთ ყველაფერში და ვიქნებით ჯანსაღები.

თუ ჩვენ გარკვევით გვესმის სამშვინველის ქმედებები და ისე გავჯანსაღდებით, როგორც ღმერთს სურს, მაშინ აღარ მივიღებთ სატანის წაქეზებას. ამ გზით ჩვენ შეგვიძლია ღმერთის დაკარგული გამოსახულების აღდგენა, რომელიც ადამმა დაკარგა დაცემის დროს. შემდეგ თანმიმდევრობა სულს, სამშვინველს და სხეულს შორის იქნება სათანადოდ დამყარებული და ჩვენ შეგვეძლება გავხდეთ ღმერთის ჭეშმარიტი შვილები. შემდეგ ჩვენ შევძლებთ ცოცხალი

სულის დონესაც კი გავცდეთ, რომელიც იყო ადამის დონე. ჩვენ არა მარტო ყველაფერზე ძალას და უფლებამოსილებას მივიღებთ, არამედ ვისიამოვნებთ სამარადისო სიხარულით და ბედნიერებით ზეციურ სამეფოში, რომელიც ედემის ბაღზე უფრო მაღალ დონეზეა. როგორც 2 კორინთელთა 5:17-შია ნათქვამი, „ამრიგად, ვინც ქრისტეშია, ახალი ქმნილებაა. ძველმა განვლო და, აჰა, ყოველივე არის ახალი," ჩვენ გავხდებით მთლიანად ახალი არსებები უფალში.

ცოცხალი სული და განვითარებული სული

როდესაც ჩვენ ვემორჩილებით ღმერთის ბრძანებებს, რომელიც გვეუბნება რომ გარკვეული რაღაცეები არ უნდა უნდა გავაკეთოთ და რაღაცეები უნდა შევინარჩუნოთ, ეს იმას ნიშნავს, რომ ჩვენ არ ჩავიდენთ ხორციელ სამუშაოებს და ჭეშმარიტებაში შევინარჩუნებთ ჩვენს თავებს. ამგვარად ჩვენ სულ უფრო და უფრო გავხდებით სულის ადამიანები. სანამ ხორცის ადამიანები ვართ, რომლებიც არჭეშმარიტებას ანხორციელებენ, ჩვენ შეიძლება გვქონდეს სხვადასხვა კრობლემები ან გავხდეთ ავად, მაგრამ როდესაც სულის ადამიანები გავხდებით, ჩვენ წარმატებას მივაღწევთ ყველაფერში და ვიქნებით ჯანსაღები.

ასევე, როდესაც ბოროტებას განვდევნით და ყველაფერს, რასაც ღმერთი გვეუბნება, ჩვენი „ხორციელი მოქმედებები" და ხორციელი ფიქრები დაიშლება, რათა ჭეშმარიტების კუთვნილი სამშვინველი გვქონდეს. როდესაც მხოლოდ ჭეშმარიტებით ვიფიქრებთ, ჩვენ სული წმინდის ხმას უფრო გარკვევით გავიგებთ. თუ სრულიად დავიცავთ ღმერთის ბრძანებებს, ჩვენ აღიარებულნი ვიქნებით, როგორც სულის ადამიანები, რადგან არავითარი არაჭეშმარიტება არ გვექნება

ჩვენში. გარდა ამისა, თუ მთლიანად შევასრულებთ ღმერთის ბრძანებებს, ჩვენ გავხდებით მთლიანი სულის ადამიანები.

ამასთანავე, არსებობს დიდი განსხვავება ამ სულის ადამიანებსა და ადამს შორის, რომელიც ცოცხალი სული იყო. ადამს არასოდეს ჰქონდა გამოცდილი რაიმე ხორციელი ადამიანთა გაშენებით და აქედან გამომდინარე, იგი არ შეიძლება ჩაითვალოს სრულყოფილ სულიერ არსებად. მას არასოდეს გაუგია დარდის, ტკივილის, სიკვდილის ან დაშორების შესახებ, რომელიც ხორცის მიერ არის გამოწვეული. ეს იმას ნიშნავს რომ ერთის მხრივ მას არ შეეძლო ჰქონოდა ჭეშმარიტი მადლიერება ან სიყვარული. მიუხედავად იმისა, რომ ღმერთს იგი მეტად უყვარდა, მას არ შეეძლო განესაზღვრა, თუ როგორი კარგი იყო ეს სიყვარული. იგი სიამოვნებას იღებდა საუკეთესო რაღაცეებით, მაგრამ მას არ შეეძლო ეგრძნო, თუ როგორი ბედნიერი იყო. მას არ შეეძლო ყოფილიყო ღმერთის ჭეშმარიტი შვილი, რომელსაც თავისი გულის ღმერთთან გაზიარება შეეძლო. მხოლოდ მას შემდეგ, რაც ადამიანი გამოცდის ხორციელ სამუშაოებს და იცის მათ შესახებ, შეძლებს იგი გახდეს ჭეშმარიტი სულიერი არსება.

როდესაც ადამი ცოცხალი სული იყო, მას არაფერი ხორციელი არ გამოუცდია. ამგვარად, მას ყოველთვის ჰქონდა საშუალება მიეღო ხორცი და გარყვნილიყო. ადამის სული არ იყო სრულყოფილი სული ჭეშმარიტი გაგებით, მაგრამ ეს იყო სული, რომელიც შეიძლებოდა მომკვდარიყო. ამიტომ ერქვა მას ცოცხალი არსება, რომელიც ნიშნავს ცოცხალ სულს. ზოგმა შეიძლება იკითხოს, თუ როგორ შეუძლია ცოცხალ სულს სატანის ცდუნების მიღება. ნება მიბოძეთ მაგალითი მოვიყვანო.

წარმოიდგინე ოჯახში არის ორი მეტად დამჯერი ბავშვი. ერთ-ერთი მათგანი ცხელი წყლით დაიწვა, როდესაც მეორე არასოდეს დამწვარა. ერთ დღეს დედამ მდუღარე წყალზე მიუთითა და უთხრა მათ, რომ არ შეხებოდნენ. ჩვეულებრივ ისინი დედას უჯერებენ ხოლმე, ამიტომ არცერთი არ შეხებია მდუღარე წყალს.

მაგრამ ერთ-ერთ შვილს უკვე გამოცდილი აქვს, თუ როგორი საშიშია მდუღარე წყალი და ამიტომ ნებით ემორჩილება. იგი ასევე იგებს, რომ დედას ისინი უყვარს და ცდილობს მათ დაცვას. ამის საკირისკიროდ კი, მეორე ბავშვს, რომელსაც ასეთი რამ არასოდეს არ გამოუცდია, ცნობისმოყვარეობა ეუფლება, როდესაც ორთქლიან მდუღარე წყალს ხედავს. მას უბრალოდ არ შეუძლია გაიგოს დედის განზრახვა. ყოველთვის არსებობს შანსი იმისა, რომ იგი ცნობისმოყვარეობის გამო შეიძლება მდუღარე ჩაიდანს შეეხოს.

იგივე იყო ცოცხალ სულ ადამზეც. მან გაიგო, რომ ცოდვები და ბოროტება შემაძრწუნებელი იყო, მაგრამ არასოდეს გამოეცადა. არ არსებობდა მას გაეგო, თუ რა იყო ცოდვა და ბოროტება. რადგან არასოდეს ჰქონდა მსგავსი რამ გამოცდილი, მან საბოლოოდ მიიღო სატანის ცდუნება საკუთარი ნებით და შეჭამა აკრძალული ხილი.

ადამისგან განსხვავებით, რომელმაც ვერასოდეს გაიგო მსგავსი რამ, ღმერთს უნდოდა ჭეშმარიტი შვილები, რომლებსაც ხორცის გამოცდის შემდეგ, ჰქონდათ სულის გულები და რომლებიც არავითარ შემთხვევაში არ შეიცვლიდნენ აზრს. მათ კარგად ესმით ხორცსა და სულს შორის განსხვავება. მათ გამოცდილი აქვთ ცოდვები, ბოროტება, ტკივილი და დარდი ამ სამყაროში და ამიტომ მათ

იციან თუ როგორი მტკივნეული, ბინძური და უმნიშვნელოა ხორცი. ასევე, მათ კარგად იციან სული, რომელიც ხორცის საწინააღმდეგოა. მათ იციან თუ როგორი ლამაზი და კეთილია იგი. ამიტომ, თავისი საკუთარი ნებით, ისინი არასოდეს მიიღებენ ხორცს. ეს არის განსხვავება ცოცხალ სულსა და დამუშავებულ სულს შორის.

ცოცხალი სული უბრალოდ უკირობოდ ემორჩილება, როდესაც განვითარებული სული გულით ემორჩილება, რადგან მას სიკეთეც და ბოროტებაც გამოცდილი აქვს. გარდა ამისა, ეს სულის ადამიანები, რომლებმაც ბოროტება და ცოდვები განდევნეს, მიიღებენ ზეცის მესამე სამეფოში შესვლის კურთხევას ზეცის სხვა საცხოვრებელ ადგილთა შორის და სრულყოფილი სულის ადამიანები კი ახალ იერუსალიმში შესვლის კურთხევას მიიღებენ.

სულიერი რწმენა არის ჭეშმარიტი სიყვარული

როდესაც სულის ადამიანები გავხდებით რწმენით, ჩვენ შევძლებთ სრულიად განსხვავებული განზომილების ბედნიერებისა და სიხარულის შეგრძნებას. გულებში ჭეშმარიტი სიმშვიდე გვექნება. ჩვენ ყოველთვის მხიარულები ვიქნებით, გამუდმებით გარეშე ვილოცებთ და ყველაფრის მადლიერები ვიქნებით როგორც 1 თესალონიკელთა 5:16-18-ში წერია. ჩვენ გვესმის ღმერთის გული და ნება და ამიტომ ჩვენ შეგვიძლია იგი ჭეშმარიტი გულებით გვიყვარდეს და მისი მადლიერები ვიყოთ.

ჩვენ გაგონილი გვაქვს რომ ღმერთი სიყვარულია, მაგრამ სანამ სულის ადამიანები არ გავხდებით, ვერ გავიგებთ ამ სიყვარულს. მხოლოდ მას შემდეგ, რაც ჩვენ გავიგებთ

ღმერთის განგებას ადამიანთა განვითარების პროცესის მეშვეობით, შევძლებთ ჩვენ ღმად გავიგოთ, რომ ღმერთი არის თვით სიყვარული და თუ როგორ უნდა გვიყვარდეს იგი ყველაზე მეტად.

სანამ გულებიდან ხორცს არ განვდევნით, ჩვენი სიყვარული და მადლიერება არ იქნება ერთგული. მიუხედავად იმისა, რომ ჩვენ ვამბობთ რომ ღმერთი გვიყვარს და მისი მადლიერები ვართ, ჩვენ შეგვიძლია ჩვენი ცხოვრების კურსის შეცვლა, როდესაც ჩვენთვის სასარგებლოდ არ მიდის ცხოვრება. ჩვენ ვამბობთ რომ მადლიერები ვართ როდესაც რაიმე კარგი ხდება, მაგრამ მალევე ვივიწყებთ ამ წყალობას. თუ რთული რამ გველოდება, მადლიერების დამახსოვრების მაგივრად, იმედგაცრუებულები ვრჩებით ან ვბრაზდებით. ჩვენ ვივიწყებთ მიღებულ მადლიერებასა და წყალობას.

მაგრამ სულის ადამიანის მადლიერება მოდის გულის სიღრმიდან, ამიტომ არასოდეს იცვლება დროის განმავლობაში. მათ ესმით განგება ღმერთისა, რომელიც ანვითარებს ადამიანებს მიუხედავად ყოველი გაუსაძლისი ტკივილისა და ისინი ჭეშმარიტად მადლიერები არიან. ასევე, მათ ჭეშმარიტად უყვართ უფალი იესო, რომელიც ჯვარს ეცვა ჩვენთვის და სული წმინდა, რომელსაც ჭეშმარიტებისაკენ მივყავართ. მათი სიყვარული და მადლიერება არასოდეს იცვლება.

უწმინდესობისაკენ

ადამიანები გარყვნილები იყვნენ ცოდვებით, მაგრამ იესო ქრისტეს და ხსნის მიღების შემდეგ, მათი შეცვლა

შესაძლებელია რწმენით და სული წმინდის ძალით. შემდეგ ისინი შეძლებენ ცოცხალი სულის დონეს გასცდნენ. იმის გათვალისწინებით, რომ არაჭეშმარიტება ქრება და სამაგიეროდ ჭეშმარიტებით ივსება, მათ შეუძლიათ გახდნენ სულის ადამიანები უწმინდესობის მიღწევით.

უმეტეს შემთხვევაში, როდესაც ადამიანები რაიმე ბოროტს ხედავენ, ისინი ამას თავიანთ არაჭეშმარიტებას უკავშირებენ, რითაც ბოროტად ფიქრობენ და გრძნობენ. ამ გზით ისინი ბოროტ ქმედებებს ავლენენ. მაგრამ მათ, რომლებიც კურთხეულნი არიან, არ აქვთ არაჭეშმარიტება და ამიტომ არანაირი ბოროტი ფიქრი თუ ქმედება არ მჟღავნდება მათგან. პირველ რიგში ისინი ვერ ხედავენ ბოროტებას, მაგრამ თუ კი დაინახავენ, ეს ბოროტება არ ერთიანდება ბოროტ ფიქრებთან ან ქმედებებთან.

ჩვენ შიეძლება კურთხეულად ჩავთვალოთ ჩვენი თავი, თუ წმინდა გულს განვავითარებთ, რომელსაც არ აქვს არანაირი ნაკლი, ამას კი შევძლებთ ჩვენი გულებიდან ყოველი ბოროტების განდევნით. ვისაც მხოლოდ სულიერი ფიქრები აქვს, კერძოდ იმ ადამიანებს, რომლებიც მხოლოდ ჭეშმარიტად ხედავენ, ესმით, საუბრობენ და იქცევიან, არიან ღმერთის ჭეშმარიტი შვილები, რომლებიც ცოცხალი სულის დონეს ასცდნენ.

როგორც 1 იოანე 5:18-ში წერია, „ვიცით, რომ ღვთის მიერ შობილთაგან არავინ სცოდავს, რადგანაც ღვთის მხოლოდშობილი ძე იცავს და ბოროტი ვერ ეხება მას" სულიერ სამყაროში, ძალა უცოდველია. ცოდვის არ ქონა არის სიწმინდე. ამ მიზეზის გამო ჩვენ შეგვიძლია იმ ძალაუფლების დაბრუნება, რომელიც ცოცხალ სულ, ადამს მიეცა და შეგვიძლია დავამარცხოთ და დავიმორჩილოთ

ეშმაკი და სატანა.

როდესაც სულის ადამიანები გავხდებით, ეშმაკი ვეღარ შეგვეხება და როდესაც მთლიანი სულის ადამიანები გავხდებით და სიკეთეს და სიყვარულს დავთესავთ, ჩვენ შეგვეძლება სულის წმინდის ძლიერი სამუშაოების წარმოდგენა.

თუ კი ნაკურთხნი ვიქნებით, ჩვენ შეგვეძლება გავხდეთ სულის ადამიანები (1 თესალონიკელთა 5:23). თუ ჩვენ ვიფიქრებთ ღმერთზე, რომელიც კაცობრიობას ანვითარებს, მაშინ ჩვენ შევძლებთ გავიგოთ, რომ ყველაზე მნიშვნელოვანი რამ ცხოვრებაში არის სულის და მთლიანი სულის ადამიანად გადაქცევა.

სამშვინველი, სული და სხეული: ნაწილი 1

ნაწილი 3

სულის აღდგენა

სულის თუ ხორცის ადამიანი ვარ მე?

რა განსხვავებაა სულსა და მთლიან სულს შორის?

"მიუგო იესომ: ჭეშმარიტად, ჭეშმარიტად
გეუბნები შენ: ვინც არ დაიბადება წყლისა და სულისაგან,
ვერ შევა ღმრთის სასუფეველში.
ხორცის მიერ შობილი ხორცია
და სულის მიერ შობილი - სული."
(იოანე 3:5-6)

თავი 1
სული და მთლიანი სული

რადგან მათი სულები მკვდარია, ადამიანებს ჭირდებათ ხსნა. ჩვენი ქრისტიანული ცხოვრება არის სულის გაზრდის პროცესი.

რა არის სული?

სულის აღსადგენად

სულის ზრდის პროცესი

კარგი ნიადაგის გაშენება

ხორცის ნაკვალევები

მთლიან სულში ყოფნის დამამტკიცებელი საბუთი

სულის და მთლიანი სულის ადამიანებისთვის მიცემული კურთხევები

ადამიანის სული მოკვდა ადამის ცოდვის გამო. ამის შემდეგ ადამიანების სამშვინველები გახდნენ პატრონები. ისინი გამუდმებით იღებენ არა-ჭეშმარიტებას და გულისთქმას მიჰყვებიან. საბოლოოდ, ისინი ვერ მიიღებენ ხსნას. რადგან გაკონტროლებულები არიან სულის მიერ, რომელიც სატანის გავლენის ზემოქმედების ქვეშ არის, ისინი ჩადიან ცოდვებს და ხვდებიან ჯოჯოხეთში. ამიტომ არის საჭირო ყოველი ადამიანის გადარჩენა. ღმერთი ეძებს ჭეშმარიტ შვილებს, რომლებიც გადარჩნენ ადამიანთა განვითარებით, კერძოდ იგი ეძებს სულის და მთლიანი სულის ადამიანებს.

როგორც 1 კორინთელთა 6:17 ამბობს, „ხოლო ვინც უფალს უერთდება, ერთი სულია მასთან ერთად," ღმერთის ჭეშმარიტი შვილები არიან ისინი, რომლებიც სულით გაერთიანდნენ იესო ქრისტესთან.

როდესაც იესო ქრისტეს მივიღებთ, ცვენ ვიწყებთ ჭეშმარიტებაში ცხოვრებას სული წმინდის დახმარებით. თუ ჩვენ ვიცხოვრებთ სრულ ჭეშმარიტებაში, ეს იმას ნიშნავს, რომ ჩვენ გავხდით სულის ადამიანები, რომლებსაც აქვთ უფლის გულები. ეს არის, როდესაც ჩვენ სულით ერთნი ვართ უფალთან. თუმცა, მიუხედავად იმისა, რომ სულით ერთნი გავხდით, ღმერთის და ადამიანების სულები სრულიად

განსხვავდება ერთმანეთისაგან. ღმერთი არის თვით სული ფიზიკური სხეულის გარეშე, მაგრამ ადამიანების სულები ფიზიკურ სხეულშია. ღმერთს აქვს სულის ფორმა, რომელიც ეკუთვნის ზეცას, მაშინ როდესაც ადამიანებს აქვს სულის ფორმა ფიზიკურ სხეულში, რომელიც მიწის მტვრისგან არის შექმნილი. რა თქმა უნდა არსებობს დიდი განსხვავება შემოქმედ ღმერთსა და ადამიანებს შორის, რომლებიც არიან არსებები.

რა არის სული?

უამრავი ადამიანი ფიქრობს რომ სიტყვა „სული" არის შენაცვლებადი სიტყვა „სამშვინველთან". „The Merriam-Webster's Dictionary" ამბობს, რომ სული არის „სასიცოცხლო საფუძველი, რათა ფიზიკურ ორგანიზმს მისცეს სიცოცხლე, ან ზებუნებრივი ქმნილება ან არსება." მაგრამ ღმერთის თვალში სული არის რაღაც, რაც არასოდეს კვდება, არასოდეს იხრწნება ან იცვლება და რაც საუკუნოა. ეს თვით სიცოცხლე და ჭეშმარიტებაა.

დედამიწაზე მხოლოდ ოქროს აქვს სულის თვისებები. იგი არასოდეს იხრწნება და მისი ბრწყინვა კი არ იცვლება. ამ მიზეზის გამო ღმერთი ჩვენს რწმენას ბაჯაღლო ოქროს ამსგავსებს და ასევე ზეცაში ოქროთი და სხვა ძვირფასი ქვებით სახლებს აშენებს.

ადამმა მიიღო ღმერთის თავდაკირველი ბუნების ნაწილი, როდესაც ღმერთმა მასში სიცოცხლის სუნთქვა ჩაჰბერა. იგი შეიქმნა, როგორც არასრული სული. ეს იმიტომ, რომ არსებობდა შესაძლებლობა, რომ იგი დაბრუნებულიყო ხორციელ არსებად. იგი არ იყო მარტო „სული". იგი იყო

„ცოცხალი სული", რომელიც „ცოცხალი არსება" იყო.

რა მიზეზით შექმნა ღმერთმა ადამი ცოცხალ სულად? ეს იმიტომ, რომ მას უნდოდა ადამი ცოცხალი სულის განზომილებას გაცდენოდა ადამიანთა განვითარებით ხორცის გამოცდით და გამხდარიყო მთლიანი სულის ადამიანი. ეს არ ეხება მხოლოდ ადამს, არამედ მის ყველა შთამომავალს. ამ მიზეზის გამო ღმერთმა მოამზადა მხსნელი იესო, და დამხმარე სული წმინდა.

სულის აღსადგენად

ადამი ცხოვრობდა ედემის ბაღში როგორც ცოცხალი სული განუზომელი დროის განმავლობაში, მაგრამ საბოლოოდ ღმერთთან ურთიერთობა მისი ცოდვის გამო გახდა გაწყდა. იმ დროს, სატანამ დაიწყო ადამში არაჭეშმარიტების ჩანერგვა მისი სამშვინველის მეშვეობით. ამ კროცესში სულის ცოდნამ, რომელიც ღმერთის მიერ იყო მიცემული დაიწყო ქრობა და ჩაინაცვლა ხორცის შიგთავსით, რომელიც სატანის მიერ მიცემული არაჭეშმარიტების ცოდნაა.

დროთა განმავლობაში ადამიანი სულ უფრო და უფრო შეივსო ხორცის შიგთავსით. არაჭეშმარიტებამ დაიკყრო და ადამიანში სიცოცხლის თესლი დაფარა. ეს იყო თითქოს არაჭეშმარიტებამ შემოფარგლა და შეზღუდა სიცოცხლის თესლი და ამიტომ გახდა სრულიად უმოქმედო. როდესაც სიცოცხლის თესლი სრულიად უმოქმედო ხდება, ჩვენ ვამბობთ, რომ სული „მოკვდა". ეს იმას ნიშნავს, რომ ღმერთის შუქი, რომელსაც შეუძლია სიცოცხლის თესლის გააქტიურება, გაქრა. რა უნდა ვქნათ იმისათვის, რომ მკვდარი სული გავაცოცხლოთ?

პირველ რიგში ჩვენ უნდა დავიბადოთ წყლით და სულით.

როდესაც ღმერთის სიტყვას ვუსმენთ, რომელიც ჭეშმარიტებაა და იესო ქრისტეს ვიღებთ როგორც ჩვენს მხსნელს, ღმერთი გვაძლევს სული წმინდის საჩუქარს ჩვენს გულებში. იესომ თქვა იოანე 3:5-ში, „ჭეშმარიტად, ჭეშმარიტად გეუბნები შენ: ვინც არ დაიბადება წყლისა და სულისაგან, ვერ შევა ღმრთის სასუფეველში." აქედან ჩვენ ვხედავთ, რომ შეგვიძლია ვიხსნა მხოლოდ წყლით დაბადების შემდეგ, რომელიც ღმერთის სიტყვა და სული წმინდაა.

სული წმინდა ჩვენს გულებში მოდის და სიცოცხლის თესლს მოქმედს ხდის. ეს არის ჩვენი მკვდარი სულის აღდგენა. იგი გვეხმარება განვდევნოთ ხორცი, რომელიც არაჭეშმარიტებაა, გავანადგუროთ სამშვინველის არაჭეშმარიტების სამუშაოები და გვამარაგებს ჭეშმარიტების ცოდნით. თუ სული წმინდას არ მივიღებთ, ჩვენი მკვდარი სული არც გაცოცხლდება და ვერც ღმერთის სიტყვის სულიერ მნიშვნელობას გავიგებთ. სიტყვა, რომელიც არ გვესმის, შეუძლებელია ჩვენს გულებში დაითესოს და ვერ მოვიკოვებთ სულიერ რწმენას. ჩვენ შეგვიძლია გვქონდეს სულიერი გაგება და რწმენა, რათა გულით ვიწამოთ მხოლოდ სული წმინდის დახმარებით. ამასთან ერთად, ჩვენ შეგვიძლია მივიღოთ ძალა იმისთვის, რომ ღმერთის სიტყვა განვახორციელოთ და ვიცხოვროთ მისით, როდესაც ვილოცებთ. ლოცვების მეშვეობით მისი დახმარების გარეშე, არ არსებობს ძალა სიტყვის განხორციელებისათვის.

მეორე, ჩვენ სული უნდა დავბადოთ სულის მეშვეობით.

როდესაც ჩვენი მკვდარი სული გაცოცხლდება სული

წმინდის მიღებით, ჩვენ არ უნდა შევწყვიტოთ ჩვენი სულის ავსება ჭეშმარიტების ცოდნით. ეს არის სულის მეშვეობით სულის დაბადება. როდესაც სული წმინდის დახმარებით ვილოცებთ ბოროტების განსადევნათ, ბოროტება და არაჭეშმარიტება ჩვენი გულიდან აღმოიფხვრება. გარდა ამისა, იმის გათვალისწინებით, რომ ჩვენ სული წმინდის მეშვეობით ვიღებთ ჭეშმარიტების ცოდნას, როგორიც არის სიყვარული, სიკეთე ალალმართლობა, თავმდაბლობა და თავდაჭერილობა, ჩვენ უფრო და უფრო მეტად მივიღებთ გულის ჭეშმარიტებას და სიკეთეს. სხვა სიტყვებით რომ ვთქვათ, სული წმინდის მეშვეობით ჭეშმარიტების მიღება არის გადადგმული ნაბიჯების მიმართულების შეცვლის პროცესი, რომლითად კაცობრიობა გარიყვნა ადამის დაცემის შემდეგ.

თუმცა, არსებობენ ისეთი ადამიანებიც, რომლებსაც მიღებული აქვთ სული წმინდა, მაგრამ არ ცვლიან თავიანთ გულებს. ისინი არ ასრულებენ სული წმინდის ნებას და აგრძელებენ ცოდვებში ცხოვრებას. თავიდან ისინი ცდილობენ განდევნონ ცოდვები, მაგრამ გარკვეული მომენტიდან მათი რწმენა ხდება გულცივი და წყვეტენ ცოდვების წინააღმდეგ ბრძოლას. ცოდვების წინააღმდეგ ბრძოლის შეწყვეტის მომენტიდან, ისინი მეგობრდებიან სამყაროსთან ან ცოდვებს იდენენ. მათი გულები, რომლებიც უფრო და უფრო განწმენდილი ხდებოდა, ისევ ცოდვით დაბინძურდა. მიუხედავად იმისა, რომ სული წმინდა მივიღეთ, თუ ჩვენი გულები არაჭეშმარიტებით არის დასველებული, სიცოცხლის თესლი ვერ დაიბრუნებს ძალას.

1 თესალონიკელთა 5:19 გვაფრთხილებს, „ნუ დაშრეტთ სულს." ჩვენ შეიძლება მივაღწიოთ მდგომარეობას, როდესაც ცოცხლებად ვითვლებით, მაგრამ სანამ არ შევცვლით ჩვენს

თავებს სული წმინდის მიღების შემდეგ, ჩვენ მკვდრებად ვითვლებით (აპოკალიფსი 3:1). ამიტომ, მაშინაც კი თუ სული წმინდა მივიღეთ, ეს სული წმინდა თანდათანობით გაქრება, თუ ბოროტებაში და ცოდვებში გავაგრძელებთ ცხოვრებას.

ამიტომ, გამუდმებით უნდა ვეცადოთ, რომ შევცვალოთ ჩვენი გულები, სანამ მთლიანად ჭეშმარიტების გული არ გახდება. 1 იოანე 2:25-ში წერია, „ხოლო აღთქმა, რომელიც მან აღგვითქვა, არის საუკუნო სიცოცხლე." დიახ, ღმერთმა აღთქმა დაგვიდო. მაგრამ, ამას ერთვის მდგომარეობა.

ეს ის არის, რომ ჩვენ უნდა გავერთიანდეთ უფალთან და ღმერთთან მისი სიტყვის განხორციელებით.

სულის ზრდის პროცესი

იოანე 3:6-ში წერია, „ხორცის მიერ შობილი ხორცია და სულის მიერ შობილი - სული." როგორც დაწერილია, ჩვენ არ შეგვიძლია დავბადოთ სული, სანამ ხორცში ვართ.

ამიტომ, როდესაც სული წმინდას მივიღებთ და ჩვენი მკვდარი სული აღსდგება, სულმა უნდა განაგრძოს ზრდა. რა მოხდება, თუ კი ბავშვი სათანადოდ არ გაიზრდება ან საერთოდ შეწყვეტს ზრდას? ეს ბავშვი ვერ შეძლებს ნორმალური ცხოვრებით ცხოვრებას. იგივეა სულიერ სიცოცხლესთანაც. იმ ღმერთის შვილებმა, რომლებმაც მოიპოვეს სიცოცხლე, უნდა განაგრძონ თავიანთი რწმენის და სულის ზრდა.

ბიბლია გვეუბნება, რომ ყოველი ადამიანის რწმენის ზომა განსხვავებულია (რომაელთა 12:3). 1 იოანე 2:12-14 გვეუბნება რწმენის სხვადასხვა დონეების შესახებ, შემდეგ კატეგორიებად დაყოფილი: პატარა ჩვილების, ბავშვების, ახალგაზრდა ადამიანების, და მამების რწმენა:

ამას გწერთ, შვილნო, ვინაიდან მისი სახელით მოგეტევათ თქვენი ცოდვანი. ამას გწერთ, მამანო, ვინაიდან შეიცანით დასაბამიდან მყოფი. „ამას გწერთ, ჭაბუკნო, ვინაიდან სძლიეთ ბოროტი. ეს მოგწერეთ, ყრმანო, რადგანაც შეიცანით მამა. ამას გწერთ, მამანო, ვინაიდან შეიცანით დასაბამიდან მყოფი. ეს მოგწერეთ, ჭაბუკნო, რადგანაც ძლიერნი ხართ, ღვთის სიტყვა მკვიდრობს თქვენში და სძლიეთ ბოროტი.

იმის გათვალისწინებით, რომ ჩვენ საკუთარ თავებს ვცვლით, რომ გვქონდეს ჭეშმარიტი გულები, ღმერთი ზემოდან გვაძლევს რწმენას. ეს არის რწმენა, რომელიც ჩვენ გვწამს გულიდან, რომელიც არის „სულით სულის დასაბადებლად." ეს არის ის რასაც სული წმინდა აკეთებს: სული წმინდა საშუალებას გვაძლევს ფავბადოთ სული და გვეხმარება ჩვენი რწმენის გაზრდაში. სული წმინდა მოდის ჩვენს გულებში და გვასწავლის ცოდვის, სამართლიანობის და განსჯის შესახებ (იოანე 16:7-8). იგი გვეხმარება ვირწმუნოთ იესო ქრისტე.

ასევე გვეხმარება გავაცნობიეროთ ღმერთის სიტყვის სულიერი მნიშვნელობა და მივიღოთ იგი ჩვენი გულებით. ამ პროცესში, ჩვენ შეგვიძლია ღმერთის დაკარგული გამოსახულების დაბრუნება და შეგვიძლია გავხდეთ ღმერთის ჭეშმარიტი შვილები, რომლებიც სულის და მთლიანი სულის ადამიანები არიან.

იმიასთვის, რომ ჩვენი სული გაიზარდოს, პირველ რიგში ჩვენი ხორციელი აზრები უნდა ვუარყოთ. ხორციელი აზრები ყალიბდება მაშინ, როდესაც არაჭეშმარიტება ჩვენს გულებში მოდის სამშვინველის არაჭშმარიტული ქმედებებით. მაგალითად, თუ შენ გულში ბოროტება გაქვს და გაიგე, რომ ვიღაცამ შენზე იჭორავა, შენ ჯერ სამშვინველის

არაჭეშმარიტული ქმედებები გექნება. შენ გექნებოდა ხორციელი აზრები, თითქოს ის ადამიანი უხეშია და შემდეგ თავს შეურაცხყოფილად იგრძნობდი და სხვა ნეგატიური გრძნობებიც შეიძლება გამოვლენილიყო.

ასეთ მომენტში ეს არის სატანა, რომელიც სამშვინველს აკონტროლებს. სატანა არის ის, რომელიც ბოროტ აზრებს აწოდებს ადამიანს. სამშვინველის ოპერაციის მეშვეობით, არაჭეშმარიტება გულში, რომელიც ხორციელი რამ არის, როგორიც არის ბრაზი, სიძულვილი და სიამაყე ფორიაქდება. იმის ნაცვლად რომ ეცადო სხვებს გაუგო, შენ გსურს რომ დაუყოვნებლივ დაუკირისკირდე იმ ადამიანს.

ეს ხორციელი მახასიათებლები, რაც ზემოთ აღვნიშნე, ასევე ეკუთვნის ხორციელ აზრებს. თუ კი ადამიანი თვით-სამართლიანობა, თვით-კონცეპტუალიზაცია, ან მისი საკუთარი თეორიები გამოვლინდება სამშვინველის მოქმედებების მეშვეობით, ესენიც ხორციელს ეკუთვნის. დავუშვათ ადამიანს აქვს რაღაც სახის აზროვნების ფარგლები, რომლითაც მას სჯერა, რომ სწორია ის, რომ რწმენაში კომპრომისზე არ უნდა წახვიდე. შემდეგ იგი განაგრძობდა ფიქრს, რომ მისი იდეები სწორია და გაწყვეტდა სხვებთან ურთიერთობას ისეთ სიტუაციებშიც კი, სადაც მან მხედველობაში უნდა მიიღოს სხვა ადამიანების რწმენის დონე და სხვა ვითარებები. ასევე, ვივარაუდოთ რომ ადამიანს გარკვეული რაღაცის შესახებ აქვს აზრი და სჯერა, რომ ძნელი იქნება რაღაცის მიღწევა თუ კი გავითვალისწინებთ სიტუაციის რეალობას. ესეც ითვლება ხორციელ ფიქრად.

იესო ქრისტს და სული წმინდის მიღების შემდეგაც კი, ჩვენ მაინც გვაქვს ხორციელი ფიქრები იმდენად, რამდენი ხორციც გვაქვს, რომელიც ჯერ არ განგვიდევნია. ჩვენ გვაქვს სულიერი აზრები, როდესაც უკან ვიბრუნებთ ჭეშმარიტების

ცოდნას, რომელიც ღმერთის სიტყვაა, მაგრამ ჩვენ გვაქვს ხორციელი აზრები მაშინ, როდესაც არაჭეშმარიტების ცოდნა ბრუნდება. სული წმინას იმდენად არ შეუძლია მობილიზების მოხდება ჭეშმარიტების ცოდნაზე რამდენადაც ჩვენ გვაქვს ეს ხორციელი აზრები.

ამიტომ რომაელთა 8:5-8 ამბობს, „რადგანაც ხორციელნი ხორცისას იზრახავენ, სულიერნი კი - სულისას. ვინაიდან ხორცის ზრახვა სიკვდილია, სულის ზრახვა კი - სიცოცხლე და მშვიდობა. იმიტომ, რომ ხორცის ზრახვა ღვთის მტრობაა, ვინაიდან არ ემორჩილება და ვერც დაემორჩილება ღვთის რჯულს. ამიტომ ხორციელად მცხოვრებნი ვერ აამებენ ღმერთს."

ეს სტროფი გულისხმობს, რომ ჩვენ მხოლოდ მაშინ შეგვიძლია მივაღწიოთ სულის დონეს, როდესაც გავანადგურებთ ხორციელ აზრებს. მათ, ვინც ხორცში რჩებიან, არ შეუძლიათ ხორციელი აზრების გაკონტროლება და შედეგად აქვთ ღმერთის წინააღმდეგ აზრები, სიტყვები და ქცევები.

ერთ-ერთი ყველაზე აშკარა მაგალითი არის მეფე საულის შემთხვევა 1 სამუელი 15-ში. ღმერთმა მას უბრძანა ამალეკზე შეტევა და იქ ყველაფრის განადგურება. ეს იყო სასჯელის ნაწილი, რომელიც მათ უნდა მიეღოთ ღმერთის წინააღმდეგ დადგომისათვის.

მაგრამ მას შემდეგ რაც საულმა მოიგო ბრძოლა, მან მოიტანა კარგი პირუტყვი და თქვა, რომ ღმერთისთვის უნდა შეეწირა. მან ასევე ამალეკის მეფის განადგურების მაგივრად, იგი დაიჭირა. მას უნდოდა თავისი ქმედებით ტრაბახი. იგი იმიტომ არ დაემორჩილა, რომ ჰქონდა ხორციელი აზრები სიხარბისა და ამპარტავნობის გამო. რადგან დაბრმავებული იყო სიხარბისა და ამპარტავნობის გამო, მან განაგრძო თავისი

ხორციელი აზრების გამოყენება და საბოლოოდ უბედური სიკვდილით გარდაიცვალა.

ხორციელი აზრების ქონის ძირითადი მიზეზი არის ის, რომ ჩვენ გულში გვაქვს არაჭეშმარიტება. თუ მხოლოდ ჭეშმარიტების ცოდნა გვაქვს გულში, ჩვენ არასოდეს გვექნება ხორციელი აზრები. ისინი, ვისაც არ აქვთ ხორციელი აზრები, ბუნებრივად მხოლოდ სულიერი აზრები აქვთ. ისინი ემორჩილებიან სული წმინდის ხმას და წინამძღოლობას, რათა ღმერთს ისინი უყვარდეს და რათა გამოცადონ მისი სამუშაოები.

ასე რომ, ჩვენ გულმოდგინედ უნდა განვდევნოთ არაჭეშმარიტება და ჩვენი თავები მხოლოდ ჭეშმარიტების ცოდნით უნდა შევავსოთ, რომელიც ღმერთის სიტყვაა. ჭეშმარიტების ცოდნით შევსება არ ნიშნავს იმას, რომ ჩვენ ეს მხოლოდ ჩვენს გონებაში ვიცით, ჩვენ გული უნდა შევავსოთ და განვავითაროთ უფლის სიტყვით. ამავე დროს ჩვენი საკუთარი აზრები სულიერი აზრებით უნდა შევცვალოთ. როდესაც ურთიერთობა გვაქვს სხვებთან ან ვხედავთ გარკვეულ შემთხვევებს, ჩვენ კი არ უნდა განვსაჯოთ და განვკიცხოთ ჩვენი საკუთარი ხედვის წერტილიდან, არამედ ჭეშმარიტების დანახვა უნდა ვცადოთ მასში. გამუდმებით უნდა ვამოწმოთ ვექცეოდით თუ არა სხვებს სიკეთით, სიყვარულით და სამართლიანობით, იმისათვის რომ შევიცვალოთ. ამ გზით ჩვენ სულიერად გავიზრდებით.

კარგი ნიადაგის გაშენება

იგავნი 4:23-ში წერია, „შეინახე გული ყოველ შესანახავზე მეტად, რადგან მასშია სიცოცხლის წყარო." ეს ამბობს, რომ სიცოცხლის წყარო, რომელიც საუკუნო

სიცოცხლეს გვაძლევს, მოდის გულიდან. ჩვენ მხოლოდ მაშინ შეგვიძლია მოვმკათ ნაყოფი, როდესაც დავთესავთ თესლს, რათა აყვავდნენ, გაიფურჩქნონ და მოისხან ნაყოფი. ანალოგიურად, ჩვენ მხოლოდ მაშინ შეგვეძლება სულიერი ნაყოფის მოსხმა, როდესაც ღმერთის სიტყვის თესლი დაეცემა ჩვენი გულის მინდორზე.

ღმერთის სიტყვას, რომელიც სიცოცხლის წყაროა, აქვს ორი სახის ფუნქცია, როდესაც გულში ითესება. იგი ხნავს ცოდვებს და არაჭეშმარიტებას ჩვენი გულებიდან და გვეხმარება ნაყოფის მოსხმაში. ბიბლია მოიცავს მრავალ მცნებას, მაგრამ ეს მცნებები შედის ერთ-ერთში ამ ოთხი კატეგორიიდან: გააკეთე; არ გააკეთო; შესრულება; და გარკვეული რამის განდევნა. მაგალითად ბიბლია გვეუბნება, რომ „განვდევნოთ" სიხარბე და სხვა ყველა სიბოროტის სახეობა. ასევე, „არ გააკეთოს" მაგალითი შეიძლება იყოს „არ შეიძულო". ან „არ განსაჯო". როდესაც ამ მცნებებს დავემორჩილებით, ცოდვები აღმოიფხვრება ჩვენი გულებიდან. ეს იმას ნიშნავს, რომ ღმერთის სიტყვა მოდის ჩვენს გულში და ანვითარებს მას.

მაგრამ უსარგებლო იქნება, თუ ჩვენ მოხვნის შემდეგ შევჩერდებით. ჩვენ უნდა დავთესოთ ჭეშმარიტების და სიკეთის თესლები, რათა სული წმინდის ცხრა ნაყოფი მოვისხათ და მოვისხათ ნეტარების და სულიერი სიყვარულის კურთხევები. ნაყოფის მოსხმა არის მცნებებზე დამორჩილება, რომლებიც გვეუბნება, რომ გარკვეული რამ გავაკეთოთ და შევასრულოთ. თუ კი ღმერთის მცნებებს შევასრულებთ და განვახორციელებთ, საბოლოოდ ნაყოფსაც მოვისხამთ.

სულის ადამიანის გახდომის პროცესი, როგორც ამ თავის პირველ ნაწილში იყო ნახსენები, არის იგივე, რაც ჩვენი გულის მინდვრის გაშენებაა. ჩვენ დაუმუშავებელ მინდორს

ვხდით კარგ ნიადაგად მიწის მოხვნით, ქვების მოშორებით და სარეველა ბალახების აღმოფხვრით. ამგვარად, ღმერთის სიტყვაზე დასამორჩილებლად, ჩვენ უნდა განვდევნოთ ყოველი ხორციელი აზრი და ქმედება. ყოველ ადამიანს აქვს განსხვავებული სახის სიბოროტე. ამიტომ, თუ ჩვენ სიბოროტის ფესვს ამოვგლეჯთ, რაც ყველაზე რთულია და მასთან ერთად ყოველი მასზე მიმაგრებული სიბოროტის სახეობა აღმოიფხვრება. მაგალითად, თუ ადამიანი, რომელსაც დიდი მოცულობის შური აქვს აღმოფხვრის მას, სხვა მასთან დაკავშირებული სიბოროტეც აღმოიფხვრება, მაგალითად სიძულვილი, ჭორაობა და სიცრუე.

როდესაც რისხვის ძირითად ფესვს ამოვგლეჯთ, მასთან ერთად სხვა სიბოროტის სახეობებიც აღმოიფხვრება. თუ ჩვენ ვილოცებთ და ვეცდებით განვდევნოთ რისხვა, ღმერთი მოგვცემს სყალობას და ძალას და სული წმინდა კი დაგვეხმარება მის განდევნაში. თუ კი გავაგრძელებთ ჭეშმარიტების სიტყვის გამოყენებას ყოველდღიურ ცხოვრებაში, ჩვენ გვექნება სული წმინდის სისავსე და ხორცის სიმძლავრე დასუსტდება. ვივარაუდოთ, რომ ერთი ადამიანი დღეში ათჯერ ბრაზდება, მაგრამ თუ კი სიხშირე დაიკლებს ცხრამდე, შვიდამდე და ხუთამდე, საბოლოოდ გაქრება კიდეც. ამისთივს, თუ ჩვენს გულს კარგ ნიადაგად გადავაქცევთ ცოდვილი ბუნების განდევნით, ეს გული გახდება „სულის" გული.

უფრო მეტიც, ჩვენ უნდა დავნერგოთ ჭეშმარიტების სიტყვა, რომელიც გვეუბნება გარკვეული რამ გავაკეთოთ ან არ გავაკეთოთ, გვეუბნება, რომ გვიყვარდეს, მივუტევოთ, ვემსახუროთ სხვებს და შევინახოთ დასვენების დღე. აქ, ჩვენ ჩვენი თავის ჭეშმარიტებით ავსებას არ ვიწყებთ მხოლოდ მას შემდეგ, რაც ყოველ არაჭეშმარიტებას განვდევნით. არაჭეშმარიტების განდევნა და მისი ჭეშმარიტებით შეცვლა

ერთ დროს უნდა მოხდეს. როდესაც ამ პროცესით მხოლოდ ჭეშმარიტება გვექნება გულებში, ჩვენ გავხდებით სულის ადამიანები.

ერთ-ერთი რამ, რაც უნდა მოვიშოროთ იმისათვის, რომ სულის ადამიანები გავხდეთ, არის ბოროტება, რომელიც ჩვენს თავდაპირველ ბუნებაშია. ნიადაგს რომ შევადაროთ, ეს თავდაპირველი ბუნების ბოროტებები ნიადაგის თვისებებითაა. ეს ბოროტებები მშობლებისგან გადაეცემათ შვილებს სიცოცხლის ენერგიის საშუალებით. ასევე, თუ ჩვენ კონტაქტი გვექნება და მივიღებთ სიბოროტეს ზრდის განმავლობაში, ჩვენი ბუნება უფრო ბოროტი გახდება. ბოროტება ჩვენს ბუნებაში არ ვლინდება ჩვეულებრივ სიტუაციებში და რთულია მისი გაცნობიერება.

ამიტომ, მაშინაც კი, თუ ყოველი ცოდვა და ბოროტება განვდევნეთ, რომლებსაც ზედაპირულად ვხედავთ, ისეთი ბოროტების განდევნა არ არის ადვილი, რომელიც ჩვენს ბუნებაში ღრმად არის მოთავსებული. ამისათვის, ჩვენ მგზნებარედ უნდა ვილოცოთ და ყველანაირად ვეცადოთ, რომ ვიპოვნოთ იგი და განვდევნოთ.

ზოგ შემთხვევაში, ჩვენ შეჩერება გვაქვს სულიერ ზრდაში როდესაც გარკვეულ წერტილს მივაღწევთ. ეს ხდება ჩვენს ბუნებაში მყოფი სიბოროტის გამო. სარეველა ბალახების აღმოსაფხვრელად, ჩვენ ისინი ფესვებიანად უნდა ამოვგლიჯოთ და არა მხოლოდ ფოთლები და ღეროები. ანალოგიურად, ჩვენ მხოლოდ მას შემდეგ გვექნება სულის გული, როდესაც გავაცნობიერებთ და განვდევნით ბოროტებას ჩვენი ბუნებიდან. როდესაც ამ გზით სულის ადამიანები გავხდებით, ჩვენი სინდისი თვით ჭეშმარიტება იქნება და ჩვენი გული აივსება მხოლოდ ჭეშმარიტებით. ეს ნიშნავს

იმას, რომ ჩვენი გული თვით სული გახდება.

ხორცის ნაკვალევები

სულის ადამიანებს არ აქვთ არანაირი ბოროტება გულებში, და რადგან ისინი სულით არიან სავსენი, ყოველთვის ბედნიერები არიან. მაგრამ ეს არ არის რაღაც სრული. მათ მაინც აქვთ „ხორცის ნაკვალევები." ხორცის ნაკვალევები დაკავშირებულია ყოველი ადამიანის პირად თვისებებთან ან ბუნებასთან. მაგალითად, ზოგი ადამიანი არის მართალი და პატიოსანი, მაგრამ მათ აკლიათ სულგრძელობა და თანაგრძნობა. ზოგი შეიძლება იყოს სიყვარულით სავსე და სიამოვნებდეთ მისი სხვებთან გაზიარება, მაგრამ შეიძლება იყვნენ მეტად ემოციურები ან მათი სიტყვები და ქცევები შეიძლება იყოს უხეში.

რადგან ეს თვისებები რჩება, როგორც ხორცის ნაკვალევები მათ თვისებებში, ესენი კვლავ მოქმედებს მათზე, მას შემდეგაც კი, რაც სულის ადამიანები გახდებიან. ეს იგივეა, როდესაც ტანსაცმელს აქვს ძველი ლაქები. ქსოვილის თავდაპირველი ფერის მთლიანად დაბრუნება შეუძლებელია. ეს ხორცის ნაკვალევები არ შეიძლება ჩაითვალოს სიბოროტედ, მაგრამ ჩვენ უნდა განვდევნოთ ისინი და მთლიანად შევივსოთ სულის ცხრა ნაყოფით, რომელიც საშუალებას გვაძლევს გავხდეთ მთლიანი სულები. ჩვენ შეგვიძლია ვთქვათ, რომ გულს, რომელსაც არ აქვს არაჭეშმარიტება არის „სული". როდესაც თესლი ითესება კარგად გაშენებულ გულის მინდორზე და ისხამს ლამაზ სულის ნაყოფებს, მაშინ ჩვენ შეგვიძლია ეს გული ჩავთვალოთ, როგორც „მთლიანი სულის" გული.

როდესაც მეფე დავითი გახდა სული, ღმერთმა იგი

გამოცადა. ერთ დღეს დავითმა უბრძანა იოაბს აღწერა გაეკეთებინა. ეს ნიშნავს იმას, რომ მას იმ ადამიანების აღწერა უნდა გაეკეთებინა, რომლებიც ომში წავიდოდნენ. იაობმა იცოდა, რომ ეს ღმერთის თვალში არ იყო სწორი და ცადა დავითის გადარწმუნება. მაგრამ დავითმა მას არ მოუსმინა. შედეგად, ღმერთის რისხვა დაატყდა მას და მრავალი ადამიანი დაიღუპა შავი ჭირით.

დავითმა კარგად იცოდა ღმერთის ნება, ამიტომ როგორ შეიძლებოდა მას ასეთი რაღაც გამოეწვია? დავითი იდევნებოდა მეფე საულის მიერ დიდი ხნის განმავლობაში და წარმართებთან უამრავ ბრძოლაში იბრძოლა. იგი ერთხელ იდევნებოდა და საკუთარივე შვილი ემუქრებოდა მის სიცოცხლეს. მაგრამ დიდი ხნის შემდეგ, როდესაც მისი პოლიტიკური ძალა გახდა მეტად მყარი და როდესაც მისი ერის ძალა გაიზარდა, იგი დასუსტდა, რადგან მის გონებაში სიმშვიდემ დაისადგურა. ახლა მას სურდა ეტრაბახა მის სახელმწიფოში დიდი რაოდენობის ხალხით.

როგორც გამოსვლა 30:12-ში წერია, „როცა შეუდგება ისრაელიანთა აღრიცხვას მათი სათვალავის გასაგებად, გადაუხადოს თითოეულმა აღრიცხვის დროს თავისი სულის გამოსასყიდი უფალს, რომ ჟამი არ მოედოთ აღრიცხვისას," ღმერთმა ერთხელ უბრძანა ისრაელთა შვილებს აღეწერათ გამოსვლა, მაგრამ ეს იყო ამ ადამიანების დაარსებისათვის. თითოეულ მათგანს უნდა მიეცა თავისი გამოსასყიდი უფლისათვის და ეს იმისთვის იყო, რომ მათ დამახსოვრებოდათ, რომ ყოველი ადამიანის სიცოცხლე არსებობდა ღმერთის მფარველობით. აღრიცხვის გაკეთება არ არის ცოდვა; ამის გაკეთება შეიძლება საჭიროების შემთხვევაში. მაგრამ ღმერთს სურდა თავმდაბლობა მის წინაშე იმ ფაქტის აღიარებით, რომ ადამიანებში ძალა ღმერთისგან მოვიდა.

მაგრამ დავითმა აღწერა გააკეთა, მიუხედავად იმისა, რომ ღმერთს ეს არ უბრძანებია. ეს იყო იმისათვის, რათა გამოევლინა მისი გული, რომ არ მიენდო ღმერთს და დაეყრდნო ადამიანებს, მრავალი ადამიანის ყოლა ნიშნავდა დიდძალი არმიის ყოლას და მისი ერი იყო ძლიერი. როდესაც დავითმა თავისი დანაშაული გააცნობიერა, მან მაშინვე მოინანია, მაგრამ იგი უკვე დიდი გამოცდების გზაზე იდგა. შავი ჭირი მოვიდა მთელს ისრაელზე და 70,000 ადამიანი გარდაიცვალა.

რა თქმა უნდა, უამრავი ადამიანის დაღუპვა არ იყო დავითის ქედმაღლობით გამოწვეული. მეფემ ნებისმიერ დროს შეიძლება გააკეთოს აღწერა და მას არ სურდა ამით ცოდვის ჩადენა. ამიტომ, ადამიანების ხედვის წერტილიდან, ჩვენ ვერ ვიტყვით რომ მან შესცოდა. მაგრამ სრულყოფილი ღმერთის თვალში, ღმერთმა შეიძლება თქვას, რომ დავითი სრულიად არ მიენდო ღმერთს და რომ იყო ქედმაღალი.

არსებობს ისეთი რაღაცეები, რომლებიც ადამიანების თვალსაზრისით არ ითვლება როგორც ბოროტება, მაგრამ ღმერთის თვალში შესაძლოა ბოროტებად ჩაითვალოს. ეს არის „ხორცის ნაკვალევები", რომლებიც რჩება მას შემდეგ, რაც ადამიანი ნაკურთხი ხდება. ღმერთმა ასეთი გამოცდა იმიტომ მიუტანა ისრაელს, რომ დავითი კიდევ უფრო სრულყოფილი გაეხადა. მაგრამ ძირითადი მიზეზი იმისა, თუ რატომ დაემართა შავი ჭირი ისრაელის ხალხს იყო ის, რომ ადამიანების ცოდვებმა ღმერთის რისხვა გამოიწვიეს. 2 მეფეთა 24:1-ში წერია, „კვლავ აღიგზნო უფლის რისხვა ისრაელზე და წააქეზა მან დავითი მათ წინააღმდეგ და ათქმევინა: წადი, აღრიცხე ისრაელი და იუდა."

შავი ჭირის დროს, კარგმა ადამიანებმა, რომლების გადარჩენას შესაძლებელი იყო, არ მიიღეს სასჯელი.

ისინი, რომლებიც გარდაიცვალნენ იყვნენ ადამიანები, რომლებმაც ღმერთისთვის მიუღებელი ცოდვები ჩაიდინეს. მაგრამ დავითმა ტირილით მოინანია, როდესაც ნახა ამდენი ადამიანის სიკვდილი თავისი საქციელის გამო. ღმერთმა დასაჯა ცოდვილი ადამიანები და ამავე დროს განწმინდა დავითი.

სასჯელის შემდეგ, ღმერთმა დავითი გაგზავნა ორნა იებუსეველის, რათა ღმერთისთვის შესაწირი საკურთხეველი აეშენებინა. დავითმა გააკეთა ყველაფერი რაც ღმერთმა უთხრა. მან შეისყიდა ის ადგილი და დაიწყო ტაძრის აშენება, ამით ჩვენ ვხედავთ, რომ მან უკან დაიბრუნა ღმერთის წყალობა. ამ გამოცდით დავითმა კიდევ უფრო მეტად დაიმცირა თავი და ეს იყო ნაბიჯი მთლიანი სულისაკენ.

მთლიან სულში ყოფნის დამამტკიცებელი საბუთი

თუ ჩვენ მივაღწევთ მთლიანი სულის დონეს, იქნება დამამტკიცებელი საბუთები, რაც ნიშნავს იმას, რომ ჩვენ მოვისხამთ სულის ბარაქიან ნაყოფს. მაგრამ ეს იმას არ ნიშნავს, რომ ჩვენ არ მოვისხამთ არანაირ ნაყოფს, სანამ მთლიანი სულის დონეს არ მოვიკოვებთ. სულის ადამიანები არიან სულიერი სიყვარულის, სინათლის და სული წმინდის ცხრა ნაყოფის მოსხმის კროცესში. რადგან ისინი ჯერ კიდევ მოსხმის კროცესში არიან, მათ მთლიანად არ მოუსხამთ ეს ნაყოფები. ყოველ სულის ადამიანს აქვს სულიერი ნაყოფების მოსხმის განსხვავებული დონეები.

მაგალითად, თუ ერთი ღმერთის ბრძანებებს ემორჩილება, მას არანაირ სიტუაციაში არ ექნება სიძულვილის გრძნობა. მაგრამ იქნება განსხვავებები ნაყოფის მოსხმის გაზომვისა

სხვადასხვა სულის ადამიანებში. მაგალითად, ღმერთი გვეუბნება რომ „გვიყვარდეს". და არსებობს დონე, რომელზეც შენ უბრალოდ არ გძულს არავინ, როდესაც ასევე არსებობს ისეთი დონე, რომელზეც აქტიური მომსახურებით შენ სხვა ადამიანებს გულს აუჩუყებ. გარდა ამისა, არსებობს დონე, რომელზეც შენს სიცოცხლესაც კი გასწირავ სხვებისათვის. როდესაც ასეთი საქციელი არასოდეს იცვლება და სრულყოფილია, ჩვენ შეგვიძლია ვთქვათ, რომ მთლიანი სული ჩამოვაყალიბეთ.

ასევე არსებობს თითოეულ მათგანში სული წმინდის ნაყოფების მოსხმის განსხვავება. სულის ადამიანების შემთხვევაში, ადამიანს შეუძლია გარკვეული ნაყოფის მოსხმა სრული ზომის 50%-ის დონეზე და სხვა ნაყოფი 70%-ის დონეზე. ზოგს შეიძლება სიყვარული უხვად ჰქონდეს, მაგრამ თვით-კონტროლი აკლია, ან დიდი ერთგულება აქვს, მაგრამ თავმდაბლობა აკლია.

მაგრამ მთლიანი სულის ადამიანების შემთხვევაში, მათ სული წმინდის თითოეული ნაყოფის სრულყოფილად მოსხმა შეუძლიათ. სული წმინდა მათ გულებს 100%-ით აკონტროლებს, ამიტომ მათ ყველაფერში ჰარმონია აქვთ. მათ უფლისთვის მცხუნვარე ძლიერი გრძნობა აქვთ, როდესაც სრულყოფილი თვით-კონტროლი აქვთ, რომ სათანადოდ მოიქცნენ თითოეულ სიტუაციაში.

ისინი არიან მშვიდები და წყნარები, როგორც ბამბა და მაინც აქვთ ლომივით კეთილშობილება და ძალაუფლება. მათ აქვთ სიყვარული რომ ეძიონ სხვა ადამიანების სარგებელს ყველაფერში და სხვებისთვის საკუთარი სიცოცხლეც კი შეიძლება გასწირონ, მაგრამ არ აქვთ არანაირი მისწრაფება. ისინი ემორჩილებიან ღმერთის მართლმსაჯულებას. მაშინაც კი, როდესაც ღმერთი უბრძანებს მათ რაიმეს ისეთს,

რაც შეუძლებელია ადამიანის შესაძლებლობებით, ისინი მხოლოდ ეთანხმებიან მას და „ამინით" ემორჩილებიან.

გარედან, მორჩილების ქმედებები სულის და მთლიანი სულის ადამიანებისათვის შეიძლება ერთი და იგივე ნაირად გამოიყურებოდეს, მაგრამ სინამდვილეში კი განსხვავდება. სულის ადამიანები ემორჩილებიან, რადგან მათ უყვართ ღმერთი, მაშინ როდესაც მთლიანი სულის ადამიანები იმიტომ ემორჩილებიან, რომ მათ ესმით ღმერთის ღრმა გული და განზრახვა. მთლიანი სულის ადამიანები გახდნენ ღმერთის ჭეშმარიტი შვილები, რომლებსაც აქვთ მისი გული, ყველა ასპექტში მიაღწიეს ქრისტეს მთლიან ზომას. მათ ყველასთან მშვიდობა აქვთ და ღმერთი ყველა სახლში ერთგულები არიან.

1 თესალონიკელთა 4:3-ში წერია, „ვინაიდან ესაა ღვთის ნება: თქვენი სიწმიდე, რათა განერიდოთ სიძვას." და 1 თესალონიკელთა 5:23 ამბობს, „თვით მშვიდობის ღმერთმა წვიდა-გყოთ მთელი სისრულით, რათა თქვენი სული, თქვენი სამშვინველი და თქვენი სხეული უმწიკვლოდ იქნეს დაცული ჩვენი უფლის იესო ქრისტეს მოსვლისთვის."

ჩვენი უფლის იესო ქრისტეს მოსვლა ნიშნავს იმას, რომ იგი მოვა თავისი ჭეშმარიტი შვილების წასაყვანად დიდ შვიდწლიან ვარამამდე. ეს იმას ნიშნავს, რომ ჩვენ უნდა მივაღწიოთ მთლიანი სულის დონემდე და სანამ ეს მოხდება მოვამზადოთ ჩვენი თავები უფალთან შესახვედრად. როდესაც მთლიან სულს მივაღწევთ, ჩვენი სამშვინველი და სხეული დაემორჩილება სულს და ჩვენ შევძლებთ უფლის მიღებას.

სულის და მთლიანი სულის ადამიანებისთვის მიცემული კურთხევები

სულის ადამიანებისთვის, მათი სამშვინველი ყვავდება, ამიტომ მათ ყველაფერში წარმატება აქვთ და ჯანსარები არიან (3 იოანე 1:2). მათ გულებიდან ყოველივე ბოროტება განდევნეს, ამიტომ ისინი ღმერთის წმინდა შვილები არიან. ამიტომ, მათ აქვთ სულიერი ძალაუფლება, როგორც სინათლის შვილებს.

პირველი, ისინი არიან ჯანსაღები და არ ეკარებათ არანაირი დაავადება. როდესაც სულში შევალთ, ღმერთი დაგვიცავს ყოველი დაავადებისა და უბედური შემთხვევისაგან და შეგვეძლება ჯანსაღი ცხოვრებით ცხოვრება. მაშინაც კი, თუ დავბერდებით, წლოვანება არ დაგვეტყობა და არც დავსუსტდებით და არ გვექნება კანის ნაოჭები. გარდა ამისა, თუ მთლიან სულს მივაღწევთ, კანის ნაოჭებიც კი გასწორდება. კიდევ უფრო ახალგაზრდები გავხდებით და დავიბრუნებთ ძალას.

როდესაც აბრაამმა ისააკის შეწირვის გამოცდა ჩააბარა, მან მიაღწია მთლიან სულს; იგი მამობას უწევდა შვილებს მაშინაც კი, როდესაც 140 წლის იყო. ეს იმას ნიშნავს, რომ იგი გაახალგაზრდავებული იყო. ასევე, მოსე დედამიწის ზურგზე ყველაზე თავმდაბალი და მშვიდი იყო და 40 წლის განმავლობაში ღონივრად მუშაობდა მას შემდეგ, რაც ღმერთის მოწოდება მიიღო 80 წლის ასაკში. მაშინაც კი როდესაც იგი 120 წლის იყო, „არც თვალს აკლდა და არც სახე ჰქონია დანაოჭებული" (2 რჯული 34:7).

მეორე, სულის ადამიანებს გულში არ აქვთ ბოროტება, ამიტომ ეშმაკს და სატანას არ შეუძლიათ მათი შეცდენა. 1 იოანე 5:18-ში წერია, „ვიცით, რომ ღვთის მიერ შობილთაგან არავინ სცოდავს, რადგანაც ღვთის მხოლოდშობილი ძე იცავს

და ბოროტი ვერ ეხება მას." ეშმაკი და სატანა ხორციელ ადამიანებს აცდენენ და გამოცდებს უგზავნიან მათ.

იობს თავდაკირველად არ ჰქონდა მოშორებული ყოველი ბოროტება თავისი ბუნებიდან, ამიტომ როდესაც სატანამ მას ბრალი დასდო ღმერთის წინაშე, ღმერთმა დაუშვა მასზე გამოცდების ჩატარება. იობმა გააცნობიერა თავისი ბოროტება და მოინანია ამ გამოცდების დროს. მაგრამ მას შემდეგ რაც მან განდევნა ბოროტება და სულში შევიდა, სატანას აღარ შეეძლო იობზე ბრალის დადება. ამიტომ, ღმერთმა იგი ორმაგად აკურთხა.

მესამე, სულის ადამიანებს გარკვევით ესმით სული წმინდის ხმა და იღებენ მის წინამძღოლობას, ამიტომ ისინი წარმატების გზაზე დგანან. სულის ადამიანებისთვის, თვითონ მათი გული შეიცვალა ჭეშმარიტებაში, ამიტომ ღმერთის სიტყვით ცხოვრობენ. ყველაფერს, რასაც ისინი აკეთებენ, ჭეშმარიტების თანახმადააა. ისინი იღებენ სული წმინდის ბრძანებას და ემორჩილებიან მას. ასევე, თუ რაიმესთვის ილოცებენ, ისინი იქამდე უძლებენ შეუცვლელი რწმენით, სანამ პასუხს არ მიიღებენ ლოცვაზე.

თუ ყოველთვის ასე დავემორჩილებით, ღმერთი წინ წაგვიძღვება და მოგვცემს კეთილგონიერებასა და გაგების უნარს. თუ ჩვენ ყველაფერს ღმერთს მივანდობთ, იგი დაგვიცავს მაშინაც კი, თუ შემთხვევით ისეთ გზას დავადგებით, რომელიც მისი ნების თანახმად არასწორია; მაშინაც კი, თუ ჩვენთვის მოწყობილია ჩასავარდნი ორმო, იგი გვიბიძგებს რომ მას შემოვუაროთ.

მეოთხე, სულის ადამიანები მალევე იღებენ იმას, რასაც ლოცვით თხოულობენ; მათ პასუხის მიღება მხოლოდ გულში

განაფიქრზეც კი შეუძლიათ. 1 იოანე 3:21-22-ში წერია, „საყვარელნო, თუ ჩვენი გული არა გვგმობს, კირნათელნი ვართ ღვთის წინაშე. ამიტომ, რასაც ვითხოვთ, მივიღებთ მისგან, ვინაიდან ვიმარხავთ მის მცნებებს და ისე ვიქცევით, როგორც მას მოსწონს." ეს კურთხევა მათ მიუვათ.

იმ ადამიანებსაც კი, რომლებსაც არ აქვთ კონკრეტული უნარები ან ცოდნა, შეუძლიათ მიიღონ არა მხოლოდ სულიერი კურთხევა, არამედ მატერიალური კურთხევაც, თუ სულში შევლენ, რადგან ღმერთი მათთვის მოამზადებს ყველაფერს და წარუძღვება მათ.

როდესაც დავთესავთ და რწმენით ვითხოვთ, ჩვენ მოგვეცემა კეთილი, დაბეკნილი, დატენილი და თავდადგმული (ლუკა 6:38), მაგრამ როდესაც სულში შევალთ, ჩვენ 30-ჯერ მეტს მოვიმკით და მთლიან სულში შესვლის შემდეგ კი, 60-ჯერ ან 100-ჯერ უფრო მეტს მოვიმკით. ამ სულის და მთლიანი სულის ადამიანებს შეუძლია მიიღოთ ყველაფერი, რასაც გულში გაიფიქრებენ.

მთლიანი სულის ადამიანებისთვის მიცემული კურთხევის ადეკვატურად აღწერა შეუძლებელია. როგორც ფსალმუნნი 37:4-ში წერია „ისიამოვნე უფლის მიერ და ის აგისრულებს გულის წადილს," ღმერთი თავის მხრიდან მათ ყველაფერს აძლევთ რაც სჭირდება, ეს არის ფული, დიდება, ძალაუფლება და ჯანმრთელობა.

ასეთ ადამიანებს პირადი ცხოვრებისთვის აღარ სჭირდებათ ლოცვა, რადგან მათ აღარაფერი აკლიათ. ამიტომ, ისინი ყოველთვის ღმერთის სამეფოსა და მისი სამართლიანობისათვის ლოცულობენ და იმ ადამიანებისთვის, რომლებმაც არ იციან ღმერთი. ასე რომ, ღმერთი აღფრთოვანებულია მათი.

როდესაც ისინი, რომლებსაც მიღწეული აქვთ მთლიანი სული, უყვართ სამშვინველი და სავსენი არიან მგზნებარე ლოცვებით, მათ ასევე შეუძლიათ გასაოცარი ძალის წარმოჩენაც როგორც საქმე 1:8-ში წერია „არამედ მიიღებთ ძალას, როცა სული წმიდა გადმოვა თქვენზე, და იქნებით ჩემი მოწმენი იერუსალიმში, მთელს იუდეასა და სამარიაში, ქვეყნის კიდემდე." როგორც განმარტულია, სულის და მთლიანი სულის ადამიანებს ღმერთი ყველაზე მეტად უყვართ და ასიამოვნებენ მას და ისინი იღებენ ბიბლიაში დაპირებულ ყველა კურთხევას.

თავი 2

ღმერთის თავდაპირველი გეგმა

ღმერთს არ სურდა ადამს სამუდამოდ ეცხოვრა ჭეშმარიტი ბედნიერების, სიხარულის, მადლიერების და სიყვარულის შეგრძნების გარეშე. ამიტომ მან აღმოაცენა ხე სიცოცხლისა და ხე კეთილის და ბოროტის შეცნობისა შუაგულ ბაღში, რათა ადამს გამოეცადა ყოველი ხორციელი რამ.

რატომ არ შექმნა ღმერთმა ადამიანები სულებად?

ნებაყოფლობის და შენახვა გათვალისწინების მნიშვნელობა

ადამიანების შექმნის მიზანი

ღმერთს სურს მიიღოს დიდება ჭეშმარიტი შვილებისგან

ადამიანთა განვითარება არის პროცესი, რომელშიც ხორციელი ადამიანები უკან იცვლებიან სულის ადამიანებად. თუ ჩვენ ამ ფაქტს არ გავაცნობიერებთ და უბრალოდ ეკლესიაში წავალთ, ამას მნიშვნელობა არ ექნება. არსებობს ისეთი ადამიანები, რომლებიც ეკლესიაში დადიან, მაგრამ თავიდან არ დაბადებულან სული წმინდით და ამიტომაც არ აქვთ ხსნის გარანტია. ქრისტიანული რწმენით ცხოვრების დანიშნულება არა მხოლოდ ხსნის მიღებისათვისაა, არამედ იმისათვის, რომ ღმერთის დაკარგული გამოსახულება აღვიდგინოთ და მას გავუზიაროთ სიყვარული და ვადიდოთ იგი სამუდამოდ, როგორც ჭეშმარიტმა შვილებმა.

რა არის ღმერთის თავდაპირველი განზრახვა ადამის ცოცხალ სულად შექმნისა და დედამიწაზე ადამიანთა გაშენების მიზეზი? დაბადება 2:7-8-ში წერია, „გამოსახა უფალმა ღმერთმა ადამი (კაცი) მიწის მტვერისაგან და შთაბერა მის ნესტოებს სიცოცხლის სუნთქვა და იქცა ადამი ცოცხალ არსებად. უფალმა ღმერთმა ბაღი გააშენა ედემში, აღმოსავლეთში, და დასვა იქ ადამი, რომელიც გამოსახა."

ღმერთმა ზეცები და დედამიწა მეტწილად თავისი სიტყვით შექმნა. მაგრამ ადამიანი მან იგი თავისი ხელებით შექმნა. ასევე, ზეცაში ანგელოზები შეიქმნენ, როგორც სულები. თუმცა, მიუხედავად იმისა, რომ გამიზნული იყო, რომ ადამიანიც საბოლოოდ ზეცაში იცხოვრებდა, ეს ასე არ მოხდა. რა არის მიზეზი იმისა, თუ რატომ წამოიწყო ღმერთმა ადამიანის მიწის მტვრისგან შექმნის ასეთი რთული პროცესი? რატომ არ შექმნა მან ადამიანი, როგორც სული? აქ არის ღმერთის განსაკუთრებული გეგმა.

რატომ არ შექმნა ღმერთმა ადამიანები სულებად?

თუ კი ღმერთი ადამიანებს სულებად შექმნიდა და არა მიწის მტვრით, ადამიანები ვერასოდეს გამოცდიდნენ ხორციელი რამის გამოცდას. თუ მხოლოდ სულებად შეიქმნებოდნენ, ისინი დაემორჩილებოდნენ ღმერთის სიტყვას და არასოდეს შეჭამდნენ აკრძალული ხის ნაყოფს. მიწის დამახასიათებელი თვისება შეიძლება შეიცვალოს იმის და მიხედვით, თუ რას ამატებ მიწაში. მიზეზი იმისა, თუ რატომ გაირყვნა ადამი მიუხედავად იმ ფაქტისა, რომ იგი სულიერ სივრცეში იმყოფებოდა, იყო ის, რომ იგი შეიქმნა მიწის მტვრისაგან. მაგრამ ეს იმას არ ნიშნავს, რომ იგი თავიდანვე გაირყვნა.

ედემის ბაღი არის სულიერი სივრცე, რომელიც სავსეა ღმერთის ენერგიით და ამიტომ შეუძლებელი იყო სატანას ადამის გულში რაიმე ხორციელი ჩაენერგა. მაგრამ რადგან ღმერთმა ადამს საკუთარი ნება მისცა, მას შეეძლო

ხორციელის მიღება, თუ კი ეს მოუნდებოდა. მიუხედავად იმისა, რომ იგი ცოცხალი სული იყო, ხორცი შევიდოდა მასში თუ კი იგი თავისი ნებით მიიღებდა მას. დიდი ხნის შემდეგ, მან გაუღო თავისი გული სატანის ცდუნებას და მიიღო ხორცი.

სინამდვილეში, მიზეზი იმისა, თუ რატომ მისცა ღმერთმა ადამიანებს თავისუფალი ნება, იყო ადამიანთა გაშენება. თუ ღმერთი მას თავისუფალ ნებას არ მისცემდა, ადამი არასოდეს მიიღებდა არაფერ ხორციელს. ეს ასევე იმას ნიშნავს, რომ ადამიანთა გაშენებაც არასოდეს მოხდებოდა. კაცობრიობისთვის ღმერთის განგებაში, ადამიანთა გაშენება უნდა მომხდარიყო და ღმერთს არ შეუქმნია ადამი, როგორც სულიერი არსება.

ნებაყოფლობის და შენახვა გათვალისწინების მნიშვნელობა

დაბადება 2:17 აღწერს, „მხოლოდ კეთილის და ბოროტის შეცნობის ხის ნაყოფი არ შეჭამო, რადგან როგორც კი შეჭამ, მოკვდებით." როგორც განვმარტე, იყო ღმერთის ღრმა განგება ადამის მიწის მტვრით შექმნაში და მისთვის თავისუფალი ნების მიცემაში. ეს იყო ადამიანთა გაშენებისათვის. ადამიანებს შეუძლიათ წარსდგნენ როგორც ღმერთის ჭეშმარიტი შვილები მხოლოდ მას შემდეგ, რაც ადამიანთა გაშენებას გაივლიან.

ერთ-ერთი მიზეზი იმისა, თუ რატომ მივიდა ცოდვა

ადამთან იყო ის, რომ მას ჰქონდა თავისუფალი ნება, მაგრამ მეორე მიზეზი არის ის, რომ იგი არ დაემორჩილა ღმერთის სიტყვას. ღმერთის სიტყვაზე დამორჩილება არის მისი გულში აღბეჭდვა და განხორციელება.

ზოგი ადამიანი ერთი და იგივე შეცდომას მრავალჯერ უშვებს, როდესაც სხვები კი მას მეორეჯერ არ იმეორებენ. ადამზე ცოდვა იმიტომ მოვიდა, რომ მან არ იცოდა ღმერთის სიტყვის გონებაში შენახვის მნიშვნელობა. მეორეს მხრივ, ჩვენ სულის ვითარების დაბრუნება შეგვიძლია ღმერთის სიტყვის გონებაში შენახვით და მასზე დამორჩილებით. ამიტომ არის მნიშვნელოვანი, რომ ღმერთის სიტყვა გონებაში შევინახოთ.

იმ ადამიანებისთვის, რომელთა სულიც თავდაკირველი ცოდვის გამო მკვდარი იყო, თუ ისინი იესო ქრისტეს და სული წმინდას მიიღებენ, მათი მკვდარი სული აღდგება. ამ მომენტიდან, თუ ისინი ღმერთის სიტყვას გონებაში შეინახავენ და ცხოვრებაში განახორციელებენ, მაშინ სულს დაბადებენ სულის მეშვეობით. მათ შეეძლებათ სწრაფად მიაღწიონ სულიერ ზრდას. ამიტომ, ღმერთის სიტყვის შენახვა და მისი შეუცვლელად განხორციელება მეტად მნიშვნელოვან როლს თამაშობს სულის აღდგენაში.

ადამიანების შექმნის მიზანი

ზეცაში უამრავი სულიერი არსებაა, მაგალითად ანგელოზები, რომლებიც ყოველთვის ემორჩილებიან ღმერთს. მაგრამ გარდა რამდენიმე მეტად განსაკუთრებული

შემთხვევისა, მათ არ აქვთ ადამიანურობა. მათ არ აქვთ თავისუფალი ნება, რომლითაც მათ შეუძლიათ აირჩიონ თავიანთი სიყვარულის გაზიარება. ამიტომ შექმნა ღმერთმა პირველი ადამიანი ადამი, ისეთ არსებად, რომელთანაც იგი შეძლებდა ჭეშმარიტი სიყვარულის გაზიარებას.

მხოლოდ ერთი წუთით უბრალოდ წარმოიდგინეთ ბედნიერი ღმერთი, როდესაც პირველ ადამიანს ქმნიდა. ადამის ტუჩების შექმნით მას სურდა ადამს ღმერთი ედიდებინა; მისი ყურების შექმნით, მას სურდა ადამს ღმერთის ხმა გაეგო და დამორჩილებოდა მას; მისი თვალების შექმნით, მას სურდა ადამს დაენახა და შეეგრძნო მისი შექმნილი სილამაზე.

მიზეზი იმისა, თუ რატომ შექმნა ღმერთმა ადამიანი არის ის, რომ მას სურდა მათგან დიდება და მათთან სიყვარულის გაზიარება. მას სურდა შვილები, რომლებთანაც გააზიარებდა სამყაროს და ზეცის სილამაზეს. მას სურდა მათთან ერთად სამუდამოდ ბედნიერი ყოფილიყო.

გამოსვლის წიგნში, ჩვენ ვხედავთ ღმერთის იმ შვილებს, რომლებიც იხსნენ და ადიდებენ ღმერთს მის ტახტთან.

ადამიანები შეიქმნენ როგორც ცოცხალი სულები, მაგრამ ხორციელი ადამიანები გახდნენ. მაგრამ, თუ ისინი დაიბრუნებენ სულს ყველანაირი სიხარულის, რისხვის, სიყვარულის და მწუხარების გამოცდის შემდეგ, მაშინ შეძლებენ გახდნენ ღმერთის ჭეშმარიტი შვილები, რომლებსაც ღმერთი გულის სიღრმიდან ეყვარებათ და მისი

მადლიერები იქნებიან.

როდესაც ადამი ედემის ბაღში ცხოვრობდა, იგი არ იყო მიჩნეული, როგორც ღმერთის ჭეშმარიტი შვილი. ღმერთმა მას მხოლოდ სიკეთე და ჭეშმარიტება ასწავლა და ამიტომ მან არ იცოდა რა იყო ცოდვა და ბოროტება. მან არ იცოდა თუ რა იყო უბედურება და ტკივილი. ედემის ბაღი სულიერი სივრცეა და იქ არ არსებობს სიკვდილი.

ამიტომ ადამმა არ იცოდა სიკვდილის მნიშვნელობა. მიუხედავად იმისა, რომ ცხოვრობდა ასეთ ლამაზ და მდიდარ ადგილას, იგი ვერ გრძნობდა ბედნიერებას, სიხარულს თუ მადლიერებას. რადგან არასოდეს გამოეცადა დარდი ან უბედურება, იგი სრულყოფილად ვერ გრძნობდა ჭეშმარიტ სიხარულსა და ბედნიერებას. მან არ იცოდა თუ რა იყო სიძულვილი და არ იცოდა ჭეშმარიტი სიყვარული. ღემრთს არ სურდა ადამს სამუდამოდ ეცხოვრა ჭეშმარიტი ბედნიერების, სიხარულის, მადლიერების და სიყვარულის შეგრძნების გარეშე. ამიტომ მან აღმოაცენა ხე სიცოცხლისა და ხე კეთილის და ბოროტის შეცნობისა ედემის ბაღში, რათა ადამს გამოეცადა ხორცი.

როდესაც ის ადამიანები, რომლებმაც გამოცადეს ხორციელი სამყარო, ღმერთის შვილები გახდებიან, შემდეგ ისინი რასაკვირველია გაიგებენ, თუ როგორი კარგია სული და როგორი ძვირფასია ჭეშმარიტება. მათ შეეძლებათ ჭეშმარიტად მალიერნი იყვნენ ღმერთისა, რადგან მან მისცა მათ საუკუნო ცხოვრება. როდესაც ღმერთის გულს გავიგებთ, ჩვენ ეჭვი აღარ შეგვეპარება ღმერთის განზრახვაში, თუ რატომ შექმნა ხე სიცოცხლისა და ხე კეთილის და ბოროტის

შეცნობის და რატომ დაიტანჯნენ ადამიანები ამის გამო. არამედ, ჩვენ მადლიერები ვიქნებით და ვადიდებთ ღმერთის იმისთვის, რომ მან კაცობრიობის გადასარჩენად თავისი ერთადერთი ვაჟი გასწირა.

ღმერთს სურს მიიღოს დიდება ჭეშმარიტი შვილებისგან

ღმერთი ადამიანებს არა მხოლოდ იმიტომ ანვითარებს, რომ ჭეშმარიტი შვილები მიიღოს, არამე იმიტომ, რომ მათგან დიდებაც მიიღოს. ესაია 43:7 ამბობს, „ყველა, ვინც ჩემი სახელით არის წოდებული და ვინც ჩემი დიდებისთვის შევქმენი, გამოვსახე და გავაჩინე." ასევე 1 კორინთელთა 10:31 ამბობს, „ჭამთ, სვამთ თუ სხვა რამეს აკეთებთ, ყველაფერი ღვთის სადიდებლად აკეთეთ."

ღმერთი არის სიყვარულის და სამართლიანობის ღმერთი. მან არა მხოლოდ ზეცა და საუკუნო სიცოცხლე მოამზადა ჩვენთვის, არამედ მან მისი ერთადერთი ვაჟი მოგვცა ჩვენი ხსნისათვის. მხოლოდ ამ ფაქტისთვის ღმერტი ღირსია მიიღოს დიდება. მაგრამ ღმერთს მხოლოდ დიდების მიღება არ სურდა. ძირითადი მიზეზი იმისა, თუ რატომ სურდა ღმერთს დიდების მიღება იყო ის, რომ მას სურდა ეს დიდება უკან დაებრუნებინა იმ ადამიანებისთვის, რომლებმაც იგი ადიდეს. იოანე 13:32 ამბობს, „ხოლო თუ ღმერთი იდიდა მის მიერ, ღმერთიც ადიდებს მას თავის მიერ, და ადიდებს მას მალე."

როდესაც ღმერთი ჩვენგან დიდებას იღებს, იგი გვაძლევს

დიდძალ კურთხევას დედამიწაზე და საუკუნო დიდებას მოგვცემს ზეციურ სამეფოშიც. 1 კორინთელთა 15:41-ში წერია „სხვაა დიდება მზისა, სხვაა დიდება მთვარისა, სხვა – ვარსკვლავების; და თვით ვარსკვლავიც ვარსკვლავისაგან განსხვავდება დიდებით."

ეს გვეუბნება საცხოვრებელ ადგილებში განსხვავების შესახებ და გვადიდებს თითოეულ ჩვენთაგანს, რომლებიც გადარჩენილები ვართ. მოცემული ზეციური საცხოვრებელი ადგილები და დიდება გადაწყვეტილი იქნება იმის და მიხედვით, თუ რამდენად გვაქვს ცოდვები განდევნილი იმისათვის, რომ წმინდა გულები გვქონდეს და თუ რამდენად ერთგულად მოვემსახურებით ღმერთის სამეფოს. როდესაც ესენი მოგვეცემა, მათი შეცვლა შეუძლებელი იქნება.

ღმერთმა ადამიანები იმისათვის შექმნა, რომ მიეღო ჭეშმარიტი შვილები, რომლებიც სულს ეკუთვნიან. ღმერთის თავდაპირველი გეგმა არის ის, რომ ადამიანებმა თავიანთი თავისუფალი ნებით აირჩიონ ხორცის და სამშვინველის განდევნა და შეიცვალონ სულის და მთლიანი სულის ადამიანებად. ღმერთის ეს განზრახვა განხორციელდება იმ ადამიანების მიერ, რომლებიც გახდებიან სულის და მთლიანი სულის ადამიანები.

როგორ ფიქრობთ დღეს რამდენი ადამიანი ცხოვრობს, რომლებიც ღირსეულნი არიან ღმერთის ამ განზრახვისთვის? თუ მართლაც გავიგებთ ღმერთის ადამიანის შექმნის მნიშვნელობას, ჩვენ აუცილებლად დავიბრუნებთ ღმერთის

გამოსახულებას, რომელიც დაკარგული იყო ადამის ცოდვის გამო. ჩვენ დავინახავთ, გავიგებთ და ვისაუბრებთ მხოლოდ ჭეშმარიტებაში და ყოველი ჩვენი ფიქრი და ქმედება იქნება წმინდა და სრულყოფილი. ეს არის გზა გავხდეთ ღმერთის ჭეშმარიტი შვილები, რომლებიც კიდევ უფრო დიდ სიხარულს აძლევენ ღმერთს, ვიდრე ადამის შექმნისგან გამოწვეული სიხარული იყო. ღმერთის ასეთი ჭეშმარიტი შვილები ზეცაში ისიამოვნებენ დიდებით, რომელსაც ვერც კი შეადარებთ იმ დიდებას, რომელიც ცოცხალ სულს, ადამს ჰქონდა ედემის ბაღში.

თავი 3

ჭეშმარიტი ადამიანი

ღმერთმა ადამიანი საკუთარი წარმოსახვით შექმნა. ღმერთის დიდი სურვილია, რომ ჩვენ აღვადგინოთ მისი დაკარგული გამოსახულება და მონაწილეობა მივიღოთ ღმერთის ღვთაებრივ ბუნებაში.

ადამიანების მთლიანი მოვალეობა

ღმერთი დადიოდა ენოქთან ერთად

ღმერთის მეგობარი აბრაამი

მოსეს თავისი ხალხი საკუთარ სიცოცხლეზე მეტად უყვარდა

პავლე მოციქული გამოჩნდა როგორც ღმერთი

იგი მათ ემახდა ღმერთებს

თუ ღმერთის სიტყვას განვახორციელებთ, ჩვენ შეგვეძლება სულის გულის აღდგენა, რომელიც სავსეა ჭეშმარიტების ცოდნით, ისეთი როგორიც ადამს ჰქონდა, ცოცხალ სულს, სანამ ცოდვას ჩაიდენდა. ადამიანების მთავარი მოვალეობაა ღმერთის გამოსახულების აღდგენა, რომელიც დაიკარგა ადამის ცოდვის გამო და მონაწილეობის მიღება ღმერთის ღვთაებრივ ბუნებაში. ბიბლიაში ჩვენ ვხედავთ, რომ ის ადამიანები, რომლებმაც ღმერთის სიტყვა მიიღეს, რომლებმაც მისი საიდუმლოებები გაავრცელეს და რომლებმაც ღმერთის ძალა ცხადად აჩვენეს, ისე კეთილშობილად არიან აღიარებულნი, რომ მეფეებიც კი დაიჩოქებდნენ მათ წინაშე. ეს იმიტომ, რომ ისინი იყვნენ ჭეშმარიტი შვილები ღმერთისა, რომელიც ყველაზე მაღალია (ფსალმუნნი 82:6).

ბაბილონის მეფე ნაბუქოდონოსორმა ერთ დღეს სიზმარი ნახა და აღელდა. მან დაუძახა ჯადოქრებს და ქალდეველებს რათა სიზმრის მოყოლის გარეშე მათ ეთქვათ მისი განმარტება. ასეთი რამ მხოლოდ ღმერთისთვის იყო შესაძლებელი, ადამიანის ძალას ეს არ შეეძლო.

ახლა დანიელმა, რომელიც იყო ღმერთის ადამიანი, სთხოვა

მეფეს მისთვის დრო მიეცა სიზმრის ახსნა-განმარტებისათვის. ღმერთმა დანიელს ღამით ხედვაში აჩვენა საიდუმლოებები. დანიელი მივიდა მეფესთან და უთხრა მას სიზმრის ახსნა-განმარტება. მეფე ნაბუქოდონოსორი სახით დაიხარა და პატივი აგო დანიელს და ბრძანება გასცა მისთვის მიერთმიათ სურნელოვანი საკმეველი და შემდეგ ღმერთის ადიდა.

ადამიანების მთლიანი მოვალეობა

მეფე სოლომონი ყველაზე მეტად განიცდიდა სიმდიდრისა და ავლადიდების სიამოვნებას. გაერთიანებული სამეფოს საფუძველზე, რომელიც მისმა მამამ, დავითმა დააარსა, მისი სახელმწიფოს ძალა კიდევ უფრო გაიზარდა და უამრავი მეზობელი ქვეყანა უხდიდა მას ხარკებს. მისი მეფობის დროს სამეფო ბრწყინვალების კიკზე იყო (1 მეფეთა 10).

მაგრამ რაც დრო გავიდა მან ღმერთის წყალობა დაივიწყა. მას ეგონა, რომ ყველაფერი მხოლოდ თავისი საკუთარი ძალით ხდებოდა. მან უგულვებელყო ღმერთის სიტყვა და წარმართ ქალებთან შეუღლების აკრძალვით დაარღვია მისი ბრძანება. მას უამრავი წარმართი უკანონო ცოლი ჰყავდა სიკვდილის ბოლო დღეებში.

ღმერთმა იგი ორჯერ გააფრთხილა არ ეცა თაყვანი სხვა ღმერთებისთვის, მაგრამ სოლომონი მას არ დაემორჩილა. საბოლოოდ, ღმერთის რისხვა დაატყდა შემდეგ თაობას და ისრაელი დაყო ორ სამეფოდ. მას შეეძლო ყველაფრის მიღება რაც სურდა, მაგრამ ბოლო დღეებში მან გამოთქვა, „ამაოება ამაოებათა, თქვა ეკლესიასტემ, ამაოება ამაოებათა, ყოველივე ამაოა" (ეკლესიასტე 1:2).

იგი მიხვდა, რომ ყველაფერი ამ სამყაროში იყო ფუჭი და თქვა, „მოვისმინოთ ყველაფრის თავი და ბოლო: ღვთისა გეშინოდეს და დაიცავი მცნებანი მისნი, რადგან ეს არის კაცის თავი და თავი" (ეკლესიასტე 12:13). მან თქვა, რომ ადამიანების მთლიანი მოვალეობა არის ღმერთის შიში და მისი მცნებების შესრულება.

რას ნიშნავს ეს? ღმერთის შიში არის ბოროტების სიძულვილი (იგავნი 8:13). მათ, ვისაც ღმერთი უყვარს, მოიცილებს ბოროტებას და დაემორჩილება მის ბრძანებებს და ამ გზით ისინი ადამიანეთა მთლიან მოვალეობას შეასრულებენ. ჩვენ მაშინ შეიძლება დაგვერქვას მთლიანი ადამიანები, როდესაც უფლის გულს სრულიად განვავითარებთ, რათა მისი დაკარგული გამოსახულება აღვიდგინოთ. მდოით ახლა განვიხილოთ ზოგი პატრიარქის და ჭეშმარიტი რწმენის ადამიანიანების მაგალითები.

ღმერთი დადიოდა ენოქთან ერთად

ღმერთი ენოქთან ერთად სამასი წლის განმავლობაში დადიოდა და ბოლოს ცოცხალი წაიყვანა. ცოდვის შედეგი სიკვდილია და ფაქტი, რომ ენოქი ზეცაში სიკვდილის დანახვის გარეშე ავიდა, არის მტკიცება იმისა, რომ ღმერთმა იგი უცოდველად აღიარა. მან განავითარა წმინდა და უმწიკლო გული, რომელიც ჰგავდა ღმერთის გულს. ამიტომ არ შეეძლო სატანას მისი შეცდენა, როდესაც ზეცაში ცოცხალი ავიდა.

დაბადება 5:21-24-ში წერია შემდეგი: „იცოცხლა ენოქმა სამოცდახუთი წელი და შვა მეთუშალახი. დადიოდა

ღმერთთან ენოქი მეთუშალახის დაბადების შემდეგ სამასი წელი და შვა ძენი და ასულნი. სრული ხანი ენოქისა იყო სამას სამოცდახუთი წელი. დადიოდა ღმერთთან ენოქი და აღარ იყო, რადგან წაიყვანა იგი ღმერთმა."

„ღმერთთან ერთად სიარული" ნიშნავს იმას, რომ ღმერთი სულ ამ ადამიანის გვერდით არის. სამასი წლის განმავლობაში ენოქი ცხოვრობდა ღმერთის ნების თანახმად. სადაც არ უნდა წასულიყო, ღმერთი ყოველთვის მის გვერდით იყო.

ღმერთი თვით სინათლე, სიკეთე და სიყვარულია. ასეთ ღმერთთან სიარულისთვის, ჩვენ არ უნდა გვქონდეს ჩვენს გულებში არანაირი სიბნელე და მხოლოდ სიკეთითა და სიყვარულით უნდა ვიყოთ სავსენი. ენოქი ცხოვრობდა ცოდვილ სამყაროში, მაგრამ თავს მაინც წმინდად ინარჩუნებდა. ასევე მან სამყაროს უქადაგა ღმერთის სიტყვა. იუდა 1:14 ამბობს, „მათთვის იწინასწარმეტყველა ენოქმა, მეშვიდემ ადამის შემდეგ, რომელმაც თქვა: აჰა, მოვიდა უფალი მისივე წმიდათა სიმრავლით." როგორც წერია, მან ადამიანებს შეატყობინა უფლის მეორედ მოსვლის და განსჯის შესახებ.

ბიბლიაში არაფერი არ წერია ენოქის დიდი მიღწევების შესახებ ან ის, რომ მან რაიმე უჩვეულო გააკეთა ღმერთისთვის. მაგრამ ღმერთს იგი ძალიან უყვარდა, რადგან იგი თაყვანს სცემდა ღმერთს და ცხოვრობდა წმინდა სიცოცხლით და ყოველივე ბოროტებას ერიდებოდა. ამიტომ წაიყვანა ღმერთმა იგი „ახალგაზრდა ასაკში". იმ დროს ხალხი ცხოვრობდა 900 წლის განმავლობაში და

ენოქი კი 365 წლის იყო, როდესაც ზეცაში ავიდა. იგი იყო ახალგაზრდა, მხნე ადამიანი.

ებრაელთა 11:5 ამბობს, „რწმენით გარდაიცვალა ენოქი, ისე, რომ არ უხილავს სიკვდილი, და ველარავინ დალანდა, რადგანაც ღმერთმა წაიყვანა იგი; ვინაიდან სიკვდილამდე მიიღო მოწმობა, რომ ესათნოვა ღმერთს."

დღესაც კი, ღმერთს სურს ვიცხოვროთ წმინდა და ღვთისმოსავი ცხოვრებით, გვქონდეს ლამაზი გულები და არა სამყაროსგან დაბინძურებული, რათა ღმერთმა ყოველთვის ჩვენს გვერძე ყოფნა შეძლოს.

ღმერთის მეგობარი აბრაამი

ღმერთს სურდა აბრაამის, „რწმენის მამის" მეშვეობით კაცობრიობას სცოდნოდა, თუ როგორია ღმერთის ჭეშმარიტი შვილი. აბრაამს ერქვა „კურთხევის წყარო" და „ღმერთის მეგობარი". მეგობარი არის ადამიანი, რომელსაც ენდობი და შეს საიდუმლოებებს უზიარებ. რა თქმა უნდა, მოხდა გაწმენდები, სანამ აბრაამი მთლიანად ღმერთს მიენდობოდა. როგორ აღიარდა აბრაამი ღმერთის მეგობრად?

აბრაამი მხოლოდ „დიახ" და „ამინით" ემორჩილებოდა. როდესაც მან პირველად მიიღო ღმერთის მოწოდება თავისი ქალაქი დაეტოვებინა, იგი დაემორჩილა მიუხედავად იმისა, რომ არც კი იცოდა სად უნდა წასულიყო. იგი ცხოვრობდა თავის ძმისწულთან ლოტთან ერთად და გამგზავრებისას მან უფლება მისცა თვითონ აერჩია ადგილ-მამული.

აბრაამმა თქვა დაბადება 13:9-ში „განა შენს წინ არ არის

მთელი ეს ქვეყანა? გამეყარე და თუ შენ მარცხნივ წახვალ, მე მარჯვნივ წავალ, თუ მარჯვნივ წახვალ, მე მარცხნივ წავალ."

რადგან აბრაამს ასეთი ლამაზი გული ჰქონდა, ღმერთი კიდევ ერთხელ შეპირდა კურთხევას. დაბადება 13:15-16-ში ღმერთი დაპირდა, „მთელი ეს ქვეყანა, რასაც ხედავ, შენთვისა და შენი მოდგმისათვის მომიცია სამარადისოდ. ქვიშასავით ურიცხვს გავხდი შენს შთამომავლობას; თუ ვინმე შესძლებს ქვიშის დათვლას, შენი შთამომავლობაც დაითვლება."

ერთ დღეს, რამდენიმე მეფის გაერთიანებულმა ძალამ შეუტია სოდომს და გომორს, სადაც აბრაამის ძმისწული ლოტი ცხოვრობდა და წაიყვანეს ხალხი და წაიღეს ომის ნადავლი. ადამმა წაიყვანა თავისი გაწვრთნილი 318 კაცი, რომლებიც მის სახლში დაიბადნენ და დაედევნა დანს. მან უკან წამოიღო მთელი ქონება და თავისი ნათესავი ლოტიც და მასთან ერთად ყოველი ადამიანი.

აქ, სოდომის მეფეს სურდა ნადავლი აბრაამისთვის მიეცა მადლიერების მიშნად, მაგრამ აბრაამმა თქვა „თუ ძაფი ან ფეხსამოსის თასმა ავიღო იქიდან, რაც შენ გეკუთვნის. არ გათქმევინებ, მე გავამდიდრეო აბრამი" (დაბადება 14:23). არ იქნებოდა არასამართლიანი მეფისგან რაიმე წამოეღო, მაგრამ მან უარი თქვა მეფის შემოთავაზებაზე, რათა დაემტკიცებინა, რომ მთელი მისი მატერიალური წყალობა ღმერთისგან იყო.

როდესაც ღმერთმა აბრაამს უბრძანა თავისი შვილი ისააკი შეეწირა, იგი დაუყოვნებლივ დაემორჩილა მას, რადგან მას ღმერთის სჯეროდა, რომელსაც მკვდრის გაცოცხლება შეეძლო. საბოლოოდ, ღმერთმა დაამტკიცა იგი რწმენის მამად,

„კურთხევით გაკურთხებ და გიმრავლებ შთამომავლობას ცის ვარსკვლავებივით და ზღვის ქვიშასავით; დაიმკვიდრებს შენი შთამომავლობა შენს მტერთა ქალაქებს; იკურთხებიან შენი შთამომავლობის წყალობით ქვეყნიერნი, რადგან შეისმინე ჩემი სიტყვა" (დაბადება 22:17-18). გარდა ამისა, ღერთი დაკირდა მას, რომ ღმერთის შვილი, იესო, რომელიც კაცობრიობას იხსნიდა, მისი შთამომავალი იქნებოდა.

იოანე 15:13 ამბობს, „არავისა აქვს იმაზე დიდი სიყვარული, ვინც სულს დადებს თავისი მეგობრისთვის." აბრაამი მზად იყო თავისი ერთადერთი ვაჟი, ისააკი შეეწირა, რომელიც საკუთარ სიცოცხლეზე ძვირფასიც კი იყო, ამით იგი ღმერთისადმი სიყვარულს გამოხატავდა.

ღმერთი არის ყოვლისშემძლე და ამგვარად მას შეუძლია ყველაფრის გაკეთება და შეუძლია ყველაფერი მოგვცეს. მაგრამ იგი თავის შვილებს კურთხევას და მათ ლოცვებზე პასუხებს აძლევს, რათა ღმერთის სიყვარული იგრძნონ.

მოსეს თავისი ხალხი საკუთარ სიცოცხლეზე მეტად უყვარდა

მაშინ როდესაც მოსე ეგვიპტის მეფე იყო, მან მოკლა ეგვიპტელი, რათა საკუთარ ხალხს დახმარებოდა და უნდა გაქცეულიყო ფარაონის ადგილიდან. ამის შემდეგ იგი უდაბნოში ცხოვრობდა მწყემსად, 40 წლის განმავლობაში ცხვრის ფარას მწყემსავდა.

მოსე ცუდ პოზიციაში იყო მიდიანის უდაბნოში

და მას უნდა დაეთმო თავისი ამპარტავნობა და თვით-სამართლიანობა, რომელიც მას ეგვიპტის პრინცობის დროს ჰქონდა. ღმერთი გამოჩნდა თავმდაბალი მოსეს წინაშე და მისცა მოვალეობა ეგვიპტიდან გამოეყვანა ისრაელის ვაჟები. მოსეს საკუთარი სიცოცხლე უნდა გაერისკა ამის გასაკეთებლად, მაგრამ იგი დაემორჩილა და მივიდა ფარაონთან.

თუ ისრაელის ვაჟების ქცევას განვიხილავთ, ჩვენ ვხედავთ, თუ როგორი დიდი გული ჰქონდა მოსეს, როდესაც ეს ხალხი მიიღო. როდესაც ხალხს სირთულეები ჰქონდა, ისინი მოსესთან ჩიოდნენ და მისი ჩაქოლვაც კი სცადეს.

როდესაც წყალი არ ჰქონდათ, ჩიოდნენ, რომ წყუროდათ. როდესაც წყალი ჰქონდათ, ჩიოდნენ, რომ საჭმელი არ ჰქონდათ. როდესაც ღმერთმა ზევიდან მათ ციური მანნა მისცა, მათ ჩივილი დაიწყეს, რომ ხორცი არ ჰქონდათ. ისინი ამბობდნენ, რომ ეგვიპტეში კარგი საჭმელი ჰქონდათ, ამბობდნენ, რომ დამამცირებელი მანა საცოდავი საკვები იყო.

როდესაც ღმერთმა საბოლოოდ მათ ზურგი შეაქცია, უდაბნოს გველები ამოვიდნენ და უკბინეს მათ. მაგრამ ისინი მაინც იხსნენ, რადგან ღმერთმა ისმინა მოსეს დარწმუნებით ლოცვა. ხალხი თვითმხილველი გახდა იმისა, რომ ღმერთი დიდი ხნის განმავლობაში მოსესთან ერთად იყო, მაგრამ მათ ხბოს კერპი შექმნეს და თაყვანს სცემდნენ მას, როდესაც მოსე მათთან არ იყო. ისინი მოტყუებლნი დარჩნენ წარმართი ქალების მიერ და ჩაიდინეს ღალატის ცოდვა, რომელიც ასევე სულიერი ღალატი იყო. მოსე ამ ხალხის მაგივრად ღმერთთან ცრემლებით ლოცულობდა.

გამოსვლა 32:31-32 ამბობს:

დაბრუნდა მოსე უფალთან და უთხრა: დიდი ცოდვა ჩაიდინა ამ ხალხმა: ოქროს ღმერთები გაიკეთა. ახლა მიუტევე მათ ეს ცოდვა, თუ არა და, ამომშალე შენი დაწერილი წიგნიდან.

აქ, მისი სახელის წიგნიდან ამოშლა ნიშნავს იმას, რომ იგი არ იხსნებოდა და სამუდამოდ დაიტანჯებოდა ჯოჯოხეთში, რომელიც საუკუნო სიკვდილია. მოსემ ეს ფაქტი კარგად იცოდა, მაგრამ თავისი თავგანწირვით მას სურდა ხალხს მისტევებოდათ ცოდვები.

როგორ ფიქრობთ რას იგრძნობდა ღმერთი, როდესაც მოსე ასე დაინახა? მოსე ღრმად იგებდა ღმერთის გულს, რომელსაც სძულს ცოდვები, მაგრამ ვის უნდა ცოდვილების გადარჩენა და ღმერთი ნასიამოვნები იყო მოსეთი და ძალიან უყვარდა იგი. ღმერთმა მოსეს სიყვარულის ლოცვა შეისმინა, რომ ისრაელის შვილები განადგურებას გადარჩენოდნენ.

წარმოიდგინეთ ერთ მხარეს არის ბრილიანტი. იგი უნაკლო და მუჭის ხელა ზომისაა. მეორე მხარეს კი ერთი ზომის ათასობით აგურია. რომელი იქნება უფრო ძვირფასი? არ აქვს მნიშვნელობა რამდენი აგური იქნება, არავინ არ გაცვლიდა მასში ბრილიანტს. ანალოგიურად, მოსეს ღირებულება, რომელმაც შეასრულა ადამიანთა გაშენების დანიშნულება, უფრო ძვირფასი იყო ვიდრე მილიონობით ადამიანი, რომლებმაც ეს არ გააკეთეს (გამოსვლა 32:10).

რიცხვნი 12:3-ში მოსეზე წერია „მოსე უთვინიერესი

კაცი იყო დედამიწის ზურგზე" და მეშვიდე სტროფი ამბობს „ასეთი არ არის ჩემი მორჩილი მოსე. მთელი ჩემი ერის ერთგულია იგი."

ბიბლიაში უამრავ ადგილას წერია, თუ რამდენად უყვარდა ღმერთს მოსე. გამოსვლა 33:11 ამბობს „პირისპირ ელაპარაკებოდა უფალი მოსეს, როგორც კაცი ელაპარაკება კაცს." ასევე გამოსვლა 33-ში, ჩვენ ვხედავთ, რომ მოსემ სთხოვა ღმერთს დანახვებოდა და ღმერთმა უპასუხა მას.

პავლე მოციქული გამოჩნდა როგორც ღმერთი

პავლე მოციქული უფლისთვის მუშაობდა მთელი ცხოვრების განმავლობაში და მაინც, იგი ყოველთვის დადარდიანებული იყო თავისი წარსულის გამო, რადგან წარსულში უფალს დევნიდა. მან მიიღო სასტიკი გამოცდები და ამბობდა, „რადგანაც უმცირესი ვარ მოციქულთა შორის და არა ვარ მოციქულად წოდების ღირსი, ვინაიდან ვსდევნიდი ღვთის ეკლესიას" (1 კორინთელთა 15:9).

იგი ციხეში დაამწყვდიეს, ცემეს და ხშირად სიკვდილის პირასაც იყო. ხუთჯერ ებრაელებმა 39-ჯერ გაამათრახეს. სამჯერ წნელით ცემეს, ერთხელ ჩაქოლეს, დღე და ღამე ორმოში ატარებდა. იგი ხშირად მოგზაურობდა, მდინარის საფრთხეებში, მძარცველების, თავისი თანამემამულეების, წარმართების საფრთხეში, ქალაქშიც, უდაბნოშიც და ზღვაშიც საფრთხეში იყო, მრავალი უძილო ღამე ჰქონდა, შიმშილსა და წყურვილში, სიცივესა და დაუცველობაში გაატარა მრავალი დღე.

პავლემ ისე იტანჯებოდა, რომ განაცხადა 1 კორინთელთა

4:9-ში, „რადგანაც ვფიქრობ, რომ ჩვენ, მოციქულნი, ღმერთმა სულ ბოლოს გამოგვიყვანა, როგორც სიკვდილმისჯილნი, ქვეყნიერების, ანგელოზთა და კაცთა სასეიროდ."

რა არის მიზეზი იმისა, რომ ღმერთმა ერთგულ პავლე მოციქულს ასეთი გაჭირვებები შეახვედრა? ღმერთს სურდა პავლე წარმსდგარიყო ისეთი ლამაზი გულის ადამიანად, რომელიც კრისტალივით წმინდაა. პავლეს ღმერთის გარდა არავინ ჰყავდა, რომ საზარელ სიტუაციებში მინდობოდა, როდესაც ნებისმიერ მომენტში შეიძლებოდა მოეკლათ იგი. მან ღმერთში იპოვნა კომფორტი და სიხარული. მან თავისი თავი მთლიანად უარჰყო და უფლის გული ჩამოაყალიბა.

მას არ სურდა თავი აერიდებინა გაჭირვებებისგან, მიუხედავად იმისა, რომ ადამიანისთვის ამის გაძლება საკმაოდ რთულია. მან აღიარა თავისი სიყვარული ეკლესიისა და წევრებისადმი 2 კორინთელთა 11:28-29-ში, "გარდა ამისა, ჩემი ყოველდღიური საფიქრალი - ზრუნვა ყველა ეკლესიაზე.

ასევე, რომაელთა 9:3-ში მან თქვა იმ ხალხის შესახებ, რომლებსაც მისი მოკვლა სურდათ, "ასე რომ, ვისურვებდი თვითონვე ვყოფილიყავი შეჩვენებული და ქრისტესაგან მოკვეთილი ჩემი ძმების, ჩემი სისხლისა და ხორცის გამო." აქ „ჩემი ძმები, ჩემი სისხლი" გულისხმობს ებრაელებს და ფარისევლებს, რომლებიც დევნიდნენ და აწუხებდნენ პავლეს.

საქმე 23:12-13 ამბობს, „როცა გათენდა, იუდეველები შეითქვნენ და ფიცი დადეს, არც ეჭამათ და არც ესვათ, ვიდრე არ მოკლავდნენ პავლეს. ხოლო შეთქმულნი ორმოცზე მეტნი

იყვნენ."

კავლეს არასდორს გამოუწვევია, რომ მათ რაიმე ცუდი გრძნობა ჰქონოდათ პირადად მის მიმართ. პავლეს არასოდეს უთქვამს მათთვის ტყუილი და არც ზიანი მიუყენებია. მაგრამ, მხოლოდ იმიტომ, რომ საახრებას ქადაგებდა და ღმერთის ძალა ავლენდა, მათ ჩამოაყალიბეს ჯგუფი, რომელმაც მისი მოკვლის აღთქმა დადო.

მიუხედავად ამისა, მან ილოცა, რომ ეს ხალხი გადარჩენილიყო, მაშინაც კი, თუ იგი ამით თავის საკუთარ ხსნას დაკარგავდა. ეს არის მიზეზი იმისა, თუ რატომ მისცა ღმერთმა მას ასეთი დიდი ძალა: მან ჩამოაყალიბა დიდი სიკეთე, რომლითაც იგი საკუთარ ცხოვრებას გაწირავდა იმ ადამიანებისთვის, რომლებმაც მისთვის ზარალის მიყენება სცადეს.

იგი მათ ეძახდა ღმერთებს

იოანე 10:35 ამბობს, „ხოლო თუ ღმერთები უწოდა მათ, ვის მიმართაც იყო ღმრთის სიტყვა (წერილი კი ურღვევია)." როდესაც ღმერთის სიტყვას მივიღებთ და განვახორციელებთ მას, ჩვენ გავხდებით ჭეშმარიტების ადამიანები, კერძოდ კი სულის ადამიანები. ეს არის საშუალება დავემსგავსოთ ღმერთს, რომელიც სულია: იმისათვის, რომ სულის ადამიანები გავხდეთ და უფრო მეტიც, მთლიანი სულის ადამიანები. და ანალოგიურად, ჩვენ შეგვიძლია ისეთ არსებებად წარვსდგეთ, რომელიც არის ღმერთივით.

გამოსვლა 7:1-ში წერია, „უთხრა უფალმა მოსეს: იცოდე,

ღმერთად დამიდგენიხარ ფარაონისთვის; შენი ძმა აარონი კი შენი ქადაგი იქნება." ასევე, გამოსვლა 4:16, „ის ილაპარაკებს ხალხთან შენს ნაცვლად, ის იქნება შენთვის ბაგე, ხოლო შენ ღმერთი იქნები მისთვის." როგორც წერია, ღმერთმა მოსეს უბოძა ისეთი დიდი ძალა, რომ მოსე ადამიანების წინაშე ღმერთივით წარსდგა.

საქმე 14-ში, იესო ქრისტეს სახელით, პავლე მოციქულმა განკურნა და ფეხზე დააყენა ადამიანი, რომელსაც მის ცხოვრებაში არასდროს გაევლო. როდესაც იგი ფეხზე დადგა ხალხი ისეთი გაოცებული იყო, რომ თქვეს „ღმერთებს კაცის სახე მიუღიათ და ჩვენთან ჩამოსულანო" (საქმე 14:11). ზუსტად როგორც ამ მაგალითში, ისინი, რომლებიც ღმერთთან ერთად ივლიან, შეიძლება გამოვლინდნენ როგორც ღმერთი, რადგან ისინი სულის ადამიანები არიან, მიუხედავად იმისა, რომ ფიზიკური სხეულები აქვთ.

ამიტომ არის აღწერილი 2 პეტრე 1:4-ში: „რომელთაგანაც გვებოძა დიადი და ფასდაუდებელი აღთქმანი, რათა ამ ქვეყნად გულისთქმის ხრწნილებისაგან განრიდებულნი საღმრთო ბუნების თანაზიარნი გახდეთ."

მოდით გავაცნობიეროთ, რომ ღმერთის ძლიერი სურვილია, რომ ადამიანებმა მონაწილეობა მიიღონ ღმერთის ღვთაებრივ ბუნებაში, რათა განვდევნოთ წარმავალი ხორცი, რომლითაც მხოლოდ სიბნელის ძალა ბრწყინდება, სული დავბადოთ სულის მეშვეობით და მართლად მონაწილეობა მივიღოთ ღმერთის ღვთაებრივ ბუნებაში.

როდესაც მთლიანი სულის დონეს მივაღწევთ, ეს იმას ნიშნავს, რომ ჩვენ მთლიანად აღვიდგინეთ სული. სულის

მთლიანად დაბრუნება ნიშნავს იმას, რომ ჩვენ აღვიდგინეთ ღმერთის გამოსახულება, რომელიც დაკარგული იყო ადამის ცოდვის გამო და ამით ჩვენ მონაწილეობას ვიღებთ ღმერთის ღვთაებრივ ბუნებაში.

როდესაც ამ დონეს მივაღწევთ, ჩვენ შეგვიძლია მივიღოთ ძალა, რომელიც ღმერთის ეკუთვნის. ღმერთის ძალა არის საჩუქარი, რომელიც იმ ღმერთის შვილებს ეძლევათ, რომლებც ღმერთს ემსგავსებიან (ფსალმუნნი 62:11). ღმერთის ძალის მიღების დამამტკიცებელი საბუთი არის ნიშნები და საოცრებები, რომლებიც სული წმინდის სამუშაოების მიერ არის გამოვლენილი.

თუ ასეთ ძალას მივიღებთ, ჩვენ შეგვიძლია უამრავ ადამიანს წავუძღვეთ ხსნისაკენ. პეტრემ შეასრულა დიდი სამუშაოები სულიწ მინდის ძალის მეშვეობით.

მხოლოდ ერთხელ ქადაგებით, ხუთიათასზე მეტი ადამიანი იხსნა. ღმერთის ძალა არის იმის დამამტკიცებელი საბუთი, რომ ღმერთი იმ კონკრეტულ პირთან. ეს ასევე არის გზა ადამიანებში რწმენა ჩანერგოთ.

ხალხი საერთოდ არ დაიჯერებს, სანამ ნიშნებსა და საოცრებებს არ ნახავენ (იოანე 4:48). ამიტომ, ღმერთი ავლენს თავის ძალას მთლიანი სულის ადამიანებით, რომლებმაც მთლიანად დაიბრუნეს სული, რათა ხალხმა იწამოს ცოცხალი ღმერთი, მხსნელი იეოს ქრისტე, ზეცის და ჯოჯოხეთის არსებობა და ბიბლიის ჭეშმარიტება.

თავი 4

სულიერი სამყარო

ბიბლია ხშირად გვეუბნება სულიერი სამყაროს და ხალხის შესახებ, რომელთაც ეს აქვთ გამოცდილი. ასევე სულიერი სამყაროა სადაც ჩვენ წავალთ დედამიწის ცხოვრების შემდეგ.

პავლე მოციქულმა იცოდა სულიერი სამყაროს საიდუმლოებები

ბიბლიაში გამოსახული უსაზღვრო სულიერი სამყარო

ზეცა და ჯოჯოხეთი ნამდვილად არსებობს

სიცოცხლე სიკვდილის შემდეგ იმ სულებისთვის, რომლებიც არ იხსნენ

როგორც მზე და მთვარე დიდებით განსხვავდებიან ერთმანეთისგან

ზეცის შედარება ედემის ბაღთან შეუძლებელია

ახალი იერუსალიმი, საუკეთესო საჩუქარი ჭეშმარიტი შვილებისთვის მიცემული

როდესაც ადამიანები, რომლებმაც ღმერთის დაკარგული გამოსახულება დაიბრუნეს, დაასრულებენ თავიანთ დედამიწის ცხოვრებას, შემდეგ უკან დაბრუნდებიან სულიერ სამყაროში. ჩვენი ფიზიკური სამყაროსგან განსხვავებით, სულიერი სამყარო არის უსაზღვრო ადგილი. ჩვენ არ შეგვიძლია მისი სიგრძის, სიგანის და სიღრმის გაზომვა.

ასეთი გაშლილი სულიერი სამყარო შეიძლება დაიყოს სინათლის სივრცედ, რომელიც ღმერთს ეკუთვნის, და სიბნელის სივრცედ, რომელიც ბოროტი სულებისთვისაა. ამ სინათლის სივრცეში არის ზეცის სამეფო მომზადებული ღმერთის იმ შვილებისთვის, რომლებიც რწმენით იხსნენ. ებრაელთა 11:1 ამბობს, „ხოლო რწმენა არის უეჭველობა იმისა, რასაც მოველით, და წვდომა უხილავისა." როგორც ნათქვამია, სულიერი სამეფო არის სამყარო, რომლის დანახვაც შეუძლებელია. მაგრამ, როგორც რეალური ქარი ფიზიკურ სამყაროში შეუძლებელია კონკრეტულად დამტკიცდეს, მაინც არსებობს, რწმენაში რაღაცისთვის იმედით, რომლის იმედიც არ შეგვიძლია გვქონდეს ამ ფიზიკურ სამყაროში, მისი არსებობის გამოვლენილი დამამტკიცებელი საბუთები, რომლებიც ჩნდება, ადასტურებს მის არსებობას.

რწმენა არის გზა, რომელიც გვაკავშირებს სულიერ სამყაროსთან. ეს არის გზა ის ადამიანები, რომლებიც ფიზიკურ სამყაროში ვცხოვრობთ, შევხვდეთ ღმერთს, რომელიც სულიერ სამყაროშია. რწმენით ჩვენ შეგვიძლია კავშირი გვქონდეს ღმერთთან, რომელიც სულია. ჩვენ შეგვიძლია გავიგოთ ღმერთის სიტყვა ჩვენი სულიერი ყურებით და ჩვენი სულიერი თვალებით, შეგვიძლია დავინახოთ სულიერი სამყარო, რომლის ფიზიკური თვალებით დანახვა შეუძლებელია.

როდესაც ჩვენი რწმენა გაიზრდება, ჩვენ ზეცის სამეფოს კიდევ უფრო დიდი იმედი გვექნება და ღმერთის გულს უფრო ღრმად გავიგებთ. როდესაც გავაცნობიერებთ და ვიგრძნობთ მის სიყვარულს, ჩვენ არ შეგვეძლება არ გვიყვარდეს იგი. გარდა ამისა, როდესაც სრულყოფილი რწმენა გვექნება, სულიერი რაღაცეები მოხდება, რომლებიც ფიზიკურ სამყაროში სრულიად შეუძლებელია.

პავლე მოციქულმა იცოდა სულიერი სამყაროს საიდუმლოებები

2 კორინთელთა 12:1-დან პავლე განმარტავს თავის გამოცდილებას სულიერ სამყაროში „სიქადული საჭიროა, მაგრამ სარგო როდია ჩემთვის; მაშ, უფლის ხილვებსა და გამოცხადებებს მივუბრუნდები." ეს იყო მისი გამოცდილების შესახებ, როდესაც ზეციური სამეფოს მესამე ზეცაში სამოთხეში იყო.

2 კორინთელთა 12:6-ში იგი ამბობს „ხოლო თუ ქადილს დავაპირებ, უგუნური როდი ვიქნები, რადგანაც სიმართლეს

ვიტყვი, მაგრამ თავს ვიკავებ, რათა ვინმეს იმაზე მეტი არ ვაფიქრებინო, რასაც ჩემში ხედავს, ან ჩემგან ესმის." პავლე მოციქულს ჰქონდა დიდძალი სულიერი გამოცდილება და მიიღო ღმერთის გამოცხადება, მაგრამ არ შეეძლო ყველაფერზე ესაუბრა, რაც სულიერი სამყაროს შესახებ იცოდა.

იოანე 3:12-ში იესომ თქვა „თუ მიწისა გითხარით და არ ირწმუნეთ, როგორღა ირწმუნებთ, რომ გითხრათ, ცისას?" ყოველი ძლიერი საოცრების საკუთარი თვალით დანახვის შემდეგაც კი, იესოს მოწაფეებს მთლიანად არ შეეძლოთ იესოს დაჯერება. მათ ჭეშმარიტი რწმენა მხოლოდ მას შემდეგ ჰქონდათ, რაც უფლის აღდგომა ნახეს. ამის შემდეგ, მათ საკუთარი სიცოცხლე ღმერთის სამეფოს და სახარების გავრცელებას მიუძღვნეს. ანალოგიურად, პავლე მოციქულმა კარგად იცოდა სულიერი სამყაროს შესახებ და მთლიანად შეასრულა მოვალეობა მთელი თავისი ცხოვრებით.

არ არსებობს გზა ჩვენთვის, რომ ვიგრძნოთ და გავიგოთ საიდუმლო სულიერი სამყარო როგორც პავლემ იგრძნო? რა თქმა უნდა არსებობს. პირველ რიგში, ჩვენ გაგიჟებით უნდა გვინდოდეს სულიერი სამყარო. სულიერი სამყაროსადმი დიდი ძლიერი სურვილის ქონა ამტკიცებს, რომ ჩვენ ვაღიარებთ და გვიყვარს ღმერთი, რომელიც სულია.

ბიბლიაში გამოსახული უსაზღვრო სულიერი სამყარო

ბიბლიაში ჩვენ ვპოულობთ უამრავ ჩანაწერს სულიერი

სამყაროს და სულიერი გამოცდილების შესახებ. ადამი შეიქმნა როგორც ცოცხალი არსება, რომელიც ცოცხალი სულია და მას შეეძლო ღმერთთან ურთიერთობა. მის შემდეგაც კი, არსებობდნენ უამრავი წინასწარმეტყველები, რომლებსაც კავშირი ჰქონდათ ღმერთთან და ზოგჯერ პირდაპირ იგებდნენ ღმერთის სიტყვას (დაბადება 5:22, 9:9-13; გამოსვლა 20:1-17; რიცხვნი 12:8). ზოგჯერ ანგელოზები გამოჩნდნენ ხალხის წინ, რათა ღმერთის მოწოდება გადაეცათ. ასევე არსებობს ჩანაწერები ოთხ ცოცხალ არსებაზე (ეზეკიელი 1:4-14), ქერუბიმი (2 მეფეთა 6:2; ეზეკიელი 10:1-6), ცეცხლის ეტლი და ცეცხლის ცხენები (4 მეფეთა 2:11, 6:17), რომლებიც სულიერ სამყაროს ეკუთნოდნენ.

წითელი ზღვა ორად გაიყო. წყალი ამოვიდა კლდიდან ღმერთის კაცის, მოსეს მეშვეობით. მზე და მთვარე გაჩერდა იოშუას ლოცვისას. ელაია ლოცულობდა ღმერთთან და ზეციდან ცეცხლი მოიტანა. მას შემდეგ რაც მან თავისი მოვალეობა შეასრულა დედამიწაზე, ელაია ზეცაში ქარიშხლის დროს ავიდა. ეს არის რამდენიმე მაგალითი იმ შემთხვევებისა, სადაც სულიერი სამყარო გარს შემოერტყა ფიზიკურ სივრცეს.

გარდა ამისა, 4 მეფეთა 6-ში, როდესაც არამის ჯარი მოვიდა ელისეს დასაჭერად, ელისეს მსახურს გეხაზის სულიერი თვალები აეხილა და დაინახა ცეცხლის ეტლი და ცეცხლის ცხენები, რომლებიც დასაცავად ელისეს გარს შემოერტყნენ. დანიელი ლომების ბუნაგში ჩააგდეს თავისმა თანამოაზრე მღვდლებმა, მაგრამ იგი არ დაშავებულა,

რადგან ღმერთმა თავისი ანგელოზები გააგზავნა, რომ ლომების პირები დაეხურა. დანიელის სამი მეგობარი მეფეს არ დაემორჩილა იმისათვის, რომ თავიანთი რწმენა შეენახათ და ჩააგდეს ცეცხლოვან ღუმელში, რომელიც შვიდჯერ უფრო ცხელი იყო ვიდრე ჩვეულებრივ. მაგრამ მათი ერთი თმის ღერიც კი არ შეტრუსულა.

ღმერთის შვილმა, იესო ქრისტემაც მიიღო ადამიანის სხეული, როდესაც დედამიწაზე ჩამოვიდა, მაგრამ მან გამოავლინა სულიერი სამყაროს უსაზღვრო საოცრებები, რადგან არ ყოფილა შეზღუდული ფიზიკური სივრცის შეზღუდვებით. მან გააცოცხლა მკვდარი, განკურნა უამრავი ავადმყოფი და წყალზე გაიარა. გარდა ამისა, აღდგომის შემდეგ, იგი მოულოდნელად წარსდგა თავისი ორი მოციქულის წინაშე, რომლებიც ემაუსში მიდიოდნენ (ლუკა 24:13-16), და მან სახლის კედლებში გაიარა და მივიდა იმ მოწაფეების სახლში, რომლებსაც ებრაელების ეშინოდათ და ამიტომ სახლში იყვნენ ჩაკეტილები (იოანე 20:19).

ეს ფაქტობრივად ტელეპორტაციაა, ფიზიკური სივრცის საზღვრის გადაბიჯება. ეს გვეუბნება, რომ სულიერი სამყარო დროის და სივრცის საზრვრებს ცილდება. არსებობს სულიერი სივრცე ფიზიკური სივრცის გარდა, რომელიც ჩვენი თვალებისთვის დასანახია და იგი გადავიდა ამ სულიერი სივრცეში, რათა გამოჩენილიყო ისეთ ადგილას და ისეთ დროს, როდესაც მას სურდა.

ამ ღმერთის შვილებს, რომლებსაც აქვთ ზეცის მოქალაქეობა, სულიერი სამუშაოების დიდი სურვილი აქვთ. ღმერთი ისეთ ადამიანებს, რომლებსაც დიდი სურვილი აქვთ,

საშუალებას აძლევს გამოცადონ სულიერი სამყარო, როგორც იერემია 29:13-ში თქვა მან „დამიწყებთ ძებნას და მიპოვნით, თუ მთელი გულით მეძებეთ."

ჩვენ შეგვიძლია შევიდეთ სულში და ღმერთი გაგვიხელს სულიერ თვალებს, როდესაც ჩვენს თვით-სამართლიანობას, თვით-კონცეპტუალიზაციას და ეგოიზმს განვდევნით.

იოანე მოციქული იყო ერთ-ერთი იესოს თორმეტ მოწაფეთაგანი (აპოკალიფსი 1:1, 9). ჩვენი წელთაღრიცხვის შემდეგ 95 წელს, იგი დაიჭირა რომის იმპერატორმა და მდუღარე ზეთში ჩააგდო. იგი არ მომკვდარა, იგი გადასახლებულ იქნა პატმოსის კუნძულზე ეგეოსის ზღვაში. მან აპოკალიფსის წიგნი იქ დაწერა.

იმისათვის, რომ იოანეს ღრმა გამოცხადებები მიეღო, მას ამისთვის კვალიფიკაციები სჭირდებოდა. კვალიფიკაციები იყო ის, რომ იგი უნდა ყოფილიყო წმინდა ყოველგვარი ბოროტების ფორმის გარეშე და უნდა ჰქონოდა უფლის გული. მას შეეძლო ზეცის საიდუმლოებების და გამოცხადებების ჩამოტანა სული წმინდის შთაგონებით მხურვალე ლოცვებით, რომლებიც შეწირული იყო სრულიად წმინდა გულით.

ზეცა და ჯოჯოხეთი ნამდვილად არსებობს

სულიერ სამყაროში არსებობს ზეცა და ჯოჯოხეთი. მანმინის ეკლესიის გაღებიდან არც ისე დიდი ხნის შემდეგ, ღმერთმა მაჩვენა ზეცა და ჯოჯოხეთი ჩემს ლოცვაში. ზეცაში ნაგრძნობი სილამაზის და ბედნიერების სიტყვებით აღწერა შეუძლებელია.

ახალი აღთქმის დროს, ისინი, ვინც იესო ქრისტეს მიიღებდნენ, როგორც მათი მხსნელი, ასევე მიიღებდნენ ხსნას და ცოდვების მიტევებას. პირველ რიგში ისინი ავლენ ზე სკნელზე, მას შემდეგ, რაც მათი ამქვეყნიური ცხოვრება დასრულდება. ისინი იქ სამი დღის განმავლობაში დარჩებიან, რათა სულიერ სამყაროს შეეგუონ და შემდეგ დალოდების ადგილას, ზეცის სამეფოს სამოთხეში. რწმენის მამა, აბრაამი ზე სკნელის პასუხისმგებელი უფლის ასვლამდე და ამიტომ ვკითხულობთ ბიბლიაში, რომ ლაზარე იყო „აბრაამის წიაღში."

იესო სახარებას უქადაგებდა ზე სკნელში მყოფ სულებს, მას შემდეგ, რაც ბოლოჯერ ამოისუნთქა ჯვარზე (1 პეტრე 3:19). იესო ზე სკნელში სახარების ქადაგების შემდეგ აღსდგა და იქიდან ყველა სული სამოთხეში წაიყვანა. მას შემდეგ ეს სულები, რომლებიც იხსნენ, რჩებიან ზეცის მოსაცდელში, რომელიც მდებარეობს სამოთხის განაპირა. მას შემდეგ რაც დიდი თეთრი ტახტის განკითხვა მორჩება, ისინი სათანადო ზეციურ საცხოვრებელ ადგილებში წავლენ იმის და მიხედვით, თუ რამხელა რწმენა აქვს თითოეულ მათგანს და იქ იცხოვრებენ სამუდამო.

დიდი თეთრი ტახტის განკითხვისას, რომელიც ჩატარდება მას შემდეგ რაც ადამიანთა გაშენება დასრულდება, ღმერთი განსჯის ყოველი ადამიანის საქციელს, კეთილია ეს საქციელი თუ ბოროტი. ამას დიდი თეთრი ტახტის განკითხვა იმიტომ ეწოდება, რომ ღმერთის განკითხვის ტახტი ისეთი კაშკაშა და ბრწყინვალეა, რომ მთლიანად თეთრად გამოიყურება (აპოკალიფსი 20:11).

ეს დიდი განკითხვა მოხდება უფლის მეორედ მოსვლის შემდეგ.

სიცოცხლე სიკვდილის შემდეგ იმ სულებისთვის, რომლებიც არ იხსნენ

მათ, რომლებმაც არ მიიღეს უფალი და რომლებმაც ცხადად დაინახეს თავიანთი რწმენა მასში, მაგრამ ჯერ არ გადარჩენილან, სიკვდილის შემდეგ ჯოჯოხეთის ორი მომასწავლებლის მიერ იქნებიან წაყვანილნი. ისინი სამი დღის განმავლობაში იქნებიან დიდ ორმოსავით ადგილას, რათა გაემზადონ ქვე სკნელში საცხოვრებლად. მხოლოდ საზარელი ტკივილი ელოდებათ მათ. ამ სამი დღის შემდეგ, ისინი გადავლენ ქვე სკნელში, სადაც მიიღებენ სათანადო სასჯელებს მათი ცოდვების მიხედვით. ქვე სკნელი, რომელიც ჯოჯოხეთს ეკუთვნის ზეცასავით დიდი ადგილია და იქ არსებობს მრავალი განსხვავებული ადგილი იმ სულებისათვის, რომლებიც ვერ იხსნენ.

სანამ დიდი თეთრი ტახტის განკითხვა მოხდება, სულები რჩებიან ქვე სკნელში და სხვადასხვა სასჯელებს იღებენ. ამ სასჯელებში შედის მწერებისგან და ცხოველებისგან გლეჯვა, ან ჯოჯოხეთის მომასწავლებლებისგან წამება. დიდი თეთრი ტახტის განკითხვის შემდეგ, ისინი ჩავარდებიან ცეცხლის ან გოგირდის ტბაში და სამუდამოდ დაიტანჯებიან (აპოკალიფსი 21:8).

ცეცხლის ან გოგირდის ტბის სასჯელი უფრო

მტკივნეულია, ვიდრე ქვე სკნელის სასჯელი. ჯოჯოხეთის ცეცხლი წარმოუდგენლად ცხელია. გოგირდის ტბა შვიდჯერ უფრო მწველია ვიდრე ცეცხლის ტბა. ეს იმ ადამიანებისთვის არის, რომლებმაც ჩაიდინეს მიუტევებელი ცოდვები, მაგალითად როგორიც არის ღვთის გმობა და სული წმინდის წინააღმდეგ წასვლა.

ღმერთმა ერთხელ მაჩვენა ცეცხლის და გოგირდის ტბები. ეს ადგილები იყო უსაზღვრო და ორთქლის მაგვარი რაღაცით სავსე და ხალხი ბუნდოვნად ჩანდა. ზოგი ჩანდა გულმკერდიდან და ზოგი კი კისრამდე იყო ტბაში. ცეცხლის ტბაში, ისინი იკრუნჩხებოდნენ და ყვიროდნენ, მაგრამ გოგირდის ტბაში კი ტკივილი ისეთი ძლიერი იყო, რომ კრუნჩხვაც კი აღარ შეეძლოთ. ჩვენ უნდა დავიჯეროთ, რომ ეს უხილავი სამყარო მართლაც არსებობს და ვიცხოვროთ ღმერთის სიტყვის თანახმად, რათა ხსნა აუცილებლად მივიღოთ.

როგორც მზე და მთვარე დიდებით განსხვავდებიან ერთმანეთისგან

პავლე მოციქულმა თქვა „სხვაა დიდება მზისა, სხვაა დიდება მთვარისა, სხვა - ვარსკვლავების; და თვით ვარსკვლავიც ვარსკვლავისაგან განსხვავდება დიდებით" (1 კორინთელთა 15:41).

მზის დიდება მიუთითებს იმ ადამიანების დიდებას, რომლებმაც განდევნეს ყოველი ცოდვა, გახდნენ ნაკურთხნი

და დედამიწაზე ღმერთის ყველა სახლში ერთგულნი იყვნენ. მთვარის დიდება გულისხმობს იმ ადამიანების დიდებას, რომლებმაც ვერ მიაღწიეს მზის დიდების დონეს. ვარსკვლავების დიდება გულისხმობს იმ ადამიანების დიდებას, რომლებმაც კიდევ უფრო ნაკლებს მიაღწიეს. ასევე, დიდებაში ვარსკვლავი განსხვავდება ვარსკვლავისაგან, ყველა მიიღებს განსხვავებულ დიდებას და ჯილდოებს, მაშინაც კი, თუ თითოეული მათგანი ერთი და იგივე ზეცის საცხოვრებელში შევა.

ბიბლია გვეუბნება, რომ ჩვენ ზეცაში განსხვავებულ დიდებას მივიღებთ. ზეციური საცხოვრებელი ადგილები და ჯილდოები განსხვავებული იქნება იმის და მიხედვით, თუ რამდენად განწმენდილები ვართ ცოდვებისგან, რამხელა სულიერი რწმენა გვაქვს და თუ როგორი ერთგულნი ვიყავით ღმერტის სამეფოსათვის.

ზეცის სამეფოს აქვს მრავალი საცხოვრებელი ადგილი მიცემული თითოეული ადამიანისთვის მათი რწმენის ზომის და მიხედვით. სამოთხე ემლევათ იმ ადამიანებს, რომლებსაც ყველაზე პატარა ზომის რწმენა აქვთ. ზეცის პირველი სამეფო არის სამოთხეზე მაღალი დონე და მეორე სამეფო კი პირველზე უკეთესია, და მესამე სამეფო კი მეორეზე. ზეცის მესამე სამეფოში მდებარეობს ახალი იერუსალიმის ქალაქი, სადაც ღმერტის ტახტია.

ზეცის შედარება ედემის ბაღთან შეუძლებელია

ედემის ბაღი ისეთი ლამაზი და მშვიდი ადგილია, რომ დედამიწაზე არსებული ყველაზე ლამაზი ადგილიც კი ვერ შეედრება მას, მაგრამ ედემის ბაღის ზეციურ სამეფოსთან შედარება შეუძლებელია. ედემის ბაღში ნაგრძნობი ბედნიერება და ზეციურ სამეფოში ნაგრძნობი სრულიად განსხვავდება ერთმანეთისაგან, რადგან ედემის ბაღი არის მეორე ზეცაში და ზეციური სამეფო კი მესამე ზეცაშია. ასევე ეს ასე იმიტომ არის, რომ ისინი, რომლებიც ედემის ბაღში ცხოვრობენ არ არიან ჭეშმარიტი შვილები, რომლებმაც გადაიტანეს ადამიანთა გაშენების პროცესი.

ვივარაუდოთ, რომ დედამიწის ცხოვრება არის ცხოვრება სიბნელეში ყოველგვარი სინათლის გარეშე, მაშინ, ედემის ბაღში ცხოვრება არის ლამპის შუქზე ცხოვრებასავითდა ზეცაში ცხოვრება კი კაშკაშა ელექტრო შუქზე ცხოვრებასავით არის. სანამ ელექტრო ნათურას გამოიგონებდნენ, ისინი იყენებდნენ ლამპას, რომელიც საკმაოდ ბნელი იყო. მაგრამ მაინც, ისინი ძვირფასი იყო. როდესაც ადამიანებმა პირველად დაინახეს ელექტრო ნათურები, გაოცდნენ.

უკვე ნახსენებია, რომ განსხვავებული ზეციური საცხოვრებელი

ადგილები მიეცემათ ადამიანებს მათი რწმენის ზომის მიხედვით. თითოეული ზეციური საცხოვრებელი ადგილი მნიშვნელოვნად განსხვავდება ერთმანეთისაგან იქ გამოცდილ დიდებასა და ბედნიერებაში.

ახალი იერუსალიმი, საუკეთესო საჩუქარი ჭეშმარიტი შვილებისთვის მიცემული

როგორც იესომ თქვა იოანე 14:2-ში „მამაჩემის სახლში ბევრი სავანეა," ზეცაში უამრავი საცხოვრებელი ადგილია. იქ არის ახალი იერუსალიმის ქალაქი, რომელშიც მოთავსებულია ღმერთის ტახტი, როდესაც ასევე არის სამოთხე, რომელიც ძლივს გადარჩენილი ადამიანებისთვისაა.

ახალი იერუსალიმის ქალაქი ყველაზე ლამაზი ადგილია ზეციურ საცხოვრებელ ადგილებს შორის. ღმერთს ჩვენთვის არა მარტო ხსნის მიღება სურს, არამედ იმ ქალაქში შესვლაც (1 ტიმოთე 2:4).

გლეხს არ შეუძლია მხოლოდ საუკეთესო ხარისხის ხორბლის მოკოვება თავის მიწათმოქმედებაში. ანალოგიურად, ყოველი ადამიანი, რომელიც მიიღებს ადამიანთა გაშენებას, არ წარსდგება ღმერთის ჭეშმარიტ შვილად, რომლებიც მთლიან სულში არიან. ამიტომ, რომლებიც სათანადო არ იქნებიან ახალი იერუსალიმის ქალაქში შესასვლელად, ღმერთმა მოამზადა უამრავი საცხოვრებელი ადგილი დაწყებული სამოთხიდან, ზეცის პირველ, მეორე და მესამე სამეფომდე დამთავრებული.

სამოთხე და ახალი იერუსალიმი ერთმანეთისგან დიდად განსხვავდება. ზუსტად როგორც მშობლებს სურთ, რომ საუკეთესო მისცენ თავიანთ შვილებს, ღმერთსაც სურს, რომ გავხდეთ მისი ჭეშმარიტი შვილები და ყველაფერი მას გავუზიაროთ ახალი იერუსალიმის ქალაქში.

ღმერთის სიყვარული არ არის შეზღუდული გარკვეული ჯგუფის ადამიანებამდე. ის მიეცემა ყველა იმ ადამიანს,

რომელიც იესო ქრისტეს მიიღებს. მაგრამ ზეციური საცხოვრებელი ადგილები და ჯილდოები განსხვავებული იქნება იმის და მიხედვით, თუ როგორი კურთხეული და ერთგულია თითოეული ადამიანი.

ისინი, რომლებიც სამოთხეში, ზეცის პირველ სამეფოში ან მეორე სამეფოში ადიან, მთლიანად არ განუდევნიათ ხორცი და არ არიან ღმერთის ჭეშმარიტი შვილები. ზუსტად, როგორც პატარა ბავშვებს არ შეუძლიათ გაიგონ ყველაფერი თავიანთი მშობლების შესახებ, ძნელია მათ ღმერთის გულს გაუგონ. ამიტომ, ღმერთის სიყვარული და სამართალია, რომ მან სხვადასხვა საცხოვრებელი ადგილები მოამზადა თითოეული ადამიანის რწმენის ზომის მიხედვით. ზუსტად როგორც ყველაზე სასიამოვნოა ერთი და იგივე ასაკის მეგობრებთან ერთად დროის ტარება, კომფორტული და სასიამოვნოა ზეციური მოქალაქეებისათვის, რომ ერთად შეიკრიბონ ერთი და იგივე რწმენის დონის მქონეებთან.

ახალი იერუსალიმის ქალაქიც იმის დამამტკიცებელი საბუთია, რომ ღმერთმა მიიღო საუკეთესო ნაყოფები ადამიანთა განვითარების მეშვეობით. ქალაქის თორმეტი საძირკვლის ქვები ამტკიცებს, რომ ღმერთის შვილები, რომლებიც ქალაქში შედიან, მათი გულები ისეთი ლამაზია, როგორც ეს ძვირფასი ქვები. მარგალიტის კარიბჭე ამტკიცებს, რომ იმ შვილებს, რომლებიც გადალახავენ ამ კარიბჭეებს, განავიარეს გამძლეობა, ზუსტად როგორც ნიჟარა ამზადებს მარგალიტს თავისი გამძლეობით.

როდესაც მარგალიტის კარიბჭეებს გასცდებიან, მათ ახსენდებათ თავიანთი მოთმინების და შეუპოვრობის დრო ზეცაში შესასვლელათ. როდესაც ოქროს გზებზე დადიან, ახსენდებათ ის რწმენის გზები, რომლებიც დედამიწაზე გაიარეს.

მათ, ვისაც შეუძლიათ ახალ იერუსალიმში შესვლა, ასევე შეუძლიათ ღმერთის კირისკირ ნახვა, რადგან მათ აქვთ განვითარებული გული, რომელიც კრისტალივით წმინდა და ლამაზია და რადგან ისინი გახდნენ ღმერთის ჭეშმარიტი შვილები. მათ მოემსახურებიან ანგელოზები და იცხოვრებენ საუკუნო ბედნიერებასა და სიხარულში. ეს ისეთი აღმაფრთოვანებელი და წმინდა ადგილია, რომ ადამიანის წარმოსახვასაც კი აღემატება.

ზუსტად როგორც სხვადასხვა ტიპის წიგნები არსებობს, ზეცაშიც არის სხვადასხვა ტიპის წიგნები. იქ არის სიცოცხლის წიგნი, რომელშიც წერია გადარჩენილი ადამიანების სახელები. ასევე არსებობს მოგონების წიგნი, რომელშიც წერია ისეთი რაღაცეები, რაც სამუდამოდ საზეიმოა. იგი არის ოქროს ფერი და აქვს დიდებული და სამეფო თარგები გარეკანზე, რათა ადამიანმა ადვილად შეამჩნიოს, რომ წიგნი ძვირფასია. დეტალურად წერია იმის შესახებ, თუ რა გააკეთა თითოეულმა ადამიანმა თითოეულ სიტუაციაში და ვიდეოთიც არის ჩაწერილი მნიშვნელოვანი ნაწილები.

აგალითად, ჩაწერილია აბრაამის ვაჟის შეწირვა; ელაიას ზეციდან ცეცხლის ჩამოტანა; დაცული დანიელი ლომების ბუნაგში; და დანიელის სამი მეგობრის შესახებ, რომლებსაც

არაფერი არ მოსვლიათ ცხელ ღუმელში. ღმერთი ირჩევს გარკვეულ, განსაკუთრებულ დღეს რომ გადაშალოს წიგნი და ხალხს შინაარსი წარუდგინოს. ღმერთის შვილები ბედნიერები უსმენენ და ადიდებენ ღმერთს.

ასევე, ახალი იერუსალიმის ქალაქში ყოველთვის ზეიმები ჩატარდება, ღმერთის მიერ ჩატარებული ზეიმების ჩათვლით. იქ არის ზეიმები ჩატარებული უფლის, სული წმინდის და ასევე წინასწარმეტყველების მიერ, მაგალითად ელეიას, ენოქის, აბრაამის, მოსეს და პავლე მოციქულის მიერ. სხვა მორწმუნებსაც შეუძლიათ მიიკატიოჟონ ხალხი და ზეიმი გამართონ. ზეიმები ზეციური ცხოვრების სიხარულის კულმინაციაა. ეს არის ადგილი, სადაც ნახავ და ისიამოვნებ სიუხვით, თავისუფლებით, სილამაზით და ზეცის დიდებით.

დედამიწაზეც კი ადამიანები ყველაზე ლამაზად გამოეწყობიან დიდი ზეიმებისთვის და ისიამოვნებენ ჭამა-სმით. იგივეა ზეცაშიც. ზეცაში ზეიმებზე ანგელოზები უკრავენ და ცეკვავენ. ღმერთის შვილებსაც შეუძლიათ ცეკვა და სიმღერა. ადგილი სავსეა ლამაზი ცეკვებითა და სიმღერებით და ბედნიერი სიცილის ხმებით. მათ აქვთ მხიარული დიალოგები რწმენის ძმებთან, რომლებიც აქა-იქ მაგიდების გარშემო სხედან, ან ესალმებიან რწმენის პატრიარქებს, რომლებთან შეხვედრაც დიდი ხანია სურთ.

თუ ისინი უფლის მიერ ჩატარებულ ზეიმზე არიან მიკატიჟებულნი, მორწმუნეები გამოეწყობიან რაც შეიძლება ყველაზე ლამაზ სასძლოდ. უფალი არის ჩვენი სულიერი საქმრო. როდესაც უფლის სასძლოები მიაღწევენ უფლის სასახლის წინა მხარეს, ორი ანგელოზი თავმდაბლურად

მიიღებს მათ კარიბჭის ორივე მხრიდან.

სასახლის კედლები მორთულია სხვადასხვა ძვირფასი ქვებით. კედლის თავი მორთულია ლამაზი ყვავილებით და ეს ყვავილები გამოყოფენ მშვიდ სურნელს უფლის სასძლოებისათვის. სასახლეში რომ შედიან მათ ესმით მუსიკის ხმა, რომელიც მათი სულის ყველაზე ღრმა ნაწილსაც კი აღწევს. ისინი ბედნიერებასა და კომფორტს განიცდიან დიდების ხმით და გრძნობენ დიდ მადლიერებას, ფიქრობენ ღმერთის სიყვარულის შესახებ, რომელმაც მათ ამ ადგილამდე წარუძღვა.

მთავარ შენობას მიახლოვებულნი ხედავენ უფალს, რომელიც გარეთ გამოვიდა მათ მისაღებად.

უფალი სათითაოდ ეხუტება მათ თავისი სიყვარულით და თანაგრძნობით სავსე სახით. იგი ეგებება მათ და ეუბნება, „მოდით! ჩემო ლამაზო კატარძლებო! მობრძანდით!" მორწმუნეები, რომლებსაც უფალი თბილად იღებს, მისი გულით მადლიერები იქნებიან და იტყვიან „მე ჭეშმარიტად გიხდი მადლობას მოწვევისათვის!" ზუსტად ისე როგორც ადამიანები, რომლებიც ღრმად აზიარებენ საკუთარ სიყვარულს, ისინი უფალთან ერთად ხელი-ხელ ჩაკიდებული დადიან და საუბრობენ მასთან.

სიცოცხლე ახალი იერუსალიმის ქალაქში სიყვარულით, სიხარულით დ ბედნიერებითაა სავსე. ჩვენ უფალს კირისკირ ვხედავთ და ვმოგზაურობთ მათთან ერთად! როგორი

ბედნიერი ცხოვრებაა! იმისათვის, რომ ასეთი ბედნიერება მივიღოთ, ჩვენ უნდა გავხდეთ წმინდა და მივაღწიოთ სულს და გარდა ამისა მთლიანი სული, რომელიც მთლიანად უფლის გულს ჰგავს.

ამიტომ, მოდით მივაღწიოთ მთლიან სულს ამ იმედით, მივიღოთ კურთხევა და ვიყოთ ჯანმრთელები, როდესაც ჩვენი სამშვინველი აყვავდება და შემდეგ უფრო და უფრო ახლოს მივიდეთ ღმერთის ტახტთან დიდებულ ახალი იერუსალიმის ქალაქში.

ავტორი:
დოქტორი ჯაეროკ ლი

დოქტორი ჯაეროკ ლი დაიბადა 1943 წელს მუანში, ჯეონამის პროვინცია, კორეის რესპუბლიკა. მის ოციან წლებში დოქტორი ლი იტანჯებოდა სხვადასხვა განუკურნებელი დაავადებებით შვიდი წლის განმავლობაში და ელოდებოდა სიკვდილს გამოჯანმრთელების იმედის გარეშე. ერთ დღს 1974 წლის გაზაფხულს როგორღაც მისმა დამ წაიყვანა ეკლესიაში და როდესაც იგი სალოცავად დაიჩოქა ცოცხალმა ღმერთმა მაშინვე განკურნა ყველა დაავადებისაგან.

ამის შემდეგ დოქტორი ლი შეხვდა ცოცხალ ღმერთს გასაოცარი გამოცდილებიდან, მას უფალი მთელი გულით უყვარს და 1978 წელს ღმერთმა მას თავისი მსახური უწოდა. იგი გულმოდგინებით ლოცულობდა, რათა გარკვევით გაეგო უფლის ნება, მთლიანად შეესრულებინა იგი და დამორჩილებოდა უფლის ყოველ სიტყვას. 1982 წელს მან დააარსა მანმინის ცენტრალური ეკლესია სეულში, კორეაში და უფლის ურიცხვი სასწაულები, ზებუნებრივი განკურნებების ჩათვლით, ხდება მის ეკლესიაში.

1986 წელს დოქტორი ლი იკურთხა პასტორად კორეაში იესოს სუნგკიულის ეკლესიაში ყოველწლიურ ასამბლეაზე და ოთხი წლის შემდეგ, 1990 წელს მისი მისი ქადაგებების გაშვება დაიწყო ავსტრალიაში, რუსეთში, ფილიპინებში და და სხვა შორეული აღმოსავლეთის სამაუწყებლო კომპანიების, აზიის სამაუწყებლო სადგურის და ვაშინგტონის ქრისტიანული რადიო სისტემის ეთერში.

სამი წლის შემდეგ, 1933 წელს მანმინის ცენტრალური ეკლესია არჩეულ იქნა ერთ-ერთ "მსოფლიოს საუკეთესო 50 ეკლესიაში" ქრისტიანული მსოფლიო ჟურნალის (ამერიკის შეერთებული შტატები) მიერ და მიიღო საპატიო ღვთისმეტყველების დოქტორის ხარისხი ქრისტიანული რწმენის კოლეჯისაგან, ფლორიდა, ამერიკის შეერთებული შტატები და 1996 წელს კი Ph. D. სამღვდელოებაში კინგსვეის თეოლოგიური სემინარიიდან, აიოვა, ამერიკის შეერთებული შტატები.

1993 წლის შემდეგ დოქტორმა ლიმ დაიწყო მსოფლიოს მისიის ხელმძღვანელობა ბევრი საზღვარგარეთული მისიებით ტანზანიაში, არგენტინაში, ლოს ანჯელესში, ბალტიმორის ქალაქში, ჰავაიზე, ნიუ-

იორკში, უგანდაში, იაპონიაში, პაკისტანში, კენიაში, ფილიპინებში, ჰონდურასში, ინდოეთში, რუსეთში, გერმანიაში, პერუში, კონგოში და ისრაელში. 2002 წელს მთავარმა ქრისტიანულმა გაზეთმა კორეაში მას უწოდა "მსოფლიოს პასტორი" სხვადასხვა საზღვარგარეთულ დიდ გაერთიანებულ ლაშქრობებში მისი სამუშაოსთვის.

2010 წლის სექტემბრისათვის მანმინის ცენტრალურ ეკლესიას ყავს 100 000-ზე მეტი მრევლი. არსებობს 9000 შიდა და საზღვარგარეთული ფილიალი ეკლესიები მსოფლიოს გარშემო და ჯერჯერობით 132-ზე მეტ მისიონერს აქვს დავალებული 23 ქვეყანა ამერიკის შეერთებული შტატების, რუსეთის, გერმანიის, კანადის, იაპონიის, ჩინეთის, საფრანგეთის, ინდოეთის და კენიის ჩათვლით.

ამ გამოქვეყნების დღიდან დოქტორი ჯაეროკ ლის დაწერილი აქვს 60 წიგნი ბესტსელერების ჩათვლით: საუკუნო სიცოცხლის დაგემოზნება სიკვდილამდე, ჩემი ცხოვრება ჩემი რწმენა I და II, ჯვრის მოწოდება, რწმენის ზომა, ზეცა I და II, ჯოჯოხეთი და უფლის ძალა. მისი ნამუშევრები თარგმნილია 44 ენაზე.

მისი ქრისტიანული სვეტები ჩნდება ჰანკოკ ლიბოში, ჯონგანგის ყოველდღიურ გაზეტში, დონგ-ა ლიბოში, მუნვა ლიბოში, სეულის შინმუნში, კიუნგიანგ შინმუნში, ჰანკიორე შინმინში, კორეის ეკონომიკურ ყოველდღიურ გაზეთში, კორეის ჰერალდში, შისას ახალ ამბებში და ქრისტიანულ პრესაში.

დოქტორი ლი ამჟამად უამრავი მისიონერული ორგანიზაციის და ასოციაციების ლიდერია, მათ შორის გაერთიანებული კორეის წმინდა ეკლესიის თავმჯდომარე, გაერთიანებული უწმინდესობის იესო ქრისტეს ეკლესია; მანმინის მსოფლიო მისიის პრეზიდენტი; მსოფლიოს ქრისტიანობის აღორძინების მისიის ასოციაციის მუდმივი პრეზიდენტი; მანმინის ტელევიზიის დამაარსებელი; გლობალური ქრისტიანული ქსელის (GCN) დამაარსებელი და თავმჯდომარე; მსოფლიოს ქრისტიანული ექიმების ქსელის (WCDN) დამაარსებელი და თავმჯდომარე; და მანმინის საერთაშორისო სემინარიის (MIS) დამაარსებელი და თავმჯდომარე.

სხვა ძლიერი წიგნები იგივე ავტორისგან

I

ზეცა I და II

მტკიცებულებების მემუარები დოქტორ ჯაეროკ ლისგან, რომელიც ხელახლა დაიბადა და სიკვდილის ჩრდილს გადაურჩა და უძღვება სრულყოფილ სამაგალითო ქრისტიანულ ცხოვრებას.

ჯვრის მოწოდება

ძლიერი გამოსაფხიზლებელი მოწოდება მათთვის, ვინც არიან სულიერად დაძინებული! ამ წიგნში იპოვნი მიზეზს თუ რატომ არის იესო ჩვენი ერთადერთი მხსნელი და უფლის ჭეშმარიტ სიყვარულს.

ჩემი ცხოვრება, ჩემი რწმენა I და II

ყველაზე არომატული სულიერი სურნელება გაიყოფა სიცოცხლისაგან, რომელიც უბადლოო ღმერთის სიყვარულით არის აყვავებული, ბნელი ტალღების შუაგულში, ცივი უღელი და ყველაზე ღრმა სასოწარკვეთილება.

რწმენის საზომი

რა ტიპის საცხოვრებელი ადგილი, გვირგვინი და კილდო არის მომზადებული შენთვის სამოთხეში? ეს წიგნი უზრუნველყოფს სიბრძნეს და წინამძღოლობას, რათა გაზომო შენი რწმენა და დახვეწო საუკეთესო და მოწიფული რწმენა.

ჯოჯოხეთი

სერიოზული მოწოდება უფლისგან კაცობრიობისათვის, რომლებსაც არ სურთ არცერთი სულის ჯოჯოხეთის ცეცხლში ჩაგდება! შენ აღმოაჩენ ადრე არასოდეს გამოვლენილ ქვედა ჰადესის და ჯოჯოხეთის რეალურ სისასტიკეს.

www.urimbooks.com

www.ingramcontent.com/pod-product-compliance
Lightning Source LLC
LaVergne TN
LVHW021807060526
838201LV00058B/3273
9791126313020